净土基本教理概论

存 德 著

社会科学文献出版社
SOCIAL SCIENCES ACADEMIC PRESS (CHINA)

总　序

佛教诸要务，教育为第一。古德云："佛法二宝，并假僧弘。"续佛慧命、住持正法，服务社会、利益众生，都要靠优秀的佛教人才来践行和落实。因此，办好佛教教育事业、培养合格佛教人才，是事关佛教健康传承的千秋大计，是推进新时代佛教中国化的重要支撑。中国佛教协会自成立以来，特别是改革开放以来，始终把人才建设作为佛教自身建设的关键环节，将发展教育作为佛教工作的头等大事，团结引领全国佛教界齐心协力育人才，扭转了改革开放初期佛教人才青黄不接的困难局面，初步培养了一支爱国爱教的佛教人才队伍，为佛教健康传承和推进佛教中国化不断注入生机活力。

佛教教育事业是一项艰巨复杂的系统工程，包含佛教院校建设、师资队伍建设、课程体系建设、教材体系建设、后勤保障建设等诸多方面。其中，教材建设是发展佛教教育事业的一项基础性工作。佛教院校专业课教材，是教师教学的基本依据，是学生学习的重要蓝本。编写一套高质量的佛教院校专业课教材，是中国佛教协会加强人才培养的一项重要任务，更是全国佛教界几代人的夙愿。改革开放以来，本会积极组织和推动佛教院校专业课教材编写工作，进行了持续探索，付出了不懈努力，取得了一批阶段性成果，积累了宝贵经验，为新时代继续系统推进佛教院校专业课教材建设奠定了坚实基础。

中共十八大以来，中国特色社会主义进入新时代。在2016年全国宗教工作会议上，习近平总书记指出，积极引导宗教与社会主义社会相适应，一个重要的任务就是支持我国宗教坚持中国化方向。习近平总书记强调，要坚持政治上靠得住、宗教上有造诣、品德上能服众、关键时起作用的标准，支持宗教界搞好人才队伍建设。为深入贯彻落实习近平总书记关于宗教工作的重要论述和全国宗教工作会议精神，顺应新时代推进佛教中国化对人才培养提出的新任务新要求，本会于2018年6月启动了新时代全国佛教院校专业课教材编写工作。本会理事会和领导班子对教材编写高度重视，成立全国佛教院校教材编写领导小组，负责统筹协调、检查督促教材编写各项工作；召开以佛教院校教材编写为主题的全国佛教院校联席会，举办教材编写研讨班，研究制定《全国佛教院校教材编写工作方案》，明确教材编写总体思路、主要原则、基本要求、编写范围、工作计划等，整合全国佛教院校资源，扎实有序推动教材编写。这套全国汉传佛教院校教材，正是此次教材编写工作结出的硕果。

　　坚持正确导向是教材编写的根本原则，质量是教材的生命，实用是体现教材价值的落脚点。为编写一套坚持佛教中国化方向、符合宗教人才培养"四项标准"、发扬中国佛教优良传统、适应当代中国发展进步要求、具有新时代中国佛教鲜明特色的高质量佛教院校专业课教材，本会为教材编写确立了以下指导思想：以习近平新时代中国特色社会主义思想和习近平总书记关于宗教工作的重要论述为指导，以社会主义核心价值观为引领，坚持佛教中国化方向，发挥本会理事会佛教教育委员会专业优势和全国佛教院校人才培养主渠道作用，调动和整合教师与编辑、教学与出版等多方面资源，凝聚全国佛教界力量共同担当佛教院校教材建设重任，确定佛教院校专业课课程体系建设和教学大纲，制订教材编写规划，努力打造一套具有时代性、基础性、科学性、发展性、权威性的佛教院校教材。为落实上述指导思想，教材编写遵循以下基本原则：1. 精品原则。坚持质量为本，锚定精品定位，致力于编写、出版高质量、高水平、专业化、体系化的系列教材，避免低水平重复。2. 创新原则。坚持守正创新，发扬中国佛教优良传统，传承契合佛陀本怀、久经历史考验、获得广泛共识的中国佛教传统教理思想，积极推动教材编写的理念创新、方法创新、内容创新，将教材建设与佛学研究前沿紧密结合，凸显教材的时代性。3. 适用原则。坚持面向一线，将理论性与实践性有机融合，在框架结构、知识体系、表达方式等方面力求符合教材的一般要求，努力满足教师讲授和学生学习的实际需要，力争能被全国更多的佛教院校所采用。

本套教材的编写凝聚了全国佛教院校和佛教教育工作者的集体智慧。在本会统一组织下，各佛教院校根据自身资源优势和学科特长，自主选取承担相应的教材编写工作，各尽所能、优势互补，共同建设佛教院校专业课教材体系的庄严殿堂。教材编写全过程坚持高标准、严要求，初稿完成后，由相关专家进行专业评审，根据评审意见修改完善，再提交教材编写领导小组审核，审核通过后，交付出版。从执笔编写、评审修改到审核把关、出版发行，力求各环节精益求精，努力将高质量的教材建设目标和要求落到实处。

本套教材包括基础教材和原典教材两大部分，每一部分根据具体学科和内容分为不同模块。基础教材主要指佛教通史、概论、宗派史等类课程的教材。原典教材主要指佛教经典讲解、阐释类教材。基础教材重在构建和传授关于佛教教理思想、历史源流、教规制度、文化艺术等方面的基础知识体系。原典教材重在引导学生细读经典，学习经典解读方法，培养经典阐释能力。两部分教材各有侧重、相得益彰，既传承了两千多年来中国佛教的智慧结晶，也吸收了当代佛学研究和佛教院校学科建设的崭新成果，共同构成了比较系统完整的新时代佛教院校专业课教材体系。

本套教材是推进新时代佛教中国化在佛教教育领域的重要体现与成果，在当代中国佛教教育发展史上具有里程碑意义。其出版和应用将进一步夯实佛教院校学科体系建设和佛教人才培养工作的基础，进一步强化佛教健康传承和佛教中国化的人才支撑。本套教材也可为希望了解佛教知识的社会人士提供有益参考。限于水平，教材中难免错误与疏漏。恳请全国佛教院校师生和关心佛教事业的社会各界人士斧正，惠赐宝贵意见。守正创新永无止境。本会也将在人才培养实践中适时对教材进行修订完善，推动佛教院校教材建设与时俱进，为全面建设社会主义现代化国家、实现中华民族伟大复兴的中国梦做出佛教界应有的贡献。

中国佛教协会会长　演觉

二〇二一年十月

目录
CONTENTS

绪　论

　　净土是佛弟子共趋理想的胜妙境界，追求净土是佛教各家各派的共同倾向，故净土为"三乘共庇"之法门。这一信仰在大乘佛教中得到了空前的宣扬，诸大乘法均以净土为归，"离净土就无大乘"①。就中国佛教来说，虽有八宗之别，然所修所化者殆为净土一宗所偏胜。

　　大乘佛教的净土信仰肇始于公元前1世纪左右，然其思想之渊源乃出释迦之本怀。在原始佛教和部派佛教中，净土信仰已经有所展开，只是远远不及大乘佛教。大乘佛教新的净土观，使净土信仰得到了前所未有的升华，并由此成为整个大乘佛教的核心。大乘经典所明的信解行证，无不以净土信仰来架构，故净土是名副其实的"大乘佛教的精华"②。

　　在印度佛教中，对净土思想做出突出贡献的是马鸣、龙树、世亲等人。马鸣盛赞净土念佛是"胜方便"法门，首次以论典的形式赋予净土念佛在佛教法门的殊胜地位，其意义自当深远，故有肇始之功，古来有以马鸣为西天初祖之说。其后，龙树则在马鸣的基础上，给予阿弥陀佛在十方佛中的特殊地位，并判念佛法门为易行道，奠定了净土判教的基本论调。继龙树之后，极力发扬西方净土信仰的是世亲。世亲以强烈的往生意愿唯赞西方，独尊弥陀，极大地彰显了净土信仰的绝对性，并独开称赞一门，为净土念佛从心念到口念的历史性转变架起了桥梁。净土念佛经马鸣等诸论师的弘扬而风行天竺，西方净土由此成为大乘佛教净土信仰之显学。

　　两汉之际佛教东来，净土经典渐被传译，信仰者亦不乏其人，然多为零散的求生者，净土信仰处于萌芽时期。东晋时北地的关河学大倡唯心净土论，开

---

① 印顺：《净土与禅》，中华书局，2011，第1~3页。
② 〔日〕望月信亨：《净土教概论》，印海译，中国书店，2010，第2页。

净土教义研究之先河；南方的庐山慧远结社念佛，行般舟三昧法，以见佛往生为要期，并楷定"功高易进，念佛为先"，净土念佛遂成为一股潮流。故慧远有首倡之功。北魏时昙鸾创造性地发挥了龙树的"难易二道"和世亲"五念门"，极致地诠解了他力本愿思想，真正地发挥了净土立教的本义和弥陀信仰的内在价值。特别是昙鸾首次提出了称名念佛，将称佛名号与他力本愿相结合，标志着净土念佛法门从观想到称名、从自力到他力的历史性转变。单从净土教义的阐发而言，昙鸾自有奠基之功。隋唐时法匠辈出，净土注疏呈兰菊竞美之观，净土论的教义也异彩纷呈。至道绰、善导出世，总破各家异说，鼓吹末法思想，倡导时教相应，极力强调他力本愿。特别是善导，以称名为正行正业，主张净土立教本为凡夫，凡夫称名即可直入报土，将净土念佛往生之教义诠释到了极致，"充分发挥了净土立教之本旨"①，其论为"楷定古今"之论。中国净土宗的教义至此基本上完成。后善导时代皆可谓善导思想的注脚而已。

净土教经善导一举，普行于道俗，遍流于内外，一时望风成习，念佛为尚。禅教诸家皆尚净土，然阐发净土最有功者当属禅宗和天台宗。唐末五代之延寿以一心圆融为宗，以万善同归为理，倡禅净双修，开辟了一条契机契理之道，奠定了中国佛教发展的基本格局。此后的禅宗以积极的姿态摄净入禅，倡参究念佛，融净土的有相事修于禅宗的无相理行之中，拯救了禅宗的执理废事之弊。于净土教理有突出贡献者当属明末的莲池，其以理事二心二持说，汲取禅宗的本心论，极大地丰富了净土宗的持名念佛法。就天台宗来说，特别是宋代的知礼，融合智顗的观心与善导的观佛思想，倡导约心观佛，可谓别开生面，再加遵式所倡的净土忏仪，使天台、净土思想有机地融为一体，从而使天台宗得到了有效的承续和发展，避免了被历史洪流所淹没的命运，而净土宗则以此摄教入净更上一层楼。明末的蕅益以一心为宗，汲取天台的性具说，高举信愿持名一法，又分疏禅、净，开禅、净异流之途。终至近代的印光，终结禅、净双修，倡十念记数法，开带业往生之路，使得净土教理走上了独立的发展道路。印光之后，净土教理则鲜有新的开展。

一 净土的词义及体性

"净土"一词并未有相对应梵文原词，早在康僧铠、竺法护、罗什等人的

---

① 〔日〕望月信亨：《中国净土教理史》，印海译，中国佛教协会印本，第95页。

译经中就出现过，其相对应的是名词 kṣetra（土）和动词śudh（使干净）。这个动词的分词形式及致使动词形式演变成 – śuddh – 、– śodh – 、– śoddh – 等。在含有这些词的复合词中，它们都是"干净"或"使干净"的意思，意为庄严佛的国土，具有动词性的作用。《无量寿经》云：

> 我当修行摄取佛国清净，庄严无量妙土，令我于世速成正觉，拔诸生死勤苦之本。……唯愿世尊，广为敷演诸佛如来净土之行。①

净土是指佛的国土，是清净殊胜的国土，又有使佛国土清净庄严之义，它是相对于众生所居的"秽土"来说的。在大乘经中其所对应的梵文原语大致有：

Kṣetra-śuddhi（净土、清净刹土）；

Kṣetra-samkrama（国土转、超诸刹）；

Kṣetra-pariśuddhi-vaśitā（净土自在）；

Kṣetra-pariśuddhi-samudāgana（净土修证、净土习起）；

Kṣetram-pariśoddhayati（净土）；

Kṣetra-vara（净土、妙刹土）；

Kṣetra-viśodhaka（净土）；

Kṣetra-viyuha（严刹、严刹土、庄严土）；

Kṣetra-viśoddhayati（净土）；

Buddhakṣetra-pariśuddhi（净土、严净佛土、佛土清净）；

Buddhakṣetra-pariśoddhana（刹土清净、净修一切佛土）；

Buddhakṣetra-śuddhi（严净佛土）；

Buddha-viṣayaḥ（佛国）；

Buddha-viṣaya（如来境界、佛境、诸佛境）；

Buddha-Kṣetra（佛土、佛国、佛国土、佛世界、佛境、佛境土、刹土、佛刹）；

śoddhana（净）；

śodhana（净、清净）。②

---

① （曹魏）康僧铠译《无量寿经》卷上，《大正藏》第 12 册，第 267 页中。
② 〔日〕藤田宏达：《原始净土思想之研究》，岩波书店，1986，第 507 ~ 509 页。

大乘经云："一佛一国土。"佛国土者，佛所教化的国土，但随所化众生之别而有净秽之分，如释迦佛的娑婆秽土与阿弥陀佛的极乐净土。《悲华经》云："菩萨摩诃萨以本愿故取净妙国，亦以愿故取不净土。"① 因众生罪深业重，故菩萨以其誓愿而愿取秽土，如此则佛国土中有清净之土，亦有秽恶之土。大乘经解释云，净秽之差别是就众生的罪福而言，若就佛之果报功德来说，则国土常净，胜妙庄严。《维摩经》云：

众生罪故，不见如来佛土严净，非如来咎。……我（螺髻梵王）见释迦牟尼佛土清净，譬如自在天宫。舍利弗言："我见此土丘陵坑坎、荆蕀沙砾、土石诸山、秽恶充满。"……于是佛以足指按地，即时三千大千世界，若干百千珍宝严饰，譬如宝庄严佛，无量功德宝庄严土，一切大众叹未曾有，而皆自见坐宝莲华。……佛语舍利弗："我佛国土常净若此，为欲度斯下劣人故，示是众恶不净土耳!"②

从业感论，众生随其福德而所见有异，若依佛的智慧则所见佛土悉为庄严清净。从佛应现论，所谓秽土者乃佛的方便示现为度下劣众生故。《法华经》云：

为度众生故，方便现涅槃；而实不灭度，常住此说法。……常在灵鹫山，及余诸住处；众生见劫尽，大火所烧时……我净土不毁，而众见烧尽。……诸有修功德，柔和质直者，则皆见我身，在此而说法。③

秽土者乃颠倒众生所见，劫尽毁灭之时，佛常住的灵山净土则安隐不毁，故佛之国土皆是清净庄严的胜妙净土。

二 净土宗的宗名及称谓

佛教化众生的方式和内容称为法门。《法华经》云，佛"以种种法门，宣示于佛道"④。故法门是佛一切教法的总称。佛所说为世之准则，故称为法；此

---

① （北凉）昙无谶译《悲华经》卷2，《大正藏》第3册，第174页下。
② （后秦）罗什译《维摩经》卷上，《大正藏》第14册，第538页下。
③ （后秦）罗什译《法华经》卷4，《大正藏》第9册，第43页中至下。
④ （后秦）罗什译《法华经》卷1，《大正藏》第9册，第9页中。

法既为众生入道之通处，复为如来圣者游履之处，故称为门。《大乘起信论义记》云："轨生物解曰法，圣智通游曰门。"① 众生根机不同，故法门有种种，就大乘佛教来说，菩萨欲成就佛道，必须修学净土行，故整个大乘菩萨道可总称为净土法门。

但随着弥陀信仰在中国佛教信仰史上的发展，净土成了西方净土的代名词，净土法门专指修习西方净土之法门。北魏的昙鸾首先在《往生论注》中将论中的安乐世界、安乐国土称作安乐净土、清净、净土等。《略论安乐净土义》中云："安乐国土具如是等二十九种庄严功德成就，故名净土。"② 昙鸾亦将往生安乐净土称为往生净土门或净土法门。可见昙鸾即用净土和净土法门来专指安乐国土和往生安乐国。不过在隋代净影慧远的《大乘义章》和吉藏的《华严游意》《观经义疏》《法华玄论》等著述中也将往生诸佛之净土称为净土法门。其后，唐代道绰的《安乐集》、迦才的《净土论》、善导的《观经疏》中，以净土法门一词来特指称《无量寿经》中的无量清净佛和无量清净佛国土。③ 如《安乐集》云：

> 《无量清净觉经》云："善男子、善女人，闻说净土法门，心生悲喜，身毛为竖，如拔出者，当知此人过去宿命，已作佛道也。若复有人，闻开净土法门，都不生信者，当知此人始从三恶道来，殃咎未尽，为此无信向耳，我说此人未可得解脱也。"④

道绰在《安乐集》中只要讲到极乐世界，就皆以净土一词代之。自道绰以后，凡言净土或净土法门者皆是专指西方净土而论。隋唐时佛教宗派的兴起激发了道绰和善导等人的宗派意识，其净土法门的特称，净土六大德的列位，以及"净土三经"的楷定，即是宗派思想的萌芽和开宗立派意识的体现。在善导的《净土法事赞》、怀感的《释净土群疑论》、慧日的《往生净土集》、题名窥基的《西方要决释疑通规》中使用了净土教一词。迦才的《净土论》、元晓的《游心安乐道》中则使用净土宗一词。"教"即教说，"宗"即宗旨。从唐人对

---

① （唐）法藏：《大乘起信论义记》卷中，《大正藏》第 44 册，第 252 页中。
② （北魏）昙鸾：《略论安乐净土义》，《大正藏》第 47 册，第 1 页下。
③ 慧岳：《净土概论》，东大图书公司，1998，第 19～22 页。
④ （唐）道绰：《安乐集》卷上，《大正藏》第 47 册，第 4 页下到第 5 页上。

净土宗或净土教的使用来看，① 更多还是从学派意义上讲，但已经具有佛教的宗派意识，并且其中非常清楚地标示了净土宗有了与其他佛教宗派不同的独特宗旨和特别教义以及根本宗经等。

在宋代，受佛教宗派意识的刺激，为了更进一步明确净土宗作为佛教的一个宗派，宗晓首次为净土宗立祖，以彰显作为一个佛教宗派所具有的宗祖、道统等宗派意识。其《莲社继祖五大法师传》云："莲社之立，既以远公为始祖。"② 志磐在《佛祖统纪·净土立教志》中顺此又立莲社七祖。宋时模仿慧远的白莲社成为风潮，结社念佛非常流行，受此影响，净土宗又被特称为莲宗。子元就称其念佛法门为白莲宗。元代普度承其说而著《莲宗宝鉴》，直称净土宗为莲宗。明清时，亦多称莲宗。

净土宗在严格宗派意义上的使用，应该从明代开始。如蕅益《阅藏知津》云：

> 净土宗如《妙宗钞》《十疑论》等，台宗如《玄义》《文句》《三止观》等，贤首如《华严疏钞》等，并已收入大乘论藏，故所列咸皆无几。俟《法海观澜》中，乃当备列各宗要书。③

蕅益已将专修念佛法门的净土宗作为佛教独立的一大宗派，和天台宗、华严宗相提并论，并且在莲池"净土经论"的基础上楷列"净土要论"。宗派意义上的净土宗正式使用。但在明清之际净土宗一词的使用并不广，时人依然多称为莲宗。如莲池的《答净土四十八问》云："今时莲宗，坏于白莲等教。"④ 蕅益云："昔人列莲宗七祖太局。"⑤ 又如清代的《莲宗正传》《莲宗正范》《莲宗九祖传略》《莲宗十祖传》等，应该是中国古代一贯性的用法。直至民国时期的印光亦多用莲宗一词。杨仁山在《十宗略说》中亦云："净土宗，一名莲

---

① 如（唐）迦才《净土论·序》云："此之一宗，窃为要路。"卷中云："净土宗意，本为凡夫，兼为圣人。"《大正藏》第47册，第83页中。（唐）窥基《阿弥陀经疏》云："因为广说西方净土之事，即以净土为宗。"《大正藏》第37册，第313页上。《西方要决释疑通规》："同缘正事，敬发身心，依此一宗，定为拒割。"《大正藏》第47册，第110页上。
② （宋）宗晓：《乐邦文类》卷3，《大正藏》第47册，第192页下。
③ （明）智旭：《阅藏知津·凡例》，《嘉兴藏》（新文丰版，下文中同此版本，不再标注）第31册，第772页上。
④ （明）袾宏：《答净土四十八问》，《卍新纂续藏经》第61册，第508页上。
⑤ （明）智旭编《净土十要》，《卍新纂续藏经》第61册，第741页下。

宗。"① 其他佛教宗派也兼修净土法门，而莲宗一称，更能体现其法门的独特性和根本精神。

近代以来"净土宗"一词的普遍使用，当受日本人的影响。日本法然明确地立其宗名为净土宗，以别于当时日本佛教的余九宗。《选择本愿念佛集》云：

> 问曰："夫立宗名，本在华严、天台等八宗九宗，未闻于净土之家，立其宗名。然今号一净土宗，有何证据也？"答曰："净土宗名，其证非一。元晓《游心安乐道》云：净土宗意，本为凡夫，兼为圣人。又慈恩《西方要决》云：依此一宗。又迦才《净土论》云：此之一宗，窃为要略。其证如此，不足疑端。"②

故在日本自开宗以来皆称为净土宗。不过，在日本亦有避开净土宗一词而采用净土教一称的提法。③ 受东瀛佛学的影响，中国佛教广泛使用净土宗一称。如杨仁山的《十宗略说》、蒋维乔的《中国佛教史》、黄忏华的《中国佛教史》《佛教各宗大意》、汤用彤的《隋唐佛教史稿》等皆采用净土宗一词。

关于净土宗是否为一个独立的佛教宗派问题，近代以来学术界多有疑问。④ 有人认为，西方净土信仰在中国佛教历史上，从未作为一个独立的学派或宗派出现过；它更缺乏一个宗派所具有的谱系、组织、寺院和独立的自觉意识。又，唐以后的中国佛教是由禅与净土来主导的，而净土的弘扬者多为律宗、天台宗和禅宗的僧人，所以净土宗又可被称为"寓宗"或"附宗"。⑤ 有人更谨慎地避开"净土宗"一词，而使用"净土信仰""净土思想""净土运动""净土教"等。净土信仰在佛教历史的发展中确实以一种独特的运动、学说或传统而出现过，是被确认的事实。但它并非一个具有宗派意义上较强排他性的宗教组织，而是一个比较松散、宽泛的净土信仰的联合体，基于难易二道的立说，

---

① 杨仁山：《十宗略说》，《大藏经补编》第 28 册，第 519 页中。
② 杨曾文：《日本佛教史》，浙江人民出版社，2008，第 224 页。
③ 圣严曾说："若以修行净土法门为宗旨，或以求生佛国净土为宗旨，当然可以称净土之教为净土宗。若以祖祖相传，以心传心的法门为标准，如《楞伽经》所谓'法语心为宗'，则净土一门，宜称为教而不得名之为宗了。"圣严：《明末佛教研究》，宗教文化出版社，2006，第 70 页。
④ 关于"净土"是否可以被判定为一独立的佛教宗派，学者们有不同的看法，夏富在《论净土佛教以及中古中国的禅净融合》一文中对近现代学者的研究做了详细的学术综述，可参考该文。见洪修平编《佛教文化研究》第 1 辑，江苏人民出版社，第 369~423 页。
⑤ 陈扬炯：《中国净土宗通史》，江苏古籍出版社，2000，第 357~358 页。

在宗教实践上把净土信仰和其他宗派很明显地区别开来。净土宗有自己独特的教理、祖统、仪轨等，不论从教理诠释和教团组织，还是从信仰实践上，都具有一个宗派佛教所具有的属性。在此意义上，完全有理由将这样一个信仰共同体看成一个独立的佛教宗派。

三 净土的行愿：庄严国土，利乐有情

(一) 净心与净土

印度人认为生命的本质即是苦，故凡是生命的存在者，皆有厌苦忻乐的潜在心理需求，印度之宗教虽形形色色，但其总纲不外于此。佛教的四圣谛就是以苦为中心而展开的，故云"佛称八苦为师"[①]。

声闻法中认为，若要从苦的缠缚中解脱出来，须以八正道来指导生活，从内在的自我心性上彻底地断除烦恼，从而使得身口意达到如理的清净状态，即寂静涅槃。《杂阿含经》云："心恼故众生恼，心净故众生净。"[②] 声闻法重在自我身心的清净，这是偏向于自利的。《法华经》云，声闻人"自谓已得涅槃，无所堪任，不复进求阿耨多罗三藐三菩提"[③]。故声闻法以净心为究竟。

但大乘菩萨法则认为，佛陀之本怀不唯自利，更为利他。释迦弘化四十九年，以自己的实证体验去度化众生，即是佛陀不舍众生的大慈悲利他行。故大乘在自利的基础上更以利他为业。又经言"一佛一世界"，有众生（正报）即有国土（依报），此正依二报有互为增长的关系，故大乘佛教认为菩萨行不仅仅要净心，亦要净国土。《大智度论》云：

> 净有二种，一者智慧净，二者所缘法净。此二事相待，离智净无缘净，离缘净无智净。所以者何？一切心心数法从缘生，若无缘则智不生。譬如无薪，火无所然。……譬如百种美食，与毒同器，则不可食。[④]

《往生论》云，清净有二种，"一者器世间清净，二者众生世间清净"[⑤]。

---

① （明）智旭：《周易禅解》卷2，《嘉兴藏》第20册，第409页下。
② （刘宋）求那跋陀罗译《杂阿含经》卷10，《大正藏》第2册，第69页下。
③ （后秦）罗什译《法华经》卷2，《大正藏》第9册，第16页中。
④ （后秦）罗什译《大智度论》卷63，《大正藏》第25册，第507页上。
⑤ （北魏）菩提流支译《往生论》，《大正藏》第26册，第232页中。

在大乘佛教看来，清净有众生的清净和世界的清净两个方面，这是大乘佛法的特色。故菩萨之修学，若不成就众生，庄严佛土，则成佛的因缘就不具足。《大智度论》云：

> 问曰："菩萨法应度众生，何以但至清净无量寿佛世界中？"答曰："菩萨有二种，一者有慈悲心，多为众生；二者多集诸佛功德。乐多集诸佛功德者，至一乘清净无量寿世界；好多为众生者，至无佛法众处，赞叹三宝之音。"①

《摩诃般若经》云：

> 菩萨摩诃萨行般若波罗蜜时，应如是游戏神通，能净佛国土、成就众生。……菩萨摩诃萨不净佛国土、不成就众生，不能得阿耨多罗三藐三菩提。何以故？因缘不具足故，不能得阿耨多罗三藐三菩提。②

大乘菩萨修学佛道当须成就众生，净佛国土，这是菩萨行的两大使命。③故菩萨须有下化众生之誓和上求佛道之愿。其表现在修学上，即是福慧双修。修福则能感世界清净，修慧则能做到身心清净，这即是大乘佛教的净土观。从此可知"佛门无量义，一以净为本"④。

（二）净佛国土

大乘发菩提心的菩萨如何来净佛国土呢？《大智度论》云：

> 净佛世界者，有二种净：一者菩萨自净其身；二者净众生心，令行清净道。以彼我因缘清净故，随所愿得清净故，随所愿得清净世界。⑤

---

① （后秦）罗什译《大智度论》卷38，《大正藏》第25册，第342页中。
② （后秦）罗什译《摩诃般若经》卷26，《大正藏》第8册，第411页上。
③ 〔日〕木村泰贤在《现实与净土》中总结说，大乘佛教的两大使命是"解脱的要求"和"完成更好的世界的建设"，而这两大使命的结合点便是净土思想。见张曼涛主编《现代佛教学术丛刊·净土宗概论》，大乘文化出版社，1978，第279页。
④ 印顺：《净土与禅》，中华书局，2011，第3页。
⑤ （后秦）罗什译《大智度论》卷50，《大正藏》第25册，第418页中。

菩萨净佛国土，先须自净其心，这是一切佛法的基础。菩萨三业清净，则一切菩萨道清净，进而才能净佛国土，成就众生。由于净心是净佛国土的先决条件，故《维摩经》云："若菩萨欲得净土，当净其心；随其心净，则佛土净。"①《大智度论》云：

> 问曰："若菩萨净佛土，是菩萨得无生法忍，住神通波罗蜜，然后能净佛土。今何以言：从初发意来，净粗身口意业？"答曰："三业清净，非但为净佛土，一切菩萨道皆净。此三业初净身口意业，后为净佛土。自身净亦净他人，何以故？非但一人，生国土中者皆共作因缘。内法与外法作因缘，若善、若不善，多恶口业故，地生荆棘；谄诳曲心故，地则高下不平；悭贪多故，则水旱不调，地生沙砾。不作上诸恶故，地则平正，多出珍宝；如弥勒佛出时，人皆行十善故，地多珍宝。"……人身行三种，福德具足，则国土清净；内法净故，外法亦净。譬如面净故，镜中像亦净。②

菩萨三业清净，则福德具足，内因缘成就，则外感国土，"地则平正，多出珍宝"，可令共作因缘之有情生于其中而共修佛道。又菩萨以佛心之大慈悲为体，大慈悲者，即不舍一切众生。《大智度论》云：

> （菩萨）心无所著，于一切众生能起大慈大悲；大慈大悲故，能教化众生；众生心清净故佛界清净，佛界清净已，得佛道三转十二行法轮，以三乘度无量众生。以大乘度众生故，不断佛种；不断佛种故，于世间常开甘露法门，常示众生无为性。③

故菩萨的净佛国土行在"自身其意"的基础上，还要"净化他人"。这是大乘法别于小乘法的关键之处。

厌苦忻乐乃众生本具的愿欲，而菩萨以其所愿所感而得清净世界，众生则于此生起忻厌心，故国土庄严就能更广泛地利益众生。《大智度论》云：

---

① （后秦）罗什译《维摩经》卷1，《大正藏》第14册，第538页下。
② （后秦）罗什译《大智度论》卷92，《大正藏》第25册，第708页下至第709页上。
③ （后秦）罗什译《大智度论》卷77，《大正藏》第25册，第606页中。

"众生虽行善，要须菩萨行愿、回向方便力因缘故，佛土清净；如牛力挽车，要须御者，乃得到所至处。"① 故经云：菩萨游戏神通，自在于十方世界，从一佛国至一佛国，稽首如来，观诸佛国，摄取净相，庄严其国。《大智度论》云："如阿弥陀佛先世时作法藏比丘，佛将导遍至十方世界，示清净国，令选择净妙之国，以自庄严其国。"②《大智度论》云：

> 问曰："何等是净佛土？"答曰："……以神通力随所见教化。众生心随逐外缘，得随意事，则不生瞋恼；得不净、无常等因缘，则不生贪欲等烦恼；若得无所有空因缘，则不生痴等诸烦恼。是故诸菩萨庄严佛土，为令众生易度故。国土中无所乏少，无我心故，则不生悭贪、瞋恚等烦恼。有佛国土，一切树木常出诸法实相音声，所谓无生无灭，无起无作等；众生但闻是妙音，不闻异声；众生利根故，便得诸法实相。如是等佛土庄严，名为净佛土。"③

菩萨庄严佛土之本意全在为令众生易度故，众生心净，则其行净，其行净则国土净。《大智度论》云："若不利他则不能成就众生；若不能成就众生，亦不能净佛世界。何以故？以众生净故，世界清净。"④ 因众生行善法因缘，则能感得清净庄严的佛土，故有情众生是菩萨净佛国土的根本道场。《维摩经》云：

> 众生之类是菩萨佛土。所以者何？菩萨随所化众生而取佛土，随所调伏众生而取佛土，随诸众生应以何国入佛智慧而取佛土，随诸众生应以何国起菩萨根而取佛土。所以者何？菩萨取于净国，皆为饶益诸众生故。譬如有人，欲于空地，造立宫室，随意无碍；若于虚空，终不能成！菩萨如是，为成就众生故，愿取佛国，愿取佛国者，非于空也。⑤

菩萨随所化度众生而取佛土，自庄严其国皆为利益众生。故《摩诃般若经》云，大乘菩萨游戏神通，能从一佛国至一佛国，净佛国土、成就众生；或

---

① （后秦）罗什译《大智度论》卷37，《大正藏》第25册，第335页中。
② （后秦）罗什译《大智度论》卷38，《大正藏》第25册，第343页上。
③ （后秦）罗什译《大智度论》卷92，《大正藏》第25册，第708页中至下。
④ （后秦）罗什译《大智度论》卷56，《大正藏》第25册，第463页下。
⑤ （后秦）罗什译《维摩经》卷1，《大正藏》第14册，第538页上。

成就众生，净佛国土。菩萨不管是以成就众生来净佛国土，还是以净佛国土来利益众生，其核心皆为利益众生，所以"众生类即菩萨净土"。众生成就，则菩萨本愿即实现，国土即成就，同愿同行的众生便会于中上求佛道，下化众生。故僧肇云："土之净者，必由众生。众生之净，必因众行。……夫行净则众生净，众生净则佛土净。"① 窥基《说无垢称经疏》云：

> 诸修行者，自心严净，外感有情、器土亦净。自心不净，何得净地？所以菩萨自心清净，五蕴假者有情亦净。内心既净，外感有情及器亦净。……上来但说有情为土，本所化故，不说器界。有情土净，器界自净，不说自成。②

可知菩萨的净佛国土行，其内在逻辑当是心净——行净——众生净——佛土净。然后期佛教的如来藏系和唯识系则从本体论的真如心和阿赖耶识上来论"心净则佛土净"的存在性，③ 从而忽略了早期佛教般若系实践论上"行净则众生净"的必要性，如禅宗就以唯心净土论来批评有相行净土行为系缚着相的生死法。

什么样的菩萨才能成就众生，净佛国土呢？菩萨以慈悲本愿著称，综观大乘诸经，菩萨修习净佛国土行，须修净业三心、六度波罗蜜、四无量心、四摄法、十善法、六念法门、三十七道品、十大行愿等等，特别是十大行愿，广大无尽，重重无尽，当是菩萨净佛国土行愿之精华。菩萨的别行虽不同，但括其纲宗则不外《大般若经》中所讲的"信愿、慈悲、智慧"三要。菩萨之别愿虽亦有所不同，但均为上求佛道，下化众生之行，总其宗要则不外四弘誓愿。④ 菩萨以此修学至于八地，福德因缘具足，才能成就净佛国土。《摩诃般若经》云，菩萨：

> （八地）顺入众生心，游戏诸神通，观诸佛国，如所见佛国，自庄严其国；如实观佛身，自庄严佛身。……知上下诸根；净佛世界；入如幻三昧；常入三昧；随众生所应善根受身。（九地）受无边世界所度之分，菩

---

① （后秦）僧肇：《注维摩经》卷1，《大正藏》第38册，第335页中。

② （唐）窥基：《说无垢称经疏》卷2，《大正藏》第38册，第1027页上。

③ 参惠敏《心净则佛土净之考察》，《中华佛学学报》1997年第10期。

④ （唐）般若译《心地观经》卷7云："一切菩萨复有四愿，成熟有情住持三宝，经大劫海终不退转。云何为四？一者誓度一切众生，二者誓断一切烦恼，三者誓学一切法门，四者誓证一切佛果。善男子！如是四法，大小菩萨皆应修学，三世菩萨所学处故。"《大正藏》第3册，第325页中。

萨得如所愿，知诸天、龙、夜叉、捷闼婆语而为说法。处胎成就，家成就，所生成就，姓成就，眷属成就，出生成就，出家成就，庄严佛树成就，一切诸善功德成满具足。①

七地菩萨才能观诸法实相，破诸烦恼。至八地时，方能以一心知一切众生心及心数法；自在游戏神通，至无边清净佛国无所挂碍，不取佛国相，亦能观诸佛国；或能自住本国，用天眼见诸佛国，取净国相，自作愿行，欲自庄严其国，满众生愿。九地时才能具足一切善法功德，得众生清净，佛国清净。故《大智度论》云：

菩萨住七地中，破诸烦恼，自利具足。住八地、九地利益他人。所谓教化众生，净佛世界。自利利他深大故，一切功德具足。②

菩萨至八地时，方能成就众生，净佛国土；亦能成就自己的净土，摄化众生。故菩萨的本愿即净土，净土即本愿，因其能自在游戏神通。《往生论注》云：菩萨"愿以成力，力以就愿，愿不徒然，力不虚设，力愿相符，毕竟不差"③。今之佛弟子于此当特加慎重，万不可从博地凡夫立论，大唱"本性具足，净土现成"而弹毁经教，轻蔑菩萨净土行，进而丧失大乘菩萨道的根本精神——"庄严国土，利乐有情"。

四 净土信仰在大乘佛教中的地位

佛教的终极目标是以涅槃成佛为宗，而净土的建立和涅槃的意义是相一致的，所以不同的历史时期，不同文化地域中的佛教皆尊奉净土。太虚说："律为三乘共基，净为三乘共庇。"印顺说："戒律与净土，不应独立成宗。"

净土为大小乘人所共仰共趋的理想界，如天台、贤首、唯识、三论以及禅宗，都可以修净土行，宏扬净土。这是佛教的共同倾向，决非一派人的事情。……《阿含》中说"心清净故，众生清净"；大乘更说："心净则

---

① （后秦）罗什译《摩诃般若经》卷6，《大正藏》第8册，第257页中至下。
② （后秦）罗什译《大智度论》卷50，《大正藏》第25册，第419页中。
③ （北魏）昙鸾：《往生论注》卷下，《大正藏》第40册，第840页上。

土净。"所以我曾说:"心净众生净,心净国土净,佛门无量义,一以净为本。"……了此就知净土思想与大乘佛教实有不可分离的关系。净土的信仰,不可诽拔,离净土就无大乘。[①]

净土为三乘共趋之法,就大乘佛教来说,不唯说心净,更讲土净,力使世间土转化为清净土。这是大乘佛教的特色。木村泰贤在《现实与净土》中说,大乘佛教的两大使命为"解脱的要求"和"完成更好的世界的建设",而这两点的结合处便是净土思想。[②] 故大乘佛教必有净土。从初期的《般若经》开始,整个大乘经无不论及净土之清净庄严功德,如《无量寿经》《法华经》《华严经》《宝积经》等。这是从果德的宣扬上强调菩萨因地本愿的重要性,以劝诸众生效法菩萨的净土行愿。

然菩萨因其本愿不同,或愿生秽土,或愿生净土,或净或秽皆是菩萨的净佛国土行愿。如弥勒发愿于净土中度化众生,而释迦则发愿在秽土中救济有情。《胜天王般若经》云:

> 菩萨发愿不为有乐出离三界求二乘道,作大愿言:一切众生、众生所摄皆入涅槃,然后我身乃成正觉。……愿我身常生秽国,不生净土。[③]

《地藏经》云:

> 二王议计,广设方便。一王发愿,早成佛道,当度是辈,令使无余。一王发愿,若不先度罪苦,令是安乐,得至菩提,我终未愿成佛。佛告定自在王菩萨:一王发愿早成佛者,即一切智成就如来是。一王发愿永度罪苦众生,未愿成佛者,即地藏菩萨是。[④]

菩萨成就功德不一定往生净土,有的菩萨则发愿于秽土中无数方便,教化众生。如地藏菩萨发愿:"地狱未空,誓不成佛,众生度尽,方证菩提。"[⑤]

---

① 印顺:《净土与禅》,第1~3页。
② 张曼涛主编《现代佛教学术丛刊·净土宗概论》,第279页。
③ (东魏)月婆首那译《胜天王般若经》卷1,《大正藏》第8册,690中。
④ (唐)实叉难陀译《地藏经》卷上,《大正藏》第13册,第780页下。
⑤ (明)智旭:《占察善恶经疏》卷上,《卍新纂续藏经》第21册,第424页下。

《摩诃般若经》云，更有菩萨"所至到处，有无佛法僧处，赞佛法僧功德，诸众生用闻佛名法名僧名故，于此命终，生诸佛前"①。《小品般若经》云："阿惟越致菩萨多于欲界、色界命终来生中国……少生边地。若生边地，必在大国。"② 菩萨或生地狱，或生人间，③ 或生边地，皆为了利益众生，成就佛道。《十住毗婆沙论》云，有的菩萨则"常愿见佛，闻他方现在有佛愿欲往生，常生中国"④。《菩萨念佛三昧经》云：

> （菩萨）同如来生无生之生，常生中国，不处边地，欲求遍往他方世界至诸佛所谘受正法，欲乐住此或游十方，觐诸如来恭敬供养，彼此菩萨功德具足。⑤

秽土中摄取众生，庄严众生，毕竟是"大人志干"之行。其对于一般的菩萨来说，则比较难于行持；而于净土中则能常闻佛法，多积善根，能疾得作佛。《大智度论》云：

> 国土七宝，众生身端正，相好庄严，无量光明，常闻法音，常不远离六波罗蜜乃至十八不共法，是中众生皆毕竟至阿耨多罗三藐三菩提。……此中众生常见佛、常闻法、深种善根、多集佛法故，疾得作佛。闻名者，虽俱毕竟定，而小不如。⑥

大乘法中将菩萨的净土行愿，多集中在往生净土上。这是大乘建立净土行

---

① （后秦）罗什译《摩诃般若经》卷2，《大正藏》第8册，第226页上。
② （后秦）罗什译《小品般若经》卷6，《大正藏》第8册，第565页中。
③ 来生人间的菩萨有种种不同，其根性亦不相同。（后秦）罗什译《小品般若经》卷5云："有菩萨闻深般若波罗蜜，不离说法者，乃至得读诵书写般若波罗蜜，当知是菩萨人中，命终还生人中。有菩萨成就如是功德，于他方世界，供养诸佛，于彼命终，来生此间。有菩萨成就如是功德，于兜率天上，闻弥勒菩萨，说般若波罗蜜，问其中事，于彼命终，来生此间。"《大正藏》第8册，第560页上。（后秦）罗什译《摩诃般若经》卷2云："菩萨摩诃萨行般若波罗蜜能如是习相应者，或从他方佛国来生此间，或从兜率天上来生此间，或从人道中来生此间。从他方佛国来者，疾与般若波罗蜜相应，与般若波罗蜜相应故，舍身来生此间，诸深妙法皆现在前，后还与般若波罗蜜相应，在所生处，常值诸佛。有一生补处菩萨，兜率天上终来生是间，是菩萨不失六波罗蜜，随所生处，一切陀罗尼门、诸三昧门疾现在前。有菩萨人中命终还生人中者，除阿惟越致，是菩萨根钝，不能疾与般若波罗蜜相应，诸陀罗尼门、诸三昧门不能疾现在前。"《大正藏》第8册，第225页中。
④ （后秦）罗什译《十住毗婆沙论》卷4，《大正藏》第26册，第40页下。
⑤ （刘宋）功德直译《菩萨念佛三昧经》卷4，《大正藏》第13册，第815页上。
⑥ （后秦）罗什译《大智度论》卷93，《大正藏》第25册，第712页下。

的根本用意。

菩萨以慈悲本愿著称，对菩萨悲愿（净土）的宣扬可以说是大乘经的核心，它是众生修学大乘法的楷模和榜样，只要众生效法菩萨的悲愿净土行，就能利益众生，成就佛道。菩萨本愿的实现就是净土的建成，也就是说净土是菩萨本愿的具体化。即"本愿即净土，净土即本愿"。本愿思想的形成和发展，扩大了对佛菩萨的信仰和崇拜，随着其内容的不断丰富和系统化，净土思想也得到了进一步的升华。在印度佛教中，菩萨本愿的集大成者则是阿弥陀佛之本愿，在此意义上来说，弥陀信仰渐成了大乘佛教佛菩萨信仰的核心。就中国佛教来说，随着净土宗的建立和对西方净土的弘扬，诸宗各派均是兼修净业，且以阿弥陀佛净土为归趣。故净土思想是大乘佛教根本精神的体现。

在《无量寿经》和《观无量寿佛经》（以下简称《观经》）中就有阿弥陀佛哀悯救度恶人的说法，这是大乘他力思想的进一步开展。随着与佛渐去遥远，末法的观念随之形成，而末法时期，净土信仰则扮演了挽救劫运的角色。《像法决疑经》说："本师灭度，正法五百年，持戒得坚固；像法一千年，坐禅得坚固；末法一万年，念佛得坚固。"①《法灭尽经》云，末法时期：

　　《首楞严经》《般舟三昧》先化灭去，十二部经寻后复灭，尽不复现，不见文字，沙门袈裟自然变白。吾法灭时，譬如油灯，临欲灭时，光明更盛，于是便灭。吾法灭时，亦如灯灭。②

经中所说的"光明更盛"正是喻指净土法门。《无量寿经》言："当来之时，经道灭尽，我以慈悲哀悯，特留此经，止住百岁，其有众生，值斯经者，随意所愿皆可得度。"③《大集月藏经》进一步言："过是以往，《无量寿经》亦灭，唯余阿弥陀佛四字，广度群生。"④又曰："末法亿亿人修行，罕一得道，唯以念佛得度。"⑤

---

① （唐）道镜、善导集《念佛镜》卷下，《大正藏》第47册，第128页下。
② 《法灭尽经》，《大正藏》第12册，第1119页中。
③ （曹魏）康僧铠译《无量寿经》卷下，《大正藏》第12册，第279页上。
④ （清）魏承贯在《无量寿经会译》中说，"此四句各译无之，今从《大集经》增入"。《卍新纂续藏经》第1册，第76页下。
⑤ （唐）道绰《安乐集》卷上曰："《大集月藏经》云，'我末法时中，亿亿众生起行修道，未有一人得者'。当今末法，现是五浊恶世，唯有净土一门可通入路。"《大正藏》第47册，第13页下。（唐）蕅益在《灵峰宗论》卷7《弥陀要解》进一步括而要之曰："经云：末法亿亿人修行，罕一得道，唯依念佛得度。"《嘉兴藏》第36册，第374页下。

从这些大乘经中可以看出净土法门独特的度生因缘和在一代时教中的特别价值。故古人云："诸经所赞，多在弥陀。"[①] "千经万论，赞叹西方，千贤万圣，求生彼国。"[②]

思考与练习题

1. "净土"一词的本义是什么？

2. 如何理解"净土"的佛教宗派性？

3. 菩萨为什么要建立净土？

4. 为什么八地菩萨才能净佛国土？

5. 为什么净土在大乘佛教中有特殊的地位？

[①] 《西方要决科注》卷上，《卍新纂续藏经》第 61 册，第 107 页下。

[②] （明）袾宏：《云栖净土汇语·蔑视西方》，《嘉兴藏》第 33 册，第 67 页上。

第一章 佛菩萨信仰的开展：从 释迦牟尼佛到阿弥陀佛

释迦佛生身已灭，众生以何为怙？于是超越于现实的理想佛逐渐形成，佛教由此而渐渐进入大乘时代。随着十方佛的形成，众生心中的理想佛如恒河沙数，不可胜数，而集诸佛本愿精华于一身的阿弥陀佛的出现，使整个大乘佛教焕然一新，大乘的净土观也由此达到巅峰状态。

第一节 从生身佛到法身佛

《长阿含经》云："世尊灭度，何其疾哉，大法沦翳，何其速哉，群生长衰，世间眼灭。"[1] 释迦生身已灭，众生无依，乃成为佛弟子共有的悲伤情绪，于是理想佛的观念就被提出来。

释迦佛以觉悟法而成佛，此法横亘不灭，万古长存，聚集此法理者，即是法身。此法身常在不灭，并不因生身之涅槃而消失，故释迦佛生身虽灭，但法身长存，常存不灭的法身便成为弟子的归依处。《增一阿含经》云："我释迦文佛寿命极长。所以然者，肉身虽取灭度，法身存在。"[2] 愿佛法常住是佛弟子共同的愿望。此常住的法身一般可分为四类。[3]

一者以佛所说的经戒为法身。《增一阿含经》云："释师出世寿极短，肉体虽逝法身在；当令法本不断绝，阿难勿辞时说法。"[4] 《根本说一切有部毗奈耶杂事》云：我涅槃后，波罗底木叉，"是汝大师，是汝依处，若我住世，无有异也"[5]。

---

① （东晋）佛陀耶舍译《长阿含经》卷4，《大正藏》第1册，第24页下。
② （东晋）僧伽提婆译《增一阿含经》卷44，《大正藏》第2册，第787页中。
③ 印顺：《初期大乘佛教之起源与开展》，中华书局，2011，第138~143页。
④ （东晋）僧伽提婆译《增一阿含经》卷1，《大正藏》第2册，第549页下。
⑤ （唐）义净译《根本说一切有部毗奈耶杂事》卷38，《大正藏》第34册，第399页上。

二者以无漏五蕴（戒身、定身、慧身、解脱身、解脱知见身）为法身。《大毗婆沙论》云："今显此身父母生长，是有漏法，非所归依。所归依者，谓佛无学成菩提法，即法身。"①

三者以证见法性空寂为法身。《增一阿含经》云，若欲礼佛者，当观于空法，当记于无我，当观空无法，此名礼佛义。②《大智度论》云："观诸法空，是为见佛法身。"③

以上三种意义上的法身说，终究还是不能满足一般的信仰者，于是在关于佛的生身遗物和本生故事上，引起另一种法身说。这种法身说，主要将论说集中在佛的生身不可思议上。如《长阿含经》云："今于双树间，灭我无漏身。"④《增一阿含经》云：

　　如来身者，为是父母所造耶，此亦不可思议；所以然者，如来身者，清净无秽，受诸天气。为是人所造耶，此亦不可思议；所以然者，以过人行。如来身者，为是大身，此亦不可思议，所以然者，如来身者，不可造作，非诸天所及。如来寿为短耶，此亦不可思议；所以然者，如来有四神足。如来为长寿耶，此亦不可思议；所以然者，然复如来故兴世间周旋，与善权方便相应。如来身者，不可摸则，不可言长言短，音声亦不可法则。如来梵音，如来智慧，辩才不可思议，非世间人民之所能及。如是佛境界不可思议。⑤

此即可明白佛的生身是无漏而不可思议的。这一论说是思想比较活跃的大众系佛教的观点，如《异部宗轮论》和《大毗婆沙论》所记。⑥ 大众部系佛教

_____

① （唐）玄奘译《大毗婆沙论》卷34，《大正藏》第27册，第177页上。
② （东晋）僧伽提婆译《增一阿含经》卷28，《大正藏》第2册，第707页下至第708页上。
③ （后秦）罗什译《大智度论》卷11，《大正藏》第25册，第137页上。
④ （东晋）佛陀耶舍译《长阿含经》卷3，《大正藏》第1册，第20页下。
⑤ （东晋）僧伽提婆译《增一阿含经》卷21，《大正藏》第2册，第657页中。
⑥ （唐）玄奘译《异部宗轮论》中云：大众部、一说部、说出世部、鸡胤部本宗同义者，谓四部同说：诸佛世尊皆是出世，一切如来无有漏法，诸如来语皆转法轮，佛以一音说一切法，世尊所说，无不如义。如来色身实无边际，如来威力亦无边际，诸佛寿量亦无边际。佛化有情令生净信无厌足心。佛无睡梦。如来答问不待思惟。佛一切时不说名等，常在定故；然诸有情，谓说名等欢喜踊跃。一刹那心了一切法，一刹那心相应般若知一切法。诸佛世尊尽智、无生智，恒常随转，乃至般涅槃。参见《大正藏》第49册。又（唐）玄奘译《大毗婆沙论》卷44云："如大众部，彼作是说：经言，如来生在世间，长在世间，若行若住，不为世法之所染污，由此故知如来生身亦是无漏。"卷173云："分别论者及大众部僧，执佛生身是无漏法。……如契经说：如来生世、住世、出现世间，不为世法所染。彼依此故，说佛生身是无漏法。又彼说言：佛一切烦恼并习气皆永断故，云何生身当是有漏。"《大正藏》第12册，第229页上，第871页下。

在佛的生身出世无漏的原则下，发挥出了一种新的法身说。这一论说引起了执佛为有漏生身者的不满，如云，佛既然是威神力不可思议，无漏功德圆满者，缘何而有种种罪报？①《长阿含经》对此提出了"舍命说"②。龙树就进一步提出了佛有法性身和生身之别，以回应那种对佛身的疑难。《大智度论》云："佛有二种身：一者法性身，二者父母生身。"③法性身遍满虚空，相好庄严，非生死人可见，而生死人可见的则是受诸罪报的父母生身。论云：

> 佛即得道时，一切不善法尽断，一切善法皆成就，云何今实有不善法报可受？但怜愍未来世众生故，现方便受此诸罪。复次如阿泥卢豆，与一辟支佛食故，受无量世乐，心念饮食应意即得。何况佛世世割肉出髓以施众生，而乞食不得，空钵而还，以是事故知佛方便，为度众生故受此诸罪。云何方便怜愍？未来世五众佛弟子施福薄故，乞种种自活之具不能得。诸白衣言："汝衣食不能得，有病不能除，何能得道以益于人？"是五众当答："我等虽无活身小事，有行道福德，我等今日众苦，是先身罪报，今之功德利在将来，我等大师佛入婆罗门聚落乞食，尚亦不得空钵而还。佛亦有诸病，释子毕罪时佛亦头痛，何况我等薄福下人？"诸白衣闻已嗔心则息，便以四种供养供给比丘，身得安隐坐禅得道，是为方便故，非实受罪。如《毗摩罗诘经》中说，佛在毗耶离国，是时佛语阿难："我身中热风气发，当用牛乳，汝持我钵乞牛乳来。"阿难持佛钵，晨朝入毗耶离，至一居士门立，是时毗摩罗诘在是中行，见阿难持钵而立，问阿难："汝何以晨朝持钵立此？"阿难答言："佛身小疾，当用牛乳，故我到此。"毗摩罗诘言："止，止，阿难，勿谤如来，佛为世尊，已过一切诸不善法，当有何疾？勿使外道闻此粗语，彼当轻佛便言：佛自疾不能救，安能救人？"阿难言："此非我意，面受佛敕，当须牛乳。"毗摩罗诘言："此虽佛敕，是为方便，以今五恶之世故，以

---

① （后秦）罗什译《大智度论》卷9云："一者梵志女孙陀利谤，五百阿罗汉亦被谤；二者旃遮婆罗门女，系木盂作腹谤佛；三者提婆达推山压佛伤足大指；四者迸木刺脚；五者毗楼璃王兴兵杀诸释子佛时头痛；六者受阿耆达多婆罗门请而食马麦；七者冷风动故脊痛；八者六年苦行；九者入婆罗门聚落乞食不得空钵而还。复有冬至前后八夜寒风破竹索三衣御寒。又复患热须阿难在后扇佛。如是等世界小事佛皆受之，若佛神力无量……何以故受诸罪报？"《大正藏》第25册，第121页下。

② （东晋）佛陀耶舍译《长阿含经》卷2，《大正藏》第1册，第15页下。

③ （后秦）罗什译《大智度论》卷9，《大正藏》第25册，第121页下。

是像度脱一切，若未来世有诸病比丘，当从白衣求诸汤药，白衣言：汝自疾不能救，安能救余人。诸比丘言：我等大师，犹尚有病，况我等身如草芥，能不病耶？以是事故，诸白衣等，以诸汤药供给比丘，使得安隐坐禅行道。有外道仙人，能以药草咒术除他人病，何况如来一切智德，自身有病而不能除！汝且默然持钵取乳，勿令余人异学得闻知也。"以是故知佛为方便，非实病也。诸罪因缘皆亦如是。①

佛为无上智者，那么佛的生身当然是无漏清净的。这是从佛弟子对佛的崇拜和信仰上来说的。这一论说一方面极大地满足了大众的佛教信仰，另一方面则暗示了佛除生身外，还有其圆满的真身。法身说的形成标志着佛身论完成了从现实佛到理想佛的思想转变，为大乘菩萨法的开展提供了内在的思想依据，极大地满足了佛教信仰层面的诉求。从此，佛陀的法义不仅仅局限于生身说，圆满的真身从大悲而现教化众生之用，所起的种种言说更是皆可视为佛说，而释迦佛的出现于世亦可说是一时之方便。佛法由此进入了真正意义上的大乘时代，特别是清净报佛——阿弥陀佛的出现，更让大乘之净土教焕然一新。

第二节 从七佛到十方佛

释迦佛是彻证宇宙诸法实相的正等正觉者，其所证的诸法实相的本质就是缘起法。此缘起之法理横亘古今，不生不灭，非因释迦佛的证悟宣示而彰显于世。《杂阿含经》云，"缘起法者，非我所作，亦非余人作"，"若佛出世，若未出世，此法常住，法住法界"。② 故凡所证悟此缘起法者即为佛。《成实论》曰："若人见因缘，是人即见法，若见法，即见佛。"③ 释迦佛并不是证悟此缘起实相的垄断者，世界已轮转无数劫，故过去无量世中亦当有人证悟此法而成佛，如《杂阿含经》云："我（释迦佛）得古仙人道，古仙人径，古仙人道

---

① （后秦）罗什译《大智度论》卷9，《大正藏》第25册，第122页上至中。（东晋）佛陀跋陀罗译《摩诃僧祇律》卷31云："耆旧童子往至佛所，头面礼足，白佛言：闻世尊不和，可服下药。世尊虽不须，为众生故，愿受此药，使来世众生，开视法明，病者受药，施者得福。"《大正藏》第22册，第481页上。

② （刘宋）求那跋陀罗译《杂阿含经》卷12，《大正藏》第2册，第85页中、84页下。

③ （后秦）罗什译《成实论》卷9，《大正藏》第32册，第314页上。

迹。古仙人从此迹去，我今随去。"① 《长阿含经》云，佛言，"过去三耶三佛与如来等，未来三耶三佛与如来等"②。由于"七数"信仰是一种非常古老的宗教思想，印度的婆罗门教沿袭之而有古代七圣说，佛教亦继承了这一"七数"信仰而云七佛说。《长阿含经》中云，过去有六佛——毗婆尸佛、尸弃佛、毗舍浮佛、拘楼孙佛、拘那含牟尼佛、迦叶佛，再加释迦佛而成七佛说。这是早期佛教共有的传说，其成立相当古老，在阿育王的石柱铭文中就提到了拘那含牟尼佛。

七佛实为佛教的方便俗说。菩萨精进修学者，皆可见法而成佛，过去世界无尽，众生亦当无尽，自然会有诸多的成佛者。部派不同，所传的数量则有差别。如《小部·佛种姓经》云，过去有十八佛，加上七佛为二十五佛。《大事》及《佛本行集经》中提出七佛之前有九佛，《华严经·贤首菩萨品》云，七佛之前有二佛。这样过去有更多的佛在佛教界传说出来，如《俱舍论》等论疏中云，释迦佛因地曾从二十二万八千尊佛礼拜受教，而《佛本行集经》和《大事》中则有多达四十亿以上的佛。③ 这样，佛教就成立了过去无量诸佛说，在此过去的诸佛中，最为著名的则是为释迦佛授记的燃灯佛。

过去、现在有佛，那么未来则亦有佛。《长阿含经》云，未来人寿八万岁时，"有佛出世，名为弥勒如来"④。《增一阿含经》进一步说，弥勒现居兜率天，将来下生人间而成佛。⑤ 佛教于此而建立了三世佛说。促进十方佛出现的最重要的动力是佛的本生故事，特别是部派佛教时期，对佛陀的超人格性理解，如佛的寿量、身体、威力都是无限的，佛陀的本生故事亦随之充满了种种不可思议性。这就直接刺激了佛弟子对菩萨的信仰和崇拜。小乘四果均须多次天上人间往返修行才能证得，如此则出现了佛因地修行的种种本生故事。这些本生故事产生的目的是要说明菩萨是如何修行而成佛的，即说明只要以菩萨自利利他的大慈悲精神来修持佛法就能成佛。这一方面说明了一切众生皆有成佛的可能性，即佛性论；另一方面则说明了释迦成佛是历劫修持的必然结果，即暗示了佛的报身观。⑥ 也就是说释迦佛的出现是一时的方便，而释迦佛别有不

① （刘宋）求那跋陀罗译《杂阿含经》卷12，《大正藏》第2册，第80页下。
② （东晋）佛陀耶舍译《长阿含经》卷12，《大正藏》第1册，第79页上。
③ 〔日〕水野弘元：《佛教的真髓》，香光书乡编译组译，香光书乡出版社，2014，第356～357页。
④ （东晋）佛陀耶舍译《长阿含经》卷6，《大正藏》第1册，第42页上。
⑤ （东晋）僧伽提婆译《增一阿含经》卷44，《大正藏》第2册，第788页中。
⑥ 〔日〕望月信亨：《净土教概论》，印海译，中国书店。2010，第16页。

灭之真身。那么众生无数，只要能效仿菩萨的大行，就能如释迦一样而成佛，于是以菩萨的本生故事引生出十方佛来。

三世佛是佛弟子共同的信仰，大家于此鲜有异议。三世佛是就此婆婆世界来说的，以论师的推究，世界有无量无数之多。故他方世界亦当过去有佛，现在有佛，未来有佛，这样就推导出十方佛来。又从佛弟子对佛菩萨的信仰需求上来说，释迦佛已灭，弥勒佛还未出世，大法沦翳，群生何依？为满足这一内在的信仰诉求，佛弟子较早地提出了他方世界有现在佛说。如《增一阿含经》云，"东方七恒河沙佛土，有佛名奇光如来至真等正觉，出现彼土"①。《大事》中说，东南西北四方各有佛。《入大乘论》云："僧祇中说，青眼如来等，为化菩萨故，在光音天。"又云：

> 上下诸世尊，方面及四维，法身与舍利，敬礼诸佛塔。东方及北方，在世两世尊，厥名曰难胜，彼佛所说偈。②

南传《譬喻》中云：

> 此世有十方，方方无有边际；任何方面佛土，不可得以数知。……多数佛与罗汉，遍集而来。我敬礼与归命，彼佛及与罗汉。诸佛难可思议，佛法思议巨及。是净信者之果，难思议中之最。③

这是诸经论中所记载的声闻法中的他方有佛说。但这一论说在佛教界引起了分歧。《中阿含经》云："若世中有二转轮王并治者，终无是处。若世中有一转轮王治者，必有是处。若世中有二如来者，终无是处。若世中有一如来者，必有是处。"《长阿含经》云："欲使一时二佛出世，无有是处。"一个世界中不可二佛同时出世并治。又据《增一阿含经》云："佛世尊皆出人间，非由天而得也。"《入大乘论》云："一切诸部论师皆说，一切诸佛皆从阎浮提出。"《佛所行赞》云："一切诸牟尼，成道必伽耶，亦同迦尸国，而转正法轮。"声闻人认为，不但同时无二佛，先佛后佛均出阎浮提，即不同意他方有佛说。对

---

① （东晋）僧伽提婆译《增一阿含经》卷44，《大正藏》第2册，第710页上。
② （北凉）道泰译《入大乘论》卷下，《大正藏》第32册，第46页上、44页上。
③ 转引印顺《初期大乘佛教之起源与开展》，第136页。

此，龙树站在十方佛说的立场上，对"二佛不并化"说提出了新的诠释，从理事等多层面论述了十方佛说成立的依据。《大智度论》云：

问曰："摩诃衍经有此事，我法中无十方佛，唯过去释迦文尼拘陈若等一百佛，未来弥勒等五百佛。"答曰："摩诃衍论中种种因缘，说三世十方佛。何以故？十方世界有老病死淫怒痴等诸苦恼，以是故佛应出其国。如经中说，无老病死烦恼者，诸佛则不出世。复次，多病人应有多药师，汝等声闻法《长阿含》中，毗沙门王以偈白佛：稽首去来现在诸佛，亦复归命释迦文佛。汝经说过去未来现在诸佛言稽首，释迦文尼佛言归命，以此故知，现在有余佛。若无余国佛，何以故前稽首三世佛，后别归命释迦文尼佛。此王未离欲，在释迦文尼所得道，敬爱心重故归命，于余佛所直稽首。"

问曰："佛口说，一世间无一时二佛出，亦不得一时二转轮王出。以是故，不应现在有余佛。"答曰："……佛说一三千大千世界中，无一时二佛出，非谓十方世界无现在佛也。如四天下世界中，无一时二转轮圣王出。此大福德人无怨敌共世故。以是故，四天下一转轮圣王，佛亦如是，于三千大千世界中亦无二佛出。……复次，一佛不能得度一切众生。若一佛能度一切众生者，可不须余佛。但一佛出，如诸佛法度可度众生，已而灭，如烛尽火灭，有为法无常性空故。以是故，现在应更有余佛。复次，众生无量，苦亦无量，是故应有大心菩萨出，亦应有无量佛出世度诸众生。"①

释迦佛变作无数化佛在十方世界说法，亦不能度尽众生，堕有边数，众生无尽，故应有余佛。经中虽言一世界无二佛俱出，只是从一世界来说，而不从十方世界来论。"虽佛无嫉妒心，然以行业世世清净故，亦不一世界有二佛出。"②故《多持经》中说"一时一世界无二佛，不言十方无佛"③。《大智度论》云：

如《杂阿含经》中说，譬如大雨连注，渧渧无间，不可知数，诸世界

---

① （后秦）罗什译《大智度论》卷4，《大正藏》第25册，第93页中至下。
② （后秦）罗什译《大智度论》卷9，《大正藏》第25册，第125页中。
③ （后秦）罗什译《大智度论》卷9，《大正藏》第25册，第125页中。

亦如是。我见东方无量世界，有成有住有坏，其数甚多，不可分别。如是乃至十方，是十方世界中，无量众生有三种身苦——老病死，三种心苦——淫瞋痴，三种后世苦——地狱饿鬼畜生。一切世界皆有三种人——下中上，下人著现世乐，中人求后世乐，上人求道，有慈悲心怜愍众生，有因缘，云何无果报？佛言："若无老病死，佛不出世。"是人见老病死苦恼众生，心中作愿："我当作佛，以度脱之拔其心病，济后世苦。"如是十方世界，皆有佛出因缘。何以故，独言"此间有佛，余处无耶？"譬如有人言"有木无火，有湿地而无水"，是不可信，佛亦如是。众生身有老病死苦，心有淫瞋痴病，佛为断此三苦，令得三乘故，出世一切世界中，皆有此苦，云何无佛？复次，盲人无量，而言唯须一医，此亦不然，以是故应更有十方佛。……复次，过去世有无量佛，未来世亦有无量佛，以是故现在亦应有无量佛。复次，若佛于声闻法中，言有十方无数无量佛，众生当言佛易可遇，不勤求脱；若不值此佛，当遇彼佛，如是懈怠，不勤求度。……有老病死苦，闻唯有一佛，甚难可遇，心便怖畏，勤行精进，疾得度苦，以是故佛于声闻法中，不言有十方佛，亦不言无。若有十方佛，汝言无得无限罪；若无十方佛，而我言有，生无量佛想得恭敬福，所以者何？善心因缘福德力大故。……若实有十方佛而言无，得破十方佛无量重罪，何以故？破实事故。肉眼人虽俱不知，但心信言有，其福无量，若实有而意谓无，其罪甚重，人自用心，尚应信有，何况佛自说摩诃衍中，言实有十方佛而不信耶？……诵《阿弥陀佛经》故，见佛自来……诸佛菩萨，来者甚多，如是处处。……以是诸因缘故，知实有十方佛。①

龙树的论说非常丰富，多层面地诠释了大乘十方佛说成立的思想依据，夯实了大乘十方信仰的基础。为了弘扬十方佛信仰，大乘法中对声闻法中的人间成佛论做出了修正。《大智度论》说："声闻法中说念欲界天，摩诃衍中说念一切三界天。"②声闻法中的念天是只念欲界天，而欲界天有情是有食欲、淫欲、睡眠欲等，此为圣者所厌弃，故声闻法中主张"诸佛皆出人间，终不在天上成佛"③，此天上是独指欲界天。但大乘法中是念一切天，其色界已无欲界之诸

①　（后秦）罗什译《大智度论》卷9，《大正藏》第25册，第125页下至第127页上。
②　（后秦）罗什译《大智度论》卷22，《大正藏》第25册，第227页下。
③　（东晋）僧伽提婆译《增一阿含经》26，《大正藏》第2册，第694页上。

欲，清净庄严，其中之五净居天中唯圣人可居，不杂凡夫外道，故圣者于此听闻佛法，可直接于此天界而成佛。《菩萨处胎经》云：

> （梵天王）即于天宫，诣昼度树，端坐思维，一意一心，系念在前，无异他想，即得成佛。……即于天宫，三明通达，庄严佛土，不更受身，便成无上至真等正觉。①

至于无色界天，空无有色，唯以自心相续，别无所依，故将成就佛清净报身唯在色界论。《入楞伽经》云："欲界及无色，不于彼成佛；色界究竟天，离欲得菩提。"② 故大乘经中云，十地菩萨在色究竟天成佛。大乘经中论及净土之清净庄严时，多比若色界天。就大乘法来说，只要有众生之处，即有佛说法，众生修持佛法必然成佛。随着十方佛土的建立，大乘法将成佛论从色界天进一步拓展至他方世界，升华了原始佛教的人间成佛论，体现了大乘佛教十方佛说的特色，相比声闻法来说就更加圆满殊胜了。

在大乘佛教的十方佛信仰中，最受称赞的是西方极乐世界的阿弥陀佛。此佛以因地的四十八愿和果地的依正庄严胜超十方佛而著名，约三分之一的大乘经皆论及了阿弥陀佛的信仰，特别是弥陀信仰中的他力本愿思想，将大乘佛教对于佛菩萨的信仰推至了无与伦比的境地，因之而有了阿弥陀佛雄杰第一的说法。这就突显了阿弥陀佛在大乘十方佛中的特殊地位，西方净土信仰也正由此成为大乘佛教佛信仰的代名词。

大乘十方佛之开展自有印度固有的宗教文化和西方神话之渊源，是佛教为适应一般性宗教的需要而以自身的理念发展出来的。印顺指出："初期大乘的佛与菩萨，主要是依佛教自身的发展而表现出来，所以大乘法中著名的佛菩萨，即使受到印度神教或西方的影响，到底与神教的并不相同"。③ 以神教的表现形式来发扬佛教内在的义理，是大乘佛教圆融方便之道的一贯方法。信仰大乘法当不应于此本末倒置，迷失在神教的气氛中而忘失大乘法的根本意趣。

---

① （东晋）竺佛念译《菩萨处胎经》卷4，《大正藏》第12册，第1035页上。
② （唐）实叉难陀译《入楞伽经》卷7，《大正藏》第16册，第638页上。
③ 印顺：《初期大乘佛教之起源与开展》，第397页。魏磊指出：在原始佛教与部派佛教时期，净土的信奉者主要是在家众，正当出家僧团注重自力修证，并领导整个佛教的情形下，净宗他力本愿的思想隐伏不现。后来，由于外来宗教的冲击，佛教亦应圆融接引更多的异教徒皈依佛教，故彰显出佛力救济的内在思想。参见魏磊《净土宗教程》，宗教文化出版社，1998，第9页。

思考与练习题

1. 佛教为什么要在生身之外建立法身说？
2. 佛的法身一般可分为几种？
3. 声闻人为什么说诸佛皆出人间？
4. 为什么"二佛不并化"？
5. 龙树建立十方佛有哪些理据？

第二章 净土的开展：从北俱卢洲到
西方净土

厌苦忻乐乃众生本有的生命意欲，故身处杂恶秽土中的众生皆希望自己能生于理想的清净国土之中。广义而言，一切清净美好的世界皆属于净土的范畴，如北俱卢洲、转轮圣王国土、天国等。狭义而言，则指菩萨本愿力所成就的净土，如阿閦佛净土、极乐净土等。所以净土必定有其层次的高下类别。在中国佛教中，受净土宗的影响，净土则专指西方极乐土。

太虚将五乘（人乘、天乘、声闻乘、缘觉乘、菩萨乘）判为三阶，即五乘共法、三乘共法、大乘不共法。印顺基于此而将净土分为五乘共土、三乘共土、大乘不共土。

第一节 五乘共土

五乘共土是指五乘人都仰慕、都可求生的净土，如北俱卢洲、转轮王国土、天国等，其中以北俱卢洲和弥勒净土最具代表性。

一 北俱卢洲

北俱卢洲是须弥山四洲之一，余三大洲均有地狱，唯独此洲无之，故在四大洲中此洲最胜。这一世界构图是印度民族共有的传说。据学者的研究，这是雅利安人南下进入印度后对祖先故土的憧憬与追慕而理想化的产物。① 北俱卢

---

① 《望月佛教大辞典》《佛光大辞典》等均是这样解释的。所谓地上的乐土名为郁多罗拘卢。郁多罗是上，即北方。拘卢是雅利安人的一族，所住地名为拘卢。这里是婆罗门成长之中心地带，即印度德里以北一带。（唐）玄奘《大唐西域记》卷 4 云，中印度萨他泥湿伐罗国之地，"昔五印度国二王分治，境壤相侵，干戈不息。……两国合战，积尸如莽。迄于今时，遗骸遍野，时既古昔，人骸伟大。国俗相传，谓之福地"。《大正藏》第 51 册，第 891 页上。郁多罗拘卢即北拘卢，上拘卢，最福乐之地。所以北拘卢洲后发展成印度人神话中的须弥山四洲之一。

洲在佛世前的《梵书》《罗摩衍那》《摩诃婆罗多》中均有记载。佛教为适应印度固有文化的需要，引用了这一俗说，但其宗趣乃在于佛法的道德说教。

北俱卢洲意译为最上、最胜。《长阿含经》云：洲形正方，状如盒盖。其洲多有诸山，山中多有众流、山河大地，众宝合成，昼夜常明。经云：

> 地纯众宝，无有石沙，阴阳调柔，四气和顺，不寒不热，无众恼患。其地润泽，尘秽不起，如油涂地，无有游尘。百草常生，无有冬夏，树木繁茂，花果炽盛。①

其地具有平等、寂静、净洁、柔软四德。树木清凉，花果繁盛，自然出生种种器物，可令人民随意使用。人面如地，"身体相类，形貌同等，不可分别"。生活平等自由，无我所之系缚。

> 其土丰饶，人民炽盛，设须食时，以自然粳米着于釜中，以焰光珠置于釜下，饭自然熟，珠光自灭。诸有来者，自恣食之。……其饭鲜洁，如白花聚，其味具足，如忉利天食，彼食此饭，无有众病，气力充足，颜色和悦，无有衰耗。②

其土有树，名曰曲躬，"叶叶相次，天雨不漏，使诸男女止宿其下"。复有种种宝树"花果繁茂，其果熟时，皮壳自裂"，生出种种香、衣服、严身之具、花鬘、器物、果实、乐器等，彼土人民随意所取。复有善见池，清澄无垢，七宝所成，池中出东南西北四河，河中有众宝船，供人游戏娱乐。池之四边复有园林，亦七宝所成，无人守护，随意游戏。经云：

> 若其土人起欲心时，则熟视女人而舍之去，彼女随后往诣园林。若彼女人是彼男子父亲、母亲骨肉中表不应行欲者，树不曲荫，各自散去。若非父亲、母亲骨肉中表应行欲者，树则曲躬，回荫其身，随意娱乐，一日、二日，或至七日，尔乃散去。彼人怀妊，七日、八日便产，随生男女，置于四衢大交道头，舍之而去。诸有行人经过其边，出指令嗽，指出

---

① （东晋）佛陀耶舍译《长阿含经》卷18，《大正藏》第1册，第118页上。
② （东晋）佛陀耶舍译《长阿含经》卷18，《大正藏》第1册，第119页上。

甘乳，充适儿身。过七日已，其儿长成与彼人等，男向男众，女向女众。彼人命终，不相哭泣，庄严死尸，置四衢道，舍之而去；有鸟名忧慰禅伽，接彼死尸置于他方。又其土人，大小便时，地即为开，便利讫已，地还自合。[①]

北俱卢洲气候适宜，四气和顺，国土庄严，香乐遍布，人民自由平等，没有阶级政治、家庭系属、天灾人祸，衣食之忧，无所系恋，亦无蓄积。这是对原始社会生活的一种美化。人民虽不受十善，但举动自然与十善合，命皆千岁，而无夭折，身坏命终生天善处。这是对人间宗教生活的一种升华。人死之后，不相哭泣，有鸟衔去，则是对原始葬式的一种美化。可见北俱卢洲是对人间秽土的一种超越与净化。就印度人早期的宇宙观来论，"于三天下，其土最上最胜"[②]，并且修行十善行者，身坏命终可生北俱卢洲，故北俱卢洲是印度人最初的理想世界。但北俱卢洲的致命缺陷，在佛教看来是没有佛菩萨说法，所以被佛教判定为八难之地。可是北俱卢洲作为理想世界的观念，无疑为后世净土世界的形成奠定了基础。后世种种理想世界的萌芽和形成不外是对北俱卢洲的不断发展和净化。可以总结性地说，北俱卢洲是印度的天国论和佛教净土观的母胎。

二 转轮王土

转轮王信仰初始于印度太古时代，盛行于佛世时代，其王是佛教政治理想中之统治者。《俱舍论》云："此洲人寿无量岁乃至八万岁，有转轮王生。……此王由轮旋转应导，威伏一切，名转轮王。"[③] 据佛教经论记载，过去世有顶生王、大善见王、民主善思王、蠰佉王、无量净王、慧起王等转轮王。其王的优劣乃依所具的轮不同而有差别，如铁轮王、铜轮王、银轮王、金轮王等。转轮王有三十二相，成就七宝（轮宝、象宝、马宝、珠宝、女宝、主藏臣宝、主兵臣宝），具足四德（长寿不夭、身强无患、颜貌端正、宝藏盈满），身坏命终得生梵天上。其王国土四宝（金、银、琉璃、水精）合成，精妙庄严，亦有宝池、宝树、宝殿等，有如北俱卢洲。其王统一须弥四洲，以正法治世，国土丰

---

① （东晋）佛陀耶舍译《长阿含经》卷18，《大正藏》第1册，第119页上至中。
② （东晋）佛陀耶舍译《长阿含经》卷18，《大正藏》第1册，第119页中。
③ （唐）玄奘译《俱舍论》卷12，《大正藏》第29册，第64页。

饶，人民和乐，修十善行，无争无斗，各于其处而得所愿。

转轮王土与北俱卢洲皆是比较胜妙的国土，不同之处在于转轮王国土中有国家的组织形式，即具有阶级性。这样的世界是相对于人间来说的，是对人间理想化后的产物。以佛教而言，凡有正法之世，则有转轮王相承不绝。有转轮王治世，并有佛菩萨说法，当然是再殊胜不过的了。佛教由此建立了自己的人间净土。

三　天国土

天国是印度固有的信仰，《吠陀》经典的立教即本于此。婆罗门教中的三大神，创造神梵天、破坏神湿婆、护持神毗湿奴所居皆在天界。天神容色绝妙，身有光明神力，国土七宝所成，受乐无极，精妙绝伦，"比于下天，最胜最妙，殊特无过"[1]。《起世经》云：

> 一切诸天有十种别法。何等为十？诸比丘！一诸天行时，来去无边；二诸天行时，来去无碍；三诸天行时，无有迟疾；四诸天行时，足无踪迹；五诸天身力，无患疲劳；六诸天之身有形无影；七一切诸天，无大小便；八一切诸天，无有洟唾；九诸天之身，清净微妙，无皮肉筋脉脂血髓骨；十诸天之身，欲现长短青黄赤白大小粗细，随意悉能，并皆美妙，端严殊绝，令人爱乐。[2]

相对于娑婆秽土来说，天国无疑是极其美好的，《阿含经》中亦有念天之说，念天可以生天，所以天国为五乘共土。可就佛教的立场来论，天国虽很清净胜妙，在器世界方面超过北俱卢洲和转轮王土，但是天国有政治组织，彼此间有从属关系。由于其"本行功德不同"[3]，故果报和受乐就有很大的差别。有差别则有占有意识，如此一来就充满战斗性，有战争的恐怖。天人寿命虽很长，但有夭折的可能性，对死亡有畏惧感，更有堕落的可能性。又经论中云，天人寿命终时有五衰相（见表1）。

---

① （隋）阇那崛多译《起世经》卷7，《大正藏》第1册，第345页中。
② （隋）阇那崛多译《起世经》卷7，《大正藏》第1册，第344页中。
③ （东晋）佛陀耶舍译《长阿含经》卷20，《大正藏》第1册，第132页中。

表1　经论中的五衰相

《增一阿含经》卷49	华冠自萎、衣裳垢坋、身体污臭、天女星散、不乐本座
《佛本行集经》卷5	头上花萎、衣裳垢腻、身失威光、腋下汗出，不乐本座
《大般涅槃经》卷19	头上花萎、衣裳垢腻、身体臭秽、腋下汗出，不乐本座
《摩诃摩耶经》卷下	头上花萎、顶中光灭、两目数瞬、腋下汗出，不乐本座
《有部毗奈耶药事》卷6	头上花萎、衣裳垢腻、口出恶气、胁下汗流、不乐本座
《瑜伽师地论》卷4	华鬘萎悴、衣裳垢染、身便臭秽、两腋汗流、不乐本座
《鞞婆沙论》卷14 《顺正理论》卷30 《俱舍论》卷10 《显宗论》卷14	五大衰相（五死相）：衣染埃尘、花鬘萎悴、两腋汗出、臭气入身、不乐本座 五小衰相（五衰相）：衣服严具，出非爱声；自身光明，忽然昧劣；于沐浴位，水渧着身；本性器驰，今滞一境；眼本凝寂，今数瞬动

经论中所记的五衰相大体一致。此五衰相者，诸天皆有，不可禁制，决定命终。《鞞婆沙论》等还提到了五种小衰相，犹可禁制，若遇强缘可以转变。这些都描述了天国的不完美性，所以天国仍非最理想的国土。《正法念处经》云：

> 郁单越人其身光明犹如满月，名离怖畏，实无怖畏，故名无畏。郁单越人住此山中，欢娱受乐如四天王，夏四月时，于欢喜园受五欲乐。有何等胜？四天王天无骨无肉，无有汗垢，郁单越人所不能及。郁单越人远离怖畏，胜四天处。四天王天住高山顶宫殿而居，犹怀恐畏，郁单越人无有宫宅，无我所心，是故无畏。郁单越人命终之时，一切上生，是故无畏，四天王天则不如是。郁单越人复有胜法离怖畏，故胜四天处。[1]

天国虽然没有北俱卢洲式的自然、平等、自由、幸福，但天国色身殊胜，光明无比，在物质方面又胜于北俱卢洲。这又是大乘佛教净土形成的一大来源。这两种理想世界各有其优势和缺陷，大乘净土正是对其精华的汲取和升华。

离苦求乐乃人本有的生命意愿，故释迦佛慈悲方便以求生胜妙的天国来善诱群生。《大智度论》云：

---

[1]　（北魏）般若流支译《正法念处经》卷69，《大正藏》第17册，第408页上。

问曰：佛弟子应一心念佛及佛法，何以念天？答曰：知布施业因缘果报故受天上富乐，以是因缘故念天。……行者未得道时，或心着人间五欲，以是故佛说念天。……佛虽不欲令人更生受五欲，有众生不任入涅槃，为是众生故说念天。①

佛教的发展为了适应神教的社会土壤，故方便借用俗说，劝人念天。这是大乘佛教的一贯方便之道。佛法甚深虽不可说，但以慈悲故，可方便说法。《筏喻经》云："我此法甚深，以方便说令浅易解。"②《大智度论》云，"般若波罗蜜甚深微妙，不以方便说则无解"③；"若以如是方便说法，是则无咎，则能拔出众生于颠倒，无缚无解故"④；"或时方便说，愍念一切故"⑤。方便说法，可破无明等诸烦恼，令众生还得实性。《法华经》云："天人群生类，深心之所欲；更以异方便，助显第一义。"⑥《维摩经》云："先以欲钩牵，后令入佛道。"⑦ 这是一切文字言教的根本宗趣。佛法之真理源自佛的智慧觉证，若硬性地以天国论来比附佛教的宇宙观和解脱论，在方法上往往是不切正题的，所论的结果亦是牵强附会的。故《大智度论》云："佛经虽言世界无量，此方便说，非是实教。如实无神，方便故说言有神。"⑧

第二节　三乘共土

在五乘共土中，相对来说，天国是最殊胜美妙的，对其进一步净化和升华，则成为佛教的天国净土。此土是三乘人共说的理想世界，故为三乘共土，其中以弥勒净土最具代表性。

天国是佛教"净土思想的重要渊源，这不只是天国的清净微妙，而是发现了天国特殊清净区"⑨。佛教对印度固有的天国发展出的特殊清净之处，主要表

①　（后秦）罗什译《大智度论》卷22，《大正藏》第25册，第227页下。
②　（后秦）罗什译《十住毗婆沙论》卷11，《大正藏》第26册，第79页上。
③　（后秦）罗什译《大智度论》卷100，《大正藏》第25册，第751页中。
④　（后秦）罗什译《大智度论》卷89，《大正藏》第25册，第686页下。
⑤　（后秦）罗什译《大智度论》卷10，《大正藏》第25册，第133页上。
⑥　（后秦）罗什译《法华经》卷1，《大正藏》第9册，第8页下。
⑦　（后秦）罗什译《维摩经》卷1，《大正藏》第14册，第550页中。
⑧　（后秦）罗什译《大智度论》卷9，《大正藏》第25册，第124页上。
⑨　印顺：《初期大乘佛教之起源与开展》，第428页。

现在欲界的忉利天、兜率天和色界的色究竟天等。所以在诸天中这几"天"对佛教的影响最大。

一　忉利天

忉利天位于须弥山顶,为帝释天所居,是印度自古就有的信仰。在《吠陀经》中说因陀罗住在善见城,因陀罗即佛教所说的帝释天,为忉利天之天主。在《阿含经》等经中记载,忉利天有善见城、善法堂等,是从印度固有的神话传说而来。[①]《长阿含经》中多次提到"先于佛所,净修梵行,于此命终,生忉利天"[②]。据《杂阿含经》等经记载,佛母命终后即生于此天,佛亦曾上升此天为母三月说法,所以忉利天受到了佛教的特别青睐。此天为欲界天,有胜妙的欲乐,所以佛教在讲说净土的庄严受乐无极时,就以欲界第六天及忉利天来论说。忉利天属于欲界,虽有善见城和善法堂,大众于半月三斋日,"于此堂上思惟妙法,受清净乐"[③],讨论如法、不如法之事,但只是以护持善法的形象出现,并未论及当来成佛之事。《长阿含经》云:

> 彼天帝释淫怒痴未尽,未脱生老病死、忧悲苦恼,我说其人未离苦本。若我比丘漏尽阿罗汉,所作已办,舍于重担,自获已利,尽诸有结,平等解脱。[④]

生于此天中虽受诸快乐,思维妙法,但仅是善获福德而已,并不能平等解脱,所以在死后的求往生上,忉利天并不为佛教所看重。又据《摩诃摩耶经》卷下云,摩耶夫人见忉利天五衰相之后,是日夜得五大恶梦。

> 一梦须弥山崩、四海水竭。二梦有诸罗刹手执利刀竞挑一切众生之眼,时有黑风吹,诸罗刹皆悉奔驰归于雪山。三梦欲色界诸天忽失宝冠,自绝璎珞,不安本座,身无光明,犹如聚墨。四梦如意珠王在高幢上,恒雨珍宝周给一切,有四毒龙口中吐火吹倒彼幢、吸如意珠,猛疾恶风吹没

---

① 印顺:《初期大乘佛教之起源与开展》,第430页。
② （东晋）佛陀耶舍译《长阿含经》卷5,《大正藏》第1册,第30页中。
③ （东晋）佛陀耶舍译《长阿含经》卷20,《大正藏》第1册,第132页中。
④ （东晋）佛陀耶舍译《长阿含经》卷20,《大正藏》第1册,第135页上。

深渊。五梦有五师子从空来下啮摩诃摩耶乳入于左胁，身心疼痛如被刀剑。①

忉利天中不仅有五衰相，还有甚为恐怖的五大恶梦，谁愿求生于如此的国土呢？至于佛母往生此天之说，那是在印度古老的神话中，忉利天位于须弥山顶，又是佛教所说的欲界的最上天。所以在天界信仰的影响下才有了佛母往生忉利天之说。

二　色究竟天

色究竟天离诸贪欲，无男女之别，衣系自然而至，以光明为食物及语言，住入禅定之中，为梵王所居。由于此天有极清净微细之色法，故在论及净土的依正清净庄严时，多以色界之第四禅天之最顶位——色究竟天为论。大乘认为，此天之上复有大自在天，为色界之究竟处。在婆罗门教中此天的主人被视为世界的最高神和创造者。由于大自天在印度神话中的地位极其重要，故佛教对其特别重视。有众生之处，即有佛说法，故大乘经中说佛住此天转大法轮，大自在天亦在此天王宫演说妙法，十地菩萨将成佛时，则在净居天之上，现大自在天子之胜报，以胜妙之天形，行灌顶，绍佛位。《入楞伽经》云：“欲界及无色，不于彼成佛；色界究竟天，离欲得菩提。”②《华严经》云，十地菩萨“住是地，多作摩醯首罗天王”③。《大乘起信论》云：“是菩萨功德成满，于色究竟处示一切世间最高大身。”④《十地经论》云：“现报利益，受佛位故；后报利益，摩醯首罗智处生故。”⑤《佛地经论》云，佛之受用土“若随菩萨所宜现者，或在色界净居天上，或西方等处所不定”⑥。《入大乘论》曰：“净治第十地，得无量无边禁咒方术能令一切无碍自在作摩醯首罗天子，亦为一切世间依止。”⑦《成唯识论》云：

①　（南齐）昙景译《摩诃摩耶经》卷下，《大正藏》第 12 册，第 1012 页上。
②　（唐）实叉难陀译《入楞伽经》卷 7，《大正藏》第 16 册，第 638 页上。
③　（东晋）佛驮跋陀罗译《华严经》卷 27，《大正藏》第 9 册，第 574 页下。
④　（陈）真谛译《起信论》，《大正藏》第 32 册，第 581 页中。
⑤　（后魏）菩提流支译《十地经论》卷 1，《大正藏》第 26 册，第 125 页下。
⑥　（唐）玄奘译《佛地经论》卷 1，《大正藏》第 26 册，第 293 页下、第 294 页上。
⑦　（北凉）道泰译《入大乘论》卷下，《大正藏》第 32 册，第 46 页中。

> 诸异生求佛果者，定色界后引生无漏，彼必生在净居天上大自在宫得菩提故；二乘回趣大菩提者，定欲界后引生无漏，回趣留身唯欲界故，彼虽必往大自在宫方得成佛。[1]

这是色究竟天的独有之处。密教经中还说，此色究竟天王为大日如来之应现，可见此天在佛教中的地位。由于此天是十地菩萨所住处，非凡夫众生可生处，所以佛教在求往生上，并不倾向于往生此天。

帝释天和梵天王本是婆罗门教之神祇，佛教方便地吸收以后将其作为重要的护法神。如佛从忉利天为母说法后返回人间时，帝释天和梵天王作为佛的左右护法而出现，可见印度的天国信仰对佛教的影响。然最为佛教所倾重的则是欲界的兜率天。

三　兜率天

兜率天（tusita）最早出现在成立于公元前三世纪之前的《优波离经》。耆那教圣典和《摩诃婆罗多》中虽然也出现过，但其成立的时间要晚于佛教，因此，兜率天的起源来自佛教内部。一般认为 tusita 一词是形容词，表示"满足、喜悦"的心理状态，所以兜率天又译为知足天、喜足天等。在佛教古老的文献中，tusita 一词是表示佛陀和阿罗汉的心境，亦被记载为涅槃的同义词。佛陀历经修行而到达解脱者的境地，但释尊并未自我满足于此，而是跳出寂静境地，走向社会，教化众生。从这个层面来看，可以说释尊是从 tusita——由于自我的解脱而满足的境地——走出之人。从众生的角度看，的确可以说释尊来自tusita。佛陀入灭以后，由于对佛的仰慕与崇拜，有说佛陀来自天界。如《增一阿含经》云："如来身者，清净无秽，受诸天气。"这样一来，"原本表示解脱者心境的 tusita 通过解脱者释尊的神格化被带上了天界，并产生了作为专有名词的用法。随着新用法的固定，或许为了避免混乱，tusita 中的形容词逐渐消失"，于是就形成了佛陀来自兜率天的说法。"如果降自天界，那么接下来就需要确定天的位置。在佛教的最初期，肯定是在框架中思考独自的世界形态。在佛陀当时，《梨俱吠陀》的主要神格帝释（Indra），虽然还维持着众神之王的称呼，但已经没有了往日的势力，而成了住在须弥山上的地居天，世界的最上

---

① （唐）玄奘译《成唯识论》卷7，《大正藏》第31册，第40页中。

位则是由梵天占据。也就是说，根据当时的学术常识，天界以梵天为终极，须弥山以下为帝释天支配。因此，如果想把兜率天安排在天界内，为了避开帝释的支配，则安排在须弥山的上方比较适宜，而且，必须是在世界上限，即梵天界的下方。"①

以佛教的说法，兜率天是欲界六天的第四天，此天中人欲轻逸少，喜乐知足，在欲界的六天中较为殊胜。《佛地经论》云："睹史多天后身菩萨于中教化，多修喜足，故名喜足。"②《佛本行集经》云：

> 又诸菩萨，复有一法，命终之后，必生天上，或高或下，不定一天；而其一生补处菩萨，多必往生兜率陀天，心生欢喜，智慧满足。何以故？在下诸天，多有放逸，上界诸天，禅定力多，寂定软弱，不求于生，以受乐故，又复不为一切众生生慈悲故。菩萨不然，但为教化诸众生故，生兜率天。下界诸天为听法故，上兜率天，听受于法；上界诸天复为法故，亦有下来兜率陀天，听受于法。③

《大毗婆沙论》进一步解释云：

> 问："何故菩萨唯于睹史多天受天趣最后异熟，不于余天耶？"胁尊者言："此不应问，若上若下，俱亦生疑；然生彼天，不违法相。有说：睹史多天是千世界天趣之中犹如齐法，是故菩萨唯生彼天。有说：下天放逸，上天根钝，唯睹史多天离二过失，菩萨怖畏放逸，厌患钝根，故唯生彼。有说：下天烦恼利，上天烦恼数，睹史多天离此二种，菩萨厌此二类烦恼，故生彼天。有说：菩萨唯造作增长彼天处业，故唯生彼。有说：唯睹史多天寿量与菩萨成佛及赡部洲人见佛业熟时分相称，谓人间经五十七俱胝六十千岁，能化所化，善根应熟，彼即是睹史多天寿量，是故菩萨唯生彼天。若生上天寿量未尽，善根已熟；若生下天寿量已尽，善根未熟，故不生彼。有说：为化睹史多天无量乐法菩萨众故，谓彼天中有九廊院，

---

① 〔日〕伴户升空：《睹史多天考》，《瑜伽论研究译文集》下册，慧观译，慈氏文教基金会，2018，第25～27页。
② （唐）玄奘译《佛地经论》卷5，《大正藏》第26册，第316页下。
③ （隋）阇那崛多译《佛本行集经》卷5，《大正藏》第3册，第676页中。

廊各十二逾缮那量，乐法菩萨常满其中，补处菩萨昼夜六时恒为说法，上下天处无如是事。有说：菩萨恒时乐处中行，故于最后生处中睹史多天，从彼殁已生中印度劫比罗筏窣睹城，于夜中分逾城出家，依处中行成等正觉，为诸有情说处中法；于夜中分入般涅槃。由此唯生睹史多天，非余天处。"①

婆沙论师显示了佛教自身构建菩萨降生兜率的内在逻辑和思想架构，体现了佛教独特的教义和对兜率天的定位。佛陀从兜率天来，于是就有了一生补处菩萨从兜率天降生人间之说。降生兜率也是佛的八相成道之一，而弥勒正是现在的一生补处菩萨。② 关于弥勒，在佛教经论中有弥勒与阿逸多为一人说和二人说之不同。③ 原始佛教时期就有三世佛的思想，而弥勒（阿逸多）则正是未来佛的代表人物。据早期经论中说，弥勒非常优秀，故释迦佛授记娑婆世界在人寿八万岁时弥勒将于此世成佛。以此来看，初始之弥勒信仰重在其说法决疑，释迦佛入灭，进入无佛时代，这一信仰于是得到了进一步的发展。这是弥勒的下生信仰。

释迦佛入灭是佛教思想史上之大事，从而引起了部派佛教对法和佛的巨大

① （唐）玄奘译《大毗婆沙论》卷178，《大正藏》第27册，第892页下至第893页上。

② 关于弥勒信仰的渊源，学术界有印度婆罗门教《梨俱吠陀》中的"太阳神说"，和伊朗琐罗亚斯德教《阿维斯陀》中的"密特拉说"，也有主张二者兼之。参见王雪梅《弥勒信仰研究》，上海古籍出版社，2016，第19～31页。原始佛教就有过去七佛的信仰，将来亦有佛出世，是合乎逻辑的推论。不过未来佛的思想在原始佛教时期没有得到特别的发扬，随着去佛渐远，法运衰微，作为未来佛的代表人物——弥勒得到了佛弟子的共同信仰与崇拜。毫无疑问，弥勒信仰的本质源自佛教自身的理论需要，但受到印度文化和伊朗文化的影响，则又是确认的事实，由此可将佛教的弥勒信仰看作是古代东方弥赛亚信仰的重要组成部分。

③ 在（东晋）僧伽提婆译《中阿含经》卷13、（唐）玄奘译《大毗婆沙论》卷178等中弥勒和阿逸多看作不同的两人。但在古老的梵文经典中有将弥勒和阿逸多视为同一人的。根据拉摩托教授说，经典中的二十七佛（到佛陀降生为止），Swmita Metteyya Muhvttta 三佛以下都是说 Metteyya 的前生。Metteyya（弥勒）就是 Alatasattu（阿逸多）的儿子。由这一传说下来形成了《弥勒上生经》。〔日〕香川孝雄：《弥勒思想的展开》，载张曼涛主编《现代佛教学术丛刊·弥勒净土与菩萨行研究》，第60页。《弥勒上生经》对后世弥勒信仰影响极大，本经所确立的弥勒与阿逸多为同一人，被后来大乘经论所继承，如（后秦）罗什译《法华经》卷5、（北凉）昙无谶译《涅槃经》卷15、（东晋）佛陀跋陀罗译《观佛三昧海经》卷9、失译《三弥底部论》卷中等，均将同时出场的弥勒和阿逸多作同一人。大乘初期的《无量寿经》的梵文本作阿逸多，汉译、吴译作阿逸多，唐本中有："佛告弥勒，汝阿逸多……"（东晋）昙无兰译《陀邻尼钵经》云："阿逸多菩萨，字弥勒。"（刘宋）畺良耶舍译《药王药上经》、失译《大悲经》卷1有云"弥勒阿逸多"。（后秦）僧肇《注维摩经》中记："弥勒菩萨，什曰姓也，阿逸多字也。"其后在中国古代的经典注疏中均云："弥勒是姓，此翻为慈氏；阿逸多是名，此云无胜。"（隋）慧远《维摩义记》卷2。由于佛教的理想世界是有转轮王应现治世，有佛菩萨住世说法，这也许是后世将弥勒和阿逸多视为同一人的一个原因。

争论，其中关于佛的认识则为焦点。有人认为释迦的身体不可思议。这其实是暗示了佛的身体是从天而降，于是结合兜率一词，就有了降生兜率天之说。佛教认为娑婆世界的成佛者均需八相成道，弥勒佛亦然，那么成佛之前的弥勒亦住于兜率天，以菩萨身说法。在弥勒未降生之前的无佛时代，兜率天自然是最佳的求生处，于是就有了弥勒的上生信仰。这是弥勒信仰的一般性发展。

1. 下生信仰的人间净土。

弥勒下生人间时之情形，据《弥勒下生经》言：

> 土地丰熟，人民炽盛，街巷成行。尔时，城中有龙王名曰水光，夜雨香泽，昼则清和。是时，翅头城中有罗刹鬼名曰叶华，所行顺法不违正教，每向人民寝寐之后，除去秽恶诸不净者；常以香汁而洒其地，极为香净。……诸山河石壁皆自消灭，四大海水各减一万。时阎浮地极为平整，如镜清明。举阎浮地内谷食丰贱，人民炽盛，多诸珍宝。诸村落相近，鸡鸣相接。是时，弊华果树枯竭，秽恶亦自消灭；其余甘美果树、香气殊好者皆生于地。
>
> 时气和适四时顺节，人身之中无有百八之患：贪欲、瞋恚、愚痴、不大殷勤。人心均平，皆同一意，相见欢悦，善言相向。言辞一类无有差别，如彼优单越人而无有异。
>
> 阎浮地内人民大小皆同一向，无若干之差别也。彼时，男女之类意欲大小便时地自然开，事讫之后地便还合。
>
> 阎浮地内自然生粳米，亦无皮裹，极为香美，食无患苦。所谓金、银、珍宝、车𤦲、马瑙、真珠、虎珀，各散在地，无人省录。……（法王）正法治化，七宝成就。……镇此阎浮地内，不以刀杖自然靡伏。
>
> 阎浮地内自然树上生衣，极细柔软，人取着之。如今优单越人自然树上生衣，而无有异。……诸妇人八十四态永无复有，亦无疾病乱想之念。……人寿极长，无有诸患，皆寿八万四千岁。女人年五百岁然后出嫡。①

---

① （西晋）竺法护译《弥勒下生经》，《大正藏》第14册，第421页上至下。

弥勒于龙华树下成佛，三会说法，转妙法轮，闻法者皆断诸结而成阿罗汉。弥勒的人间净土中有男女婚嫁、疾病死亡、大小便利、王法治化等，最为殊胜之处，是有弥勒说法，并且弥勒寿量八万四千岁，涅槃后遗法亦有八万四千岁。①相对于当前的人间秽土来说，弥勒的人间净土自然是比较理想的国土。这是对释迦佛所居的娑婆国土的升华和净化，可以说是"此世界中一切佛（贤劫千佛）的特殊化"②。

弥勒的下生信仰发展到《弥勒成佛经》时，其国土的美妙并不逊色于西方净土。如经云：阎浮提中众宝莲华，弥布于地，或复风吹，回旋空中。"华须柔软状如天缯；生吉祥果，香味具足，软如天绵。丛林树华，甘果美妙，极大茂盛，过于帝释欢喜之园。"人民"日日常受极妙安乐，游深禅定以为乐器"。"若年衰老，自然行诣山林树下，安乐淡泊，念佛取尽，命终多生大梵天上及诸佛前"。

> （翅头末城）七宝庄严，自然化生，七宝楼阁，端严殊妙，庄校清净。于窗牖间列诸宝女，手中皆执真珠罗网，杂宝庄校以覆其上，密悬宝铃声如天乐。七宝行树，间树渠泉，皆七宝成，流异色水，更相暎发，交横徐逝，不相妨碍，其岸两边，纯布金沙，街巷道陌，……悉皆清净，犹如天园，扫洒清净。……巷陌处处有明珠柱，光喻于日，四方各照八十由旬，纯黄金色，其光照耀，昼夜无异，灯烛之明，犹若聚墨。香风时来，吹明珠柱，雨宝璎珞，众人皆用，服者自然如三禅乐。处处皆有金银、珍宝、摩尼珠等，积用成山，宝山放光普照城内，人民遇者，皆悉欢喜，发菩提心。
>
> 彼国界城邑聚落、园林浴池、泉河流沼，自然而有八功德水；命命之鸟……出妙音声；复有异类妙音之鸟，不可称数，游集林池。……有如意果树，香美无比，充满国界。香树金光生宝山间，充满国界，出适意香，普熏一切。……翅头末城，众宝罗网弥覆其上，宝铃庄严，微风吹动，其音和雅，如扣钟磬，演说归依佛、归依法、归依僧。③

---

① （西晋）竺法护译《弥勒下生经》云，弥勒住世六万岁，灭度之后，法住于世，亦六万岁。（后秦）罗什译《弥勒大成佛经》云，弥勒住世六万亿岁，灭度后正法住世六万岁，像法二万岁。（后秦）罗什译《弥勒下生成佛经》云，弥勒寿六万岁，涅槃后正法住世亦六万岁（义净译本同）。
② 印顺：《净土与禅》，第21页。
③ （后秦）罗什译《弥勒大成佛经》，《大正藏》第14册，第429页上至第430页上。

弥勒的人间净土中有无量妙宝，胜妙庄严；七宝水池，八功德水；无量宝鸟，出微妙音；香气光明，充满国界；宝铃妙音，演说三宝。凡所见闻者，皆发菩提心，这是受到西方净土的影响，从《弥勒下生经》中发展出的更理想的人间净土。虽然弥勒的人间净土仍有饮食、便利、衰老三病，① 但在无佛时代，无疑是一个比较理想的国土。可是这样的人间净土世界还要在遥远的五十六亿万年后②才能实现，对当前极需要获得救度的众生来说，弥勒的人间净土还是一个让人既羡慕又失望的理想世界。"假如是因为再也没有别的什么佛能更早地来救度而于不得已中只好归依此佛的话，实际上这与绝望几乎没有什么两样。"③

2. 上生信仰的兜率净土。

据《大史》记载，公元前 2 世纪，锡兰王杜多伽摩尼已发愿求生兜率。④ 可见这一信仰是非常古老的。关于兜率内院之情形，据《弥勒上生经》云：

> 兜率陀天上，有五百万亿天子，一一天子皆修甚深檀波罗蜜，为供养一生补处菩萨故，以天福力造作宫殿，各各脱身栴檀摩尼宝冠。……是诸宝冠化作五百万亿宝宫，一一宝宫有七重垣，一一垣七宝所成，一一宝出五百亿光明，一一光明中有五百亿莲华，一一莲华化作五百亿七宝行树，一一树叶有五百亿宝色，一一宝色有五百亿阎浮檀金光，一一阎浮檀金光中出五百亿诸天宝女，一一宝女住立树下，执百亿宝无数璎珞，出妙音乐，时乐音中演说不退转地法轮之行。其树生果如颇梨色，一切众色入颇梨色中，是诸光明右旋婉转流出众音，众音演说大慈大悲法。……七宝行树，庄严垣上，自然有风吹动此树，树相振触，演说苦、空、无常、无

---

① 失译《弥勒来时经》云，"尽天下人有三病：一者意欲有所得，二者饥渴，三者年老。"《大正藏》第 14 册，第 430 页上。（东晋）佛陀耶舍译《长阿含经》卷 6 又云，"人当有九种病，一者寒，二者热，三者饥，四者渴，五者大便，六者小便，七者欲，八者饕餮，九者老。"《大正藏》第 1 册，第 41 页下。

② 《弥勒上生经》《一切智先光明仙人慈心因缘不食肉经》记，五十六亿万岁弥勒下生。《弥勒来时经》记，弥勒佛却后六十亿残六十万岁当来下。《贤愚经》卷 4、《菩萨处胎经》卷 2 中记，五十六亿七千万岁下生。《贤劫定意经》记，弥勒五亿七千六万岁当作佛。《处处经》记，五亿七千六十万岁。《佛般泥洹经》卷下云，十五亿七千六十万岁下生。《般泥洹经》卷下记，一亿四千岁弥勒下生。总之，这是一个极其遥远的未来。

③ 〔日〕松本文三郎：《弥勒净土论》，张元林译，宗教文化出版社，2001，第 175 页。

④ 韩廷杰译《大史》，中国藏学出版社，2021，第 194 页。

我、诸波罗蜜。[1]

兜率天上有无量宫殿园林，皆为七宝庄严，有七宝行树和八功德水；天宫中有七宝莲华，华中出无量光明，光中具诸乐器，不鼓自鸣；有诸天女，身色微妙无比，如诸菩萨庄严身相，自然执众乐器，竞起歌舞；所咏歌音皆演说十善、四弘誓愿、苦空、无常、无我，赞叹菩萨六波罗蜜及大慈大悲法门，诸天闻者皆归依三宝，发无上菩提心。

兜率天上诸天人等寿量皆四千岁，位阶不退。释迦教示言，若有众生持戒、修福、禅定、忏悔、称名、礼拜、造像、系念弥勒，此人命终时可蒙弥勒放光接引，往生兜率天上亲闻弥勒说法而得不退转，于莲华上结跏趺坐，自然而得天女侍御。"亦随弥勒下阎浮提第一闻法，于未来世值遇贤劫一切诸佛，于星宿劫亦得值遇诸佛世尊，于诸佛前受菩提记。"[2]

兜率天既有极妙乐事，又有菩萨说法，并且闻者可得不退转。这正是兜率净土的殊胜处所在，求生兜率成为佛弟子共同的心愿。大乘的《宝积经》《大集经》《海龙王经》等在说到成佛时的国土清净庄严时，就说亦如兜率天。《十住经》卷2中云，菩萨住五地（难胜地），多作兜率王。可见兜率天信仰的普遍。就弥勒信仰来说，其下生净土还在遥远的未来，而兜率净土却是现在的，所以其下生信仰在后来的大乘佛教发展中渐渐不被重视，而上生信仰则贯穿于整个大小乘佛教之中。据《法苑珠林》记："玄奘法师云：西方道俗并作弥勒业，为同欲界其行易成，大小乘师皆许此法。"[3] 求生欲界本属小乘，重自力。但在《弥勒上生经》中为求生兜率之行法注入了称名、礼拜等他力思想，也正是十方净土兴起后，兜率净土仍然流行不衰的原因之一。兜率净土由此被称为三乘共土，也是大乘人所求生的唯一属于三界内的净土。

弥勒信仰虽然受到了外来思想之影响，然其见地固不出佛教之外。不管是其下生信仰的人间净土还是上生信仰的兜率净土，完全是以正法为基，以人间性为本，为佛教徒构建了一极其完美的理想国土。但和大乘之不共土来论，就显得逊色了一些。

① （北凉）沮渠京声译《弥勒上生经》，《大正藏》第14册，第418页下至第419页上。
② （北凉）沮渠京声译《弥勒上生经》，《大正藏》第14册，第420页上。
③ （唐）道世：《法苑珠林》卷16，《大正藏》第53册，第406页上。

第三节　大乘不共土

　　求生欲界天本属于小乘信仰，而兜率天由于其特殊性而被大乘所继承，但由于其位于欲界，不管大乘佛教如何改造，兜率天还是只能留在欲界，于是早期大乘佛教有了生色界和无色界之说。《大智度论》曰：

　　　　声闻法中说念欲界天，摩诃衍中说念一切三界天，行者未得道时，或心著人间五欲，以是故佛说念天。若能断淫欲，则生上二界天中；若不能断淫欲，则生六欲天中，是中有妙细清净五欲；佛虽不欲令人更生受五欲，有众生不任入涅槃，为是众生故说念天。①

　　大乘虽有生上二界天说，但天界毕竟属于三界内。《法华经》云："三界无安，犹如火宅；众苦充满，甚可怖畏。""汝等累劫，众苦所烧，我皆济拔，令出三界"。②故《涅槃经》中对大乘的念天说有了新的解释，三界内之诸天，皆是无常，非佛所欲，故劝人念第一义天（涅槃）。

　　　　我曾闻有第一义天，谓诸佛、菩萨，常、不变易。以常住故，不生、不老、不病、不死。我为众生精勤求于第一义天。何以故？第一义天能令众生除断烦恼，犹如意树。若我有信乃至有慧，则能得是第一义天，当为众生广分别说第一义天，是名菩萨摩诃萨念天。③

　　《法身经》云，佛之法身，"以此智力，名闻十方，是故称为第一义天"④。这就转化了早期佛教的念天说，将大乘的念天说引向他方净土。马鸣、龙树、世亲等皆求生西方净土，从此可知求生他方为初期大乘佛教所偏重。"十方佛说兴起，于是他方佛土，有北俱卢洲式的自然、天国的清净庄严、兜率天宫式

---

①　（后秦）罗什译《大智度论》卷22，《大正藏》第25册，第227页下。
②　（后秦）罗什译《法华经》卷2，《大正藏》第9册，第14页下。
③　（北凉）昙无谶译《涅槃经》卷18，《大正藏》第12册，第470页下。
④　（宋）法贤译《法身经》，《大正藏》第17册，第699页下。

的（佛）菩萨说法，成为一般行者所仰望的净土。"① 而瑜伽学系由于其论典相传为弥勒论师所传，且其学说非常重视禅定，而禅定可以生天，所以瑜伽学人求生兜率，认为求生兜率近且易。大乘佛教的不同往生观是由其学说的组织有别和地域文化上的差异而造成的。西北印度本属各种思想的交汇地带，弥勒信仰和弥陀信仰皆于此处交汇，瑜伽学说受西北印度的有部影响很大，而有部很重视禅定和生天，所以瑜伽学说在重视弥陀信仰的同时，更青睐弥勒信仰。

大乘的他方净土，由于其出三界之外，所以绝非上述之五乘共土和三乘共土可比拟。龙树《十住毗婆沙论》言："超出三界狱，目如莲华叶。"② 《大智度论》《十地经》《华严经》等云："有妙净土，出过三界。"③ 《佛地经》云："超过三界所行之处，胜出世间善根所起。"④ 无著《摄大乘论》云："边际不可度量，出过三界行处。"⑤ 世亲《往生论》曰："观彼世界相，胜过三界道。"⑥ 如此一来，大乘在求往生上就超越了小乘，建立了大乘的不共净土。大乘主张十方佛，一佛一净土，故净土亦无量无边而遍于十方，在十方净土中最有代表性的则属阿閦佛净土、药师佛净土、阿弥陀佛净土。

一　阿閦佛土

阿閦佛土在十方净土中最古老，所以阿閦佛的出现意味着真正的大乘本愿和净土思想的产生。《阿閦佛国经》云，阿閦佛因地以发十二根本誓愿，践行六度利益众生，并二十大愿建设净土。阿閦佛国庄严清净，土地平正柔软，有七宝树木，栏楯围绕，其树声超极好五音，刹风起吹，树木相叩作大悲音声；树木常生花实、衣服、香气等，众共用之；饭食香美，胜天人所食，人民随所念食，自然在前；人民所卧起处，以七宝为交露精舍，浴池中有八味水，水转相灌注，众共用之，人民意念，可自然显现，随所意念，香风徐起，不寒不热。

国中无有三恶道，无有风、寒、气三病，人民皆无有恶色丑陋者，无有

① 印顺：《初期大乘佛教之起源与开展》，第430页。
② （后秦）罗什译《十住毗婆沙论》卷5，《大正藏》第26册，第43页中。
③ 此文是根据经义而括要的，见（隋）慧远《大乘义章》卷19、（隋）吉藏《胜鬘宝窟》卷2、（唐）迦才《净土论》、（唐）法藏《入楞伽心玄义》卷1、（唐）道世《法苑珠林》卷15、（唐）窥基《法苑义林章》卷7、《成唯识论述记》卷8等。
④ （唐）玄奘译《佛地经》，《大正藏》第16册，第720页中。
⑤ （陈）真谛译《摄大乘论》卷3，《大正藏》第31册，第131页下。
⑥ （北魏）菩提流支译《往生论》，《大正藏》第26册，第230页下。

众邪异道，不作魔事，单独行道，不乐共行，但行诸善；人民不着贪欲，以因缘自然爱乐，无有治生、贩卖往来者，但快乐安定寂行，故无受戒之事，出家菩萨于梦中不失精；女人意欲得珠玑、璎珞、衣被者，便于树上取着之，女人无有女人之态，无有诸臭处恶露，妊身产时身意不疲极，但念安隐亦无有苦。

阿閦佛正等光明遍照三千大千世界，人民昼夜承其光明。彼佛行所至处，足下自然生千叶金色莲华，人民可意念莲华化生，阿閦佛若遣化人到他方异世界，彼亦自然化生，以佛威神所致；阿閦佛于虚空中说沙门四道，令得道住，诸弟子皆悉听之，即于阿罗汉道，生死已断，所作而办，而便般泥洹；彼佛刹中的菩萨，从一佛刹复游一佛刹，听佛说法后还至阿閦佛国；生阿閦佛刹者皆得阿惟越致，皆见十方无量佛；菩萨践行六度，积累德本，讽诵阿閦佛的德号经法，彼佛即念是人，是人可得往生彼佛国土。

阿閦佛国有北俱卢洲式的自然，有天国的清净庄严，还有兜率天宫式的菩萨说法，大乘净土观的几个基本要素在这里都具备了。可以说阿閦佛国的建立是大乘佛教不共净土观的初始，使佛教的净土观进入了真正的大乘时代。相对于十方净土来说，阿閦佛土显得比较朴实，带有很强的人间性。如阿閦佛土中有恶魔，但恶魔唯教人出家学道；有女人但无女人之态；和释迦国土一样，亦有三道宝阶，人与忉利天互相往来。经云：

（阿閦佛国）诸菩萨摩诃萨从一佛刹复游一佛刹，意常乐诸佛、天中天、至成无上正真道最正觉。我（释迦佛）亦如是，从一佛刹复游一佛刹，即住于兜术天得一生补处之法。……诸菩萨摩诃萨从兜术天自以神力下入母腹中，从右胁生。[1]

忉利天人乐供养于天下人民，言：如我天上所有，欲必天下人民者，天上所有，大不如天下，及复有阿閦如来无所著等正觉也。[2]

人间胜于天上，彼国菩萨还要兜率降生，是对原始佛教"人间成佛"论的继承，特别是阿閦菩萨专对女人所发的大愿就很有针对性。可以说阿閦佛土的建立和人间佛教思想有甚深的关系，也可以说是人间净土论的一

---

① （东汉）支娄迦谶译《阿閦佛国经》卷上，《大正藏》第 11 册，第 754 页下。
② （东汉）支娄迦谶译《阿閦佛国经》卷上，《大正藏》第 11 册，第 757 页中。

种净化。① 而西方净土则是对天界信仰的净化，是西方净土之所以优胜的根本原因。

阿閦佛土与般若系经典的关系比较密切，般若系经典与阿兰若比丘有关，重视对法的慧观。阿閦菩萨即是发萨芸若慧（般若）而成佛，所以其往生法非常重视自力对菩萨六度（特别是般若）法门的行持，即对法的智证，着重点在于用般若智慧体证诸法之空性，而如如见道。《维摩经》说观阿閦佛时："观身实相，观佛亦然。"② 《阿閦佛国经》云："仁者上向见空，观阿閦佛及诸弟子等并其佛刹，当如是。"又云：

> 有异比丘，闻说彼佛刹之功德，即于中起淫欲意（唐译：心生贪著），前白佛言："天中天！我愿欲往生彼佛刹。"佛便告其比丘言："痴人！汝不得生彼佛刹。所以者何？不以立淫欲乱意著（唐译：爱著之心）得生彼佛刹，用余善行、法清净行得生彼佛刹。"③

贪图净土的美妙庄严而发大誓愿并不足以往生阿閦佛土，要以清净善行才能往生，这是重视因位之德行而不偏重信愿。④ 又如阿閦菩萨发愿世世作沙门，住三威仪，常树下坐，全然是一副典型的头陀僧形象，和阿弥陀佛因地的法藏菩萨截然不同；又如彼国中菩萨"在家者止高楼上，出家为道者不在舍止"⑤。

---

① 印顺《初期大乘佛教之起源与开展》中说，大乘经中说，维摩诘、转女身、贤王、现意天子四大菩萨"都从阿閦佛国来生我们这个世界。这与西方阿弥陀佛土，都是往生而没有来生娑婆的，意义非常的不同"。（第709～710页）"阿閦佛净土，保有男女共住净土，及人间胜过天上的古义。"（第694页）这里亦可看出阿閦佛土较强的人间性。

② （后秦）罗什译《维摩诘经》卷下，《大正藏》第14册，第555页上。

③ （东汉）支娄迦谶译《阿閦佛国经》卷上，《大正藏》第11册，第756页上。

④ 大乘的往生净土是从凡夫至圣者的实现法门，是从因至果的流入。东方的阿閦法门是从凡夫的因德入手，主张如见道而后入，重在强调发心及智证，如《文殊般若经》《仁王般若经》《宝积经》等中云："观身实相，观佛亦然，唯有智者乃能知耳，是名观佛。"这里体现了般若思想的重要性。而西方弥陀法门是从佛的果德入手，主张观佛依正庄严而后入，重在强调生信起愿，如《无量寿经》之四十八愿和《观经》的十六观门，则体现了依佛起信愿的特殊作用。从东至西的因果历程正是象征菩萨发心至成佛的菩提道，正如太阳之光明，是主张以菩萨的始觉而入佛的本性智德。但西方净土法门则是主张依佛的无量本性智德上来开显菩萨行，强调佛之果德的无上妙用，是对大乘他力的进一步发扬。《观经》中反复强调凡夫心想羸劣，正是说明了这一点。印顺在《净土与禅》中认为，大乘行者的修学应从菩萨的智证来实证佛的果德，应该是理智的彻悟与事相的圆满统一，不能偏颇。而后来的求生西方净土者，专以果德而起信，不解佛法真意，不免与一般神教的唯重信仰一样了。（第20页）其实这一看法并未能反映西方净土法门之所以强调从果德起信愿的理据，和大乘佛教他力思想发展的使然。

⑤ （东汉）支娄迦谶译《阿閦佛国经》卷下，《大正藏》第11册，第758页下。

诸弟子单独行道，无有受戒事等，这和原始般若的阿兰若行是相一致的，体现了初期智证大乘法门对偏重信愿法门的聚落（寺院）比丘的律制生活的不满。经中虽又有闻名持诵、回向往生、佛力护念等他力本愿思想，但重在偏重修道者的德行，即发愿向阿閦菩萨的愿行学习。经中又云，彼国非凡夫之刹，往生者皆得阿惟越致、莲华化生、可见十方佛等，都是大乘他方净土建立的端绪。

阿閦佛土的又一特征是有三重宝阶。《维摩经》云：

> 阿閦如来及其道树、所坐莲华，其于十方施作佛事，及其三重宝阶，从阎浮利至忉利宫，其阶忉利诸天所，以下阎浮利礼佛拜谒供事闻法，阎浮利人亦缘其阶上忉利宫，天人相见。[1]

这在大乘十方佛土中是很特殊的，完全脱胎于早期佛教的天界信仰。早期经论中就有三道宝阶连通天上与人间之说。经云，佛乘宝阶上忉利天为母说法，亦乘三道宝阶下回人间。[2]《增一阿含经》云：

> 释提桓因告自在天子曰："汝今从须弥山顶至僧迦尸池水作三道路，观如来不用神足至阎浮地。"自在天子报曰："此事甚佳，正尔时办。"尔时，自在天子即化作三道——金、银、水精。是时，金道当在中央，侠水精道侧、银道侧，化作金树。……（世尊）便诣中道。是时，梵天在如来右处银道侧，释提桓因在水精道侧。……世尊将数万天人从须弥山顶来，至池水侧。[3]

忉利天与人间的三道宝阶说，应该是阿閦佛土三重宝阶之原型，从此可以看出阿閦佛土的古老性。在后来的大乘佛土中已经扬弃了三重宝阶，而采取了更为殊胜的化现说。

---

① （三国）支谦译《维摩经》卷下，《大正藏》第14册，第535页上。
② （东晋）佛陀跋陀罗译《观佛三昧海经》卷6云："（龙王）各持七宝诣持地所，奉上七宝，为佛世尊作三道宝阶，左白银、右颇梨、中黄金。（佛）从阎浮提金刚地际上忉利宫。"《大正藏》第15册，第677页中。失译《辟支佛因缘论》卷上云："昔佛于三十三天宫殿说法，将欲来下还阎浮提。尔时帝释敕毗首羯磨为佛作三道宝阶还阎浮提，此三道阶下柱僧尸沙国。如来尔时从彼天宫乘阶而下。"《大正藏》第32册，第473页中。又见（唐）般若译《本生心地观经》卷1、（南齐）昙景译《摩耶经》卷上、（三国）支谦译《撰集百缘经》卷9、（唐）提云般若译《造像功德经》卷上、支谦译《义足经》卷下、（西晋）竺法护译《海龙王经》卷3、（唐）般若译《华严经》卷14、（唐）义净译《根本说一切有部毗奈耶杂事》卷29、（北宋）施护译《菩提心离相论》等。
③ （东晋）僧伽提婆译《增一阿含经》卷28，《大正藏》第2册，第707页上至第708页上。

二 药师佛土

据《药师经》说，药师佛净土之美好，亦如西方极乐世界。又经中讲到了药师咒术和念诵仪轨，带有明显的密教色彩，由此可知药师净土始于西方净土之后，大成于晚期大乘佛教时期。[①]

据《药师经》云，药师佛以发十二大愿来成就净土，其本愿非常注重现世利益，如能供养念诵药师佛，可免除种种之现世灾难和病苦。故云"《药师经》者，致福消灾之要法也"[②]，药师佛被称为药王、医王，能应病以药，祈福消灾延寿。如药师佛的二位协侍——代表智慧的日光遍照菩萨和代表慈悲的月光遍照菩萨，遍照世间，普济一切，即具有如此深意。[③] 重视现实利益，是药师信仰的显著特点。

《药师经》云，发愿、称名、持咒、供养等可受八大菩萨之接引而往生净土。[④] 不过本经讲到往生的内容比较少，而关注现实利益则比较多。从这里可以看出，药师信仰是在弥陀信仰的基础上对众生现实利益的一种关注。故在中国佛教中非常重视药师佛的救苦救难精神，而忽略了其往生净土的作用。"对于药师佛的东方世界，中国人有一特殊意识，即东方是象征着生长的地方，是代表生机的，故演变为现实人间的消灾延寿。"[⑤] 中国佛教的延生普佛、拜药师忏等正是这一思想的具体体现。

三 西方净土

大乘十方佛信仰在西方和印度太阳神教的影响下渐渐发展成了弥陀信仰。这一信仰肇兴于公元1世纪左右，是大乘佛教中影响最大的净土信仰。在整个大乘净土信仰中西方净土最为殊胜，宣扬此净土的经典最多，内容也最为丰富。古人

[①] 方广锠主张，药师佛的神格形成于《灌顶药师经》，而《灌顶药师经》受到中国文化的影响，所以药师信仰是中印文化相结合的产物。文章进一步指出，药师信仰是在中国产生的，其后西传于印度，又回传于中国。参见方广锠《药师佛探源——对"药师佛"的汉译佛典文献学考察》，《宗教学研究》2014年第4期。

[②] （隋）达摩笈多译《药师经·序》，《大正藏》第14册，第401页上。

[③] 参见印顺《药师经讲记》，中华书局，2017，第10页。

[④] （唐）玄奘译《药师经》曰，若有众生，能受持八分斋戒，受持学处，"以此善根，愿生西方极乐世界无量寿佛所，听闻正法，而未定者，若闻世尊药师琉璃光如来名号，临命终时，有八大菩萨……乘神通来，示其道路，即于彼界种种杂色众宝华中，自然化生"。《大正藏》第14册，第406页中。从经文来看，是往生西方净土。

[⑤] 印顺：《净土与禅》，第21页。

曰"诸经所赞，多在弥陀"①，正此谓也。据藤田宏达的研究，阿弥陀佛的经论有二百七十余部，相当于大乘经典的三分之一，②最主要的经典当是"净土三经"。

《阿弥陀经》云，极乐世界无有众苦，但受诸乐；国土有七重栏楯、七重罗网、七重行树，皆是四宝周匝围绕；有七宝池，八功德水，充满其中，池有众宝莲华；国中有奇妙杂色之鸟、诸宝行树及宝罗网等，皆出微妙音声，闻者皆生念佛、念法、念僧之心。彼佛光明照于十方，寿命无量无边；彼国众生无量无数，皆是阿鞞跋致，其中多是一生补处。《无量寿经》云：彼国众生皆悉金色，具三十二相，无有好丑，具足六通，衣食自然，身心柔软，不闻恶名，无诸不善，住正定聚，寿终不堕恶道；国中菩萨得金刚那罗延身，得辩才智，智辩无穷，说一切智；国中一切人天万物严净光丽，形色殊特；国土清净，照见十方诸佛世界，其土众宝合成，严饰奇妙，其香普熏十方世界。总之，彼国一切形色殊特，穷微极妙，超过三界，不可言称。

阿弥陀是"无量"的意思。在非常多的"无量"中，光明的无量是其主要意义，后来又转化为寿量的无量，都是适应一般人崇拜光明善神和仰慕永恒生命的世俗意义。③《阿弥陀经》云：

> 彼佛何故号阿弥陀？舍利弗！彼佛光明无量，照十方国无所障碍，是故号为阿弥陀。又舍利弗！彼佛寿命及其人民，无量无边阿僧祇劫，故名阿弥陀。④

所谓光明的遍照十方和寿量的竖穷三际是表示阿弥陀佛的无量德性，由此德性而成就的依正庄严都是无量的。阿弥陀佛因地发愿"令我为世雄，国土最第一，其众殊妙好，道场逾诸刹"⑤；十方"佛中最尊"；"都胜诸佛国"；"光明最尊第一无比；诸佛光明皆所不及也"；神通广大，智慧说法等，均"十倍胜于诸佛"。⑥故云："十方三世佛，阿弥陀第一。"⑦《大阿弥陀经》云：

> 阿弥陀佛国为最快，八方上下无央数；诸佛国中众善之王，诸佛国中

---

① 《西方要决科注》卷上，《卍新纂续藏经》卷61，第107页下。
② 〔日〕平川彰：《印度佛教史》，庄昆木译，台湾商周出版社，2002，第244页。
③ 印顺：《方便之道》，《华雨集》（二），中华书局，2011，第140~141页。
④ （后秦）罗什译《阿弥陀经》，《大正藏》第12册，第347页上。
⑤ （东汉）支娄迦谶译《无量清净平等觉经》卷1，《大正藏》第12册，第280页下。
⑥ （三国）支谦译《大阿弥陀经》卷上，《大正藏》第12册，第300页下、301页上、302页上至下。
⑦ （北宋）王日休：《龙舒净土文》，《大正藏》第4册，《大正藏》第47册，第262页上。

之雄，诸佛国中之宝，诸佛国中寿之极长久也，诸佛国中之众杰也，诸佛国中之广大也，诸佛国中之都。自然之无为，最快明好甚乐之无极。①

佛与佛虽在果位上是平等的，但就因位来说则有差别，阿弥陀佛以其宏大的四十八愿而成为诸佛之雄杰，② 其土成为报土中的别土。故《观经》中韦提希云："是诸佛土，虽复清净，皆有光明，我今乐生极乐阿弥陀佛世界。"③ 这就确立了弥陀信仰在大乘十方佛中至高无上的地位。《入楞伽经》云："十方诸刹土，众生菩萨中；所有法报佛，化身及变化；皆从无量寿，极乐界中出。"④ 从经论中对西方净土的描述来看，极乐世界是在十方净土的基础上凝结而成的，如《无量寿经》言，西方净土是法藏菩萨因地"摄取二百一十亿（唐本作二十一亿；宋本作八十四百千俱胝）诸佛妙土清净之行"⑤ 而成就的，故有"十方三世佛，阿弥陀第一"之说。"胜过一切，唯我第一的雄心大愿，是阿弥陀佛的根本特性。"⑥

---

① （三国）支谦译《大阿弥陀经》卷上，《大正藏》第12册，第308页上。
② （后秦）罗什译《大智度论》卷10云："阿弥陀佛世界不如华积世界，何以故？法积比丘佛虽将至十方观清净世界，功德力薄，不能得见上妙清净。以是故，世界不如。"《大正藏》第25册，第134页中。（西晋）竺法护译《文殊佛土严净经》卷下云："西方赡养世界无量寿佛功勋严净，比于文殊师利难以喻哉！假譬言之，如取一毛破为百分，以一分毛取海水一渧，无量寿佛如一分毛水一渧耳，文殊师利成佛汪洋如海，巍巍荡荡不可思议。"《大正藏》第11册，第899页下。这里提到的华积世界和文殊净土比西方净土还要庄严殊胜，进一步强调了菩萨行愿的无限性，只要能发比法藏比丘更大的誓愿，国土自会超过西方净土，同时也暗示了佛教内部本着"佛佛平等"的原则，对最尊极乐的不同看法。（东晋）帛尸梨蜜多罗译《灌顶经》卷11说，十方佛土本无有差别，但"娑婆世界人多贪浊，信向者少，习邪者多，不信正法，不能专一，心乱无志，实无差别。令诸众生，专心有在，是故赞叹彼国土耳"。《大正藏》第21册，第529页下。西方之超绝无比是化导众生之方便法门，所以有马鸣的异方便，龙树的易行道，无著的别时意的提出。
③ （刘宋）畺良耶舍译《观无量寿佛经》，《大正藏》第12册，第341页中。
④ （唐）实叉难陀译《入楞伽经》卷6，《大正藏》第16册，第627页中。
⑤ （三国）康僧铠译《无量寿经》卷上，《大正藏》第12册，第267页下。
⑥ 印顺：《初期大乘佛教之起源与开展》，第409页。诸《般若经》云，往生净土诸菩萨，游戏神通，从一佛土至一佛土，成就众生，净佛国土，乃至成佛。（东汉）支娄迦谶《阿閦佛国经》卷1云：（阿閦佛国）诸菩萨摩诃萨从一佛刹复游一佛刹，意常乐诸佛、天中天，至成无上正真道最正觉；（释迦佛）从一佛刹复游一佛刹，即住于兜术天，得一生补处之法。卷下云：（阿閦佛国）诸菩萨摩诃萨自生意念，欲从其刹至他方世界，俱至诸如来所听所说法，……便复还至阿閦如来所；"从一佛刹复游一佛刹"，"至成无上正真道最正觉"。《大正藏》第11册，第754页下、第758页至第760页上。（三国）康僧铠译《无量寿经》卷上则云："他方佛土诸菩萨众来生我国，究竟必至一生补处，除其本愿，自在所化，为众生故，被弘誓铠，积累德本度脱一切；游诸佛国修菩萨行，供养十方诸佛如来；开化恒沙无量众生，使立无上正真之道。"《大正藏》第12册，第268页中。来生其国者，中间不会再生他方佛国，但除其往生前所发的誓愿。印顺对此指出，往生西方净土者，"大有得到了归宿的意味"。印顺：《初期大乘佛教之起源与开展》，第704页。（东汉）支娄迦谶译《无量清净平等觉经》卷2云："八方上下诸无央数佛，更遣诸菩萨，飞至无量清净佛所，听经供养。"《大正藏》第12册，第288页上。他方世界的菩萨不但能听闻到阿弥陀佛的名号得不退转，而且也会前来阿弥陀佛国中闻法，同样也显示了西方净土胜过一切的特殊性。

这当然是"十方诸佛的特殊化"①。这种特殊化必然是有其特殊的作用。

> 依"佛法"说，诸佛的法身是平等的，而年寿、身光、国土等，是有差别的。依"大乘佛法"说：佛与佛是平等的，但适应众生的示现方便，是可能不同的。这样，阿弥陀佛与极乐净土的最胜第一，虽不是究竟了义说，而适应世间（印度）——多神中最高神的世俗心境，在"为人生善"意趣中，引发众生的信向佛道，易行方便，是有其特殊作用的！②

初期大乘净土有二流，一以《般若经》为代表的阿閦佛一流，一以《无量寿经》为代表的阿弥陀佛一流。③ 从南印度发展出来的《般若经》，其净土思想是从阿兰若行发展出来的。重视菩萨行，偏于自力解脱，是重智证的甚深行，是主智的大乘佛教。从北印度开出的阿弥陀佛一流则是从聚落比丘的寺院佛教中发展出来的，重视持戒念佛，偏于他力解脱，是重信愿的易行道，是主情的大乘佛教。④ 如《无量寿经》云，中下二辈往生者，虽不能作沙门，但能至诚深信，多少修善、奉持斋戒、起立塔像、饭食沙门、悬缯燃灯、散华烧香等，一日一夜，或十日十夜不断绝，慈心精进，可得往生阿弥陀佛国，并且那些狐疑不信者，亦可往生边地疑城。这全是就在家信众来说的。以信愿来决定往生，是西方净土思想的根本特色。智证大乘虽然有从"法行人"中发展出了听闻、读诵、书写、解说、供养、思维、如法行等方便法门，但毕竟只能为少数人所得。信愿大乘则继承了"信行人"的念佛、念法、念僧、戒成就，强调斋戒念佛，更能适应一般的大众，具有普遍性。所以经中称阿弥陀佛超胜十方诸佛。

如果说阿閦佛土是人间净土的净化，而西方净土则是对天国的净化，《无量寿经》在说到极乐国土的依正庄严时就处处以欲界天来论。⑤ 天国在物质方

---

① 印顺：《净土与禅》，第 21 页。

② 印顺：《方便之道》，《华雨集》（二），第 140 页。

③ 印顺：《初期大乘佛教之起源与开展》，第 700 页、第 703 页。

④ 圣严：《印度佛教史》，福建莆田广化寺印本，第 152～153 页。

⑤ （三国）支谦译《大阿弥陀经》卷上云，极乐国土之宝比如"第六天上之七宝"；万种自然之物、百味饮食如"第六天上自然之物"；第六天王之相貌不如"阿弥陀佛国中之菩萨、罗汉面貌端正姝好百千亿万倍也"；第六天的万种音乐之声不如"无量清净佛国中七宝树一音声好百千亿万倍也"。"阿弥陀佛国讲堂舍宅，都复胜第六天王所居处，百千亿万倍"。《大正藏》第 12 册，第 303 页中、第 303 页下、第 305 页上、第 308 页中。

面自然比人间净土殊胜，所以西方净土的建立自有其国土庄严程度上的优势。法藏比丘的四十八愿每一誓愿都彰显了弥陀信仰的殊胜性，特别是十念往生、临终迎接、欲生果遂三愿，将佛之他力本愿思想发挥到了极致，将佛菩萨广大悲愿的度生妙用和盘托出，特别是对阿弥陀佛名号的诠释，将大乘的易行道推至极处，坚定了大乘行人对往生西方净土的信心。① 其往生方法一言以蔽之，乃"信愿行"三要，此全在他力处着手，强调他力的重要性是西方净土信仰的精华之处。

 思考与练习题

1. 北俱卢洲有哪些显著特点？

2. 天国净土有哪些缺陷？为什么其中兜率净土最殊胜？

3. 弥勒净土的往生行相是什么？

4. 极乐净土为什么胜于阿閦佛土？

5. 大乘不共土的基本思想来源是什么？

---

① 这种高扬信愿往生的净土法门，在佛教内部引其不用的看法。如（东晋）竺佛念译《菩萨处胎经》卷 3 云：菩萨可生十方佛国，成就无记根，而求生西方净土者，染著懈慢国，不能前进，"亿千万众，时有一人能生"。《大正藏》第 12 册，第 1028 页上。（后秦）罗什译《诸法无行经》卷上云，那些自称菩萨者，有违菩萨大慈悲行，佛言："我未曾见闻，慈悲而行恼，互共相瞋恼，愿生阿弥陀。"《大正藏》第 15 册，第 751 页下。经文虽是批评念阿弥陀佛求生西方净土者的批评，但其中也多少含有对信愿求生净土法门的批评。

第三章 阿弥陀佛信仰在印度的弘扬

从《般若经》开始到"净土三经",以及《法华经》《华严经》《涅槃经》《宝积经》等诸大乘经典中均有西方净土的叙述,故有"诸经所赞,尽在弥陀"之说。自弥陀信仰形成以后,大乘论著亦多发扬,特别是马鸣、龙树、世亲等诸大菩萨对弥陀信仰的弘扬,极大地推动了这一信仰在大乘佛教中的发展。

第一节 马鸣的胜方便

据《大悲经》云,北天竺国有比丘名祁婆迦(马鸣)作大乘学,"修集无量种种最胜菩提善根已而取命终,生于西方过亿百千诸佛世界无量寿国"[①]。可见马鸣是位求生西方净土者。马鸣曾作《佛所行赞》,赞佛的本生及史迹,其中所体现出的热烈情怀亦可看作其净土信仰的组成部分。

马鸣在《大乘起信论》中赞净土法门是"如来胜方便"法门。

> 若人虽修行信心,以从先世来多有重罪恶业障故……有如是等众多障碍,是故应当勇猛精勤,昼夜六时礼拜诸佛,诚心忏悔、劝请、随喜、回向菩提,常不休废,得免诸障,善根增长故。[②]

> 众生初学是法,欲求正信,其心怯弱,以住于此娑婆世界,自畏不能常值诸佛、亲承供养。惧谓信心难可成就,意欲退者,当知如来有胜方便,摄护信心。谓以专意念佛因缘,随愿得生他方佛土,常见于佛,永离恶道。如修多罗说:若人专念西方极乐世界阿弥陀佛,所修善根回向愿求

---

① (隋)那连提耶舍译《大悲经》卷2,《大正藏》第12册,第955页下。
② (陈)真谛译《大乘起信论》,《大正藏》第32册,第582页上。

生彼世界，即得往生，常见佛故，终无有退。若观彼佛真如法身，常勤修习，毕竟得生，住正定故。①

《起信论》是劝人起信大乘法。首先，应修学忏悔、劝请、随喜、回向等易行方便法门，消除业障，增长善根。其次，初学者信心难可成就，可以特殊的易行方便——念佛来摄护信心。信心成就可修习大乘的止观。这是以念佛来成就止观，与《阿含经》以来的念佛是相一致的，即念佛是禅的方便法门。《起信论》云："若人唯修于止，则心沉没或起懈怠，不乐众善、远离大悲，是故修观。"② 观者观无常苦空。

　　若修止者，对治凡夫住着世间，能舍二乘怯弱之见。若修观者，对治二乘不起大悲狭劣心过，远离凡夫不修善根。以此义故，是止观二门，共相助成，不相舍离。若止观不具，则无能入菩提之道。③

止观是成就大乘菩提心的关键，而念佛正是辅助止观的最佳手段。佛的智觉境界唯佛能究竟了知，非外人可思可议，然佛以大慈悲为心，不舍众生，故须用种种方便法门摄化群机。《法华经》云：

　　诸佛智慧甚深无量，其智慧门难解难入，一切声闻、辟支佛所不能知。……吾从成佛已来，种种因缘，种种譬喻，广演言教，无数方便，引导众生，令离诸著。所以者何？如来方便知见波罗蜜皆已具足。④

佛的般若智慧具足圆满，故能方便运用而不离般若。无方便则不能摄化众生，故经论中有云："般若为母，方便为父。"⑤ 由此可说一切佛法皆是方便度生

---

① （陈）真谛译《大乘起信论》，《大正藏》第32册，第583页上。
② （陈）真谛译《大乘起信论》，《大正藏》第32册，第582页下。
③ （陈）真谛译《大乘起信论》，《大正藏》第32册，第583页上。
④ （后秦）罗什译《法华经》卷1，《大正藏》第9册，第5页下。
⑤ （东晋）佛驮跋陀罗译《华严经》卷60云，"菩萨摩诃萨以般若波罗蜜为母，大方便为父"。《大正藏》第9册，第782页下。（后秦）罗什译《大智度论》卷34云："般若波罗蜜是诸佛母，父母之中母功最重，是故佛以般若为母，般舟三昧为父。"《大正藏》第25册，第314页上。（后秦）罗什译《十住毗婆沙论》卷2云："般若波罗蜜是诸佛母，方便为父，是名诸佛家。以此二法出生诸佛，若违此法，是污佛家。"《大正藏》第26册，第29页下。（唐）玄奘译《无垢称经》卷4云："慧度菩萨母，善方便为父，世间真导师，无不由此生。"《大正藏》第14册，第576页上。

之无上妙门。方便法门是在佛说的戒定慧、四谛、八正道等之外所建立的一种特殊法门，原始佛教就有种种方便法门，如供养、布施、信愿、念佛等，至大乘佛教时特别重视。[①]《法华经》云："更以异方便，助显第一义。"[②] 舍弃那些不合时宜的方便法门（正方便），以另外一种特别的方便法门（异方便）来法门助显无上佛道，是大乘法一贯的手法。

方便法门有无量之多，如供养、赞佛、念佛、回向等，皆可成就佛道，而马鸣将念佛法门视为如来之胜方便。这虽然和大乘佛教重视念佛是相一致的，但马鸣以论著的形式给予了念佛法门特殊地位。这在印度佛教中尚属首次，所以其意义非常巨大，影响也非常深远。马鸣约为公元100～160年间的人，其所诠释的念佛法门正是西方的弥陀信仰。从此可以看出弥陀信仰在这一时期的发展情况和在大乘佛教信仰中的地位。其后的龙树、世亲以论著的形式较为深入地发扬了西方净土思想。

第二节　龙树的难易二道

《入楞伽经》中有云：将来有龙树菩萨说大乘无上法，"证得欢喜地，往生安乐国"[③]。《龙树劝诫王颂》中记载，龙树曾致书案达罗王朝的娑多婆诃王曰："生老病死三毒除，佛国托生为世父。寿命时长量叵知，同彼大觉弥陀主。"[④] 可见龙树是归信阿弥陀佛的。如此说法在南北朝比较流行，所以唐迦才在《净土论》中说，昙鸾往生西方极乐世界时由龙树接引。另据多罗那他的《印度佛教史》说，提婆的弟子罗睺罗跋陀罗观见无量光佛往生极乐世界，应当是受龙树的影响。

一　阿弥陀佛的地位

龙树在马鸣的基础上，比较深入地论述了西方净土信仰，并高度称赞阿弥

---

① 小乘声闻人以生死可厌，故证入涅槃后，沉寂滞空，则无法开显度化众生之用。大乘认为此得偏真慧，未得般若慧。大乘菩萨上求佛道（智），下化众生（悲），悲智平等双用，得般若慧者，能从悲行入智行，即于生死中成就佛道；从智行而入悲行，即于无所得而为方便。这样才能圆满地成就菩萨行，所以大乘菩萨法中特别重视方便法门的运用。（后秦）罗什译《大智度论》卷19云："如佛说：譬如仰射空中箭，箭相柱，不令落地，菩萨摩诃萨亦如是。以般若波罗蜜箭，射三解脱门空中；复以方便箭射般若箭，令不堕涅槃地。"《大正藏》第25册，第197页下。
② （后秦）罗什译《法华经》卷1，《大正藏》第9册，第8页下。
③ （北魏）菩提流支译《入楞伽经》卷9，《大正藏》第16册，第569页上。
④ （唐）义净译《龙树劝诫王颂》，《大正藏》第32册，第754页上。

陀佛，给予了阿弥陀佛在十方佛中的特殊地位。《大智度论》云："如是等佛土庄严名为净土，如《阿弥陀》等经中说。"① 龙树见到了初期大乘宣扬阿弥陀佛的经典，每说净土的庄严时，就以阿弥陀佛净土来论。《大智度论》云：

> 有一国，有一比丘诵《阿弥陀佛经》及《摩诃般若波罗蜜》，是人欲死时语弟子言："阿弥陀佛与彼大众俱来。"实时动身自归，须臾命终。命终之后弟子积薪烧之。明日，灰中见舌不烧，诵《阿弥陀佛经》故，见佛自来；诵《般若波罗蜜》故，舌不可烧。此皆今世现事。②

这是龙树所提到的今世现事，当时已有大乘人将《阿弥陀经》和《般若经》相提并论。《般若经》云，菩萨欲成就佛道，当学般若波罗蜜。《般若经》可谓是大乘佛教之母，将《阿弥陀经》放至其同等地位，显示了这一时期大乘人对弥陀信仰的重视程度，龙树即是其一。龙树还特作"阿弥陀佛三十二偈"，称赞阿弥陀佛的无量庄严功德，其偈颂内容大体上同于《无量寿经》中阿弥陀佛的本愿。

在净土的判摄上，龙树从法性身和生身的二门义上，解说了"诸佛世界种种，有净、不净、有杂"。《大智度论》云：

> 无量世界有庄严者、不庄严者，皆是我身而作佛事。……以是故，当知释迦文佛，更有清净世界如阿弥陀国；阿弥陀佛亦有严净、不严净世界，如释迦文佛国。诸佛大悲，彻于骨髓，不以世界好丑，随应度者而教化之；如慈母爱子，子虽没在厕溷，勤求拯拔，不以为恶。③

无量佛国中，彼佛皆是释迦身，其佛弟子或皆是阿罗汉，或皆是辟支佛，或皆是菩萨。这皆是佛的随机应度。"佛有大悲，不舍一切，作如是种种，化度众生。"④ 佛已出世，故能"于一道分为三乘"⑤。因众生之不同，而有国土

---

① （后秦）罗什译《大智度论》卷92，《大正藏》第25册，第708页下。
② （后秦）罗什译《大智度论》卷9，《大正藏》第25册，第127页上。
③ （后秦）罗什译《大智度论》卷32，《大正藏》第25册，第302页下。
④ （后秦）罗什译《大智度论》卷32，《大正藏》第25册，第302页下。
⑤ （后秦）罗什译《大智度论》卷93，《大正藏》第25册，第721页上。

的净与不净。众生无量，故"佛非但一国土，乃有十方恒河沙国"①。佛国土的建立全由众生，这是从大乘菩萨法的大慈悲而来。对此龙树有比较详尽的论述。

《般若经》中在说到佛国的清净庄严时，以华积世界、普华世界为喻。《大智度论》云：

> 问曰："更有十方诸清净世界，如阿弥陀佛安乐世界等，何以故但以普华世界为喻？"答曰："阿弥陀佛世界不如华积世界，何以故？法积比丘，佛虽将至十方观清净世界，功德力薄，不能得见上妙清净世界，以是故，世界不如。"②

从这一问答中可以看出当时弥陀信仰的流行程度。但龙树的解释继承了《般若经》的说法，认为华积世界胜于极乐世界。从果德上论，"一切佛功德皆等，无多无少"③，但从因地上来说，菩萨本愿却有差别，故佛有高下优劣之分。大乘佛教开出了十方佛，在原始的十方佛信仰当中强调的是其平等性，并未凸显某一佛绝对至上性，普华世界即是其一。此国中因为常有净妙莲华，大乘经中云佛国中的佛菩萨是坐在莲华上的，往生净土也是莲华化生的，所以这一特殊信仰以普华世界为喻。

二　念佛为三昧之王

龙树给念佛法门赋予了很高的地位。《大智度论》云：

> 念佛一切智、一切知见、大慈大悲、十力、四无所畏、四无碍智、十八不共法等，念如佛所知无量不可思议诸功德，是名念佛。是念在七地中，或有漏，或无漏。有漏者有报，无漏者无报。三根相应：乐、喜、舍根。行得，亦果报得：行得者，如此间国中学念佛三昧；果报得者，如无量寿佛国人，生便自然能念佛。④

---

① （后秦）罗什译《大智度论》卷93，《大正藏》第25册，第711页下。
② （后秦）罗什译《大智度论》卷10，《大正藏》第25册，第134页中。
③ （后秦）罗什译《大智度论》卷32，《大正藏》第25册，第302页中。
④ （后秦）罗什译《大智度论》卷21，《大正藏》第25册，第221页中。

深念佛故，终不离佛，世世善修念佛三昧故，不失菩萨心故，作不离佛愿，愿生在佛世故，种值佛业缘常相续不断故，乃至阿耨多罗三藐三菩提，终不离见佛。①

念佛法门能使菩萨不失菩提心，能坚固信愿，能在佛的指导下常修善法，乃至得到无上菩提；或能往生净土，自然念佛，常不离佛，故念佛有不可思议的功德，绝非余法门所能比拟。《大智度论》云：

念佛三昧能除种种烦恼及先世罪，余诸三昧，有能除淫，不能除瞋；有能除瞋，不能除淫；有能除痴，不能除淫恚；有能除三毒，不能除先世罪。是念佛三昧，能除种种烦恼、种种罪。复次，念佛三昧有大福德，能度众生。是诸菩萨欲度众生，诸余三昧无如此念佛三昧福德，能速灭诸罪。②

故念佛三昧能速灭诸罪，得大福德，是三昧之王。念佛法门不仅功德超胜，而且容易受持，是方便法门中的方便，是易行道中的特别行门。

三 难易二道的判定

龙树首次提出难易二道的判教学说，将整个佛法的修持和众生的根机结合起来，分菩萨道为难行道和易行道。这是一种价值性的判定。《十住毗婆沙论》云：

言阿惟越致地，是法甚难，久乃可得。若有易行道疾至阿惟越致地者，是乃怯弱下劣之言，非是大人志干之说。……佛法有无量门，如世间道有难有易，陆道步行则苦，水道乘船则乐，菩萨道亦如是，或勤行精进，或以信方便的易行，疾至阿惟越致者，如偈说：

…………

如是诸世尊，今现在十方；

若人疾欲至，不退转地者；

应以恭敬心，执持称名号。

---

① （后秦）罗什译《大智度论》卷37，《大正藏》第25册，第333页中。
② （后秦）罗什译《大智度论》卷7，《大正藏》第25册，第109页上。

若菩萨欲于此身得至阿惟越致地，成就阿耨多罗三藐三菩提者，应当念是十方诸佛，称其名号，如《宝月童子所问经·阿惟越致品》中说……若人一心称其名号，即得不退于阿耨多罗三藐三菩提。如偈说：

若有人得闻，说是诸佛名；

即得无量德，如为宝月说；

…………

我礼是诸佛，今现在十方；

其有称名者，即得不退转。

…………

更有阿弥陀等诸佛，亦应恭敬、礼拜、称其名号。……是诸佛世尊现在十方清净世界，皆称名忆念。阿弥陀佛本愿如是，若人念我，称名自归，即入必定得阿耨多罗三藐三菩提，是故常应忆念以偈称赞。……求阿惟越致地者，非但忆念、称名、礼敬而已，复应于诸佛所忏悔、劝请、随喜、回向。①

龙树认为，菩萨得不退转（阿惟越致）有难易二道，难行道久乃可得，而易行道则可疾至。虽然龙树判易行道是为"怯弱下劣之言，非是大人志干之说"的方便说，但易行道亦可疾至不退转地。在龙树看来不管是难行道还是易行道，均可依此身在此土获得不退转。龙树所说的易行法有忆念、恭敬、礼拜、忏悔、劝请、随喜、赞叹、称名等，其所修内容相当于《普贤行愿品》中的十大行愿，可见易行道并非念佛一法，其所修内容是以"信方便"为宗要。所谓易行，即善巧方便之安乐行，以摄取净佛国土为主；难行即难行能行、难忍能忍的大悲利生之苦行。"一以成就众生为先，一以庄严佛土为先。"② 龙树特意指出，难行道如陆道而行，易行道如水道而行，或难或易，只有苦乐之别，但均可疾至不退转地，是需要加以注意的。在龙树的判教中，特别地突显了信方便法门的重要性，更依此强调了念佛三昧是诸三昧之王的理论，与马鸣《大乘起信论》所说的念佛法门为如来的"异胜方便"是一脉相承的。其次，龙树所念的是十方佛，但其中特别提到了阿弥陀佛，则赋予了念佛法门特殊地位。

---

① 〔印度〕龙树：《十住毗婆沙论》卷5，《大正藏》第26册，第41页上至第43页上。
② 印顺：《净土与禅》，第44页。

《阿含经》中有"信解脱"① 一说，是易行道之所以成为可能的关键。在大乘佛教中似乎并未使用"信解脱"之语，而是表现为以信至不退转义。如论云："或有以信方便易行疾至阿惟越致。"② 所以龙树的难易二道不是以成佛来说，而是就得不退转来论。所谓的不退转是指不退堕于二乘、凡夫、恶趣等，也指不退失所证得之位次、行法、观念等。③ 所以对法的信心是最重要的，那么就"怯弱下劣"者而言，修持难行道难于得不退转，若修持以"信方便"为特征的易行道，特别是龙树所判的三昧之王的念佛法门，则可疾至不退转地。《十住毗婆沙论》云：

> 菩萨以忏悔、劝请、随喜、回向故，福力转增，心调柔软，于诸佛无量功德清净第一，凡夫所不信而能信受，及诸大菩萨清净大行，希有难事，亦能信受。……菩萨信诸佛菩萨无量甚深清净第一功德已，愍伤诸众生无此功德，但以诸邪见，受种种苦恼故，深生悲心。……以悲心故，为求随意，使得安乐，则名慈心。……若菩萨如是，深随慈悲心，断所有贪惜，为施勤精进。……随所能作，利益众生，发坚固施心。④

菩萨修易行道，"福德力转增，心亦益柔软，即信佛功德，及菩萨大行"⑤。易行道能引发慈心、悲心，进而信心坚固，能修习菩萨的大行难行，所以可疾至不退转地，和马鸣的胜方便相一致。

《十住毗婆沙论》中说"陆道步行则苦，水道乘船则乐"。这里不仅仅有苦乐之别，当然还隐含有快慢之分。它意味着易行道虽然是专为"怯弱下劣"而说，但"信"的成熟可进修菩萨的六度万行，更快地成就不退转，所以易行

---

① 信解脱是指以绝对的"信"的心理作用而达到的解脱状态，为小乘七圣、十八有学、二十七贤圣之一，是钝根者入修道位之名。（刘宋）求那跋陀罗译《杂阿含经》卷33云："圣弟子一向于佛清净信，乃至决定智慧，于正法、律如实知见，不得见到，是名圣弟子不堕恶趣，乃至信解脱。"《大正藏》第2册，第240页上。说一切有部系统中则使用"信胜解"一语。

② 〔日〕平川彰：《印度佛教史》，庄昆木译，第243页。

③ 大乘法中不退转有信（七信位）、位（七住位）、证（初地）、行（八地）等种种不退位说。（唐）玄奘译《大般若经》卷449云，菩萨入见道初地得无生法忍，是名不退转菩萨。故大乘法中一般以初地为不退。〔印度〕龙树在《大智度论》亦有解释。（后秦）罗什译《十住毗婆沙论》卷4中解释云："等心于众生，不嫉他利养；乃至失身命，不说法师过，信乐深妙法，不贪于恭敬，具足此五法，是阿惟越致。"《大正藏》第16册，第38页上。

④ （后秦）罗什译《十住毗婆沙论》卷6，《大正藏》第26册，第49页中至下。

⑤ （后秦）罗什译《十住毗婆沙论》卷6，《大正藏》第26册，第49页中。

道如水道乘船，自比陆道步行速度要快，且会先到目的地。那么"大人志干"者，若能兼修易行道，正可谓如猛虎佩带双角，如风帆扬于顺水。《大智度论》中释迦佛修难行道，以易行道的赞佛而超弥勒九劫成佛，也正说明了这一点。由于龙树特别推崇易行法门，并给予易行法门特殊的地位，所以净土教的判教理论就是顺着这一思想发展而来的。

第三节　世亲的五念门

继龙树之后，极力发扬西方净土思想的是世亲。他在龙树的基础上，对西方净土思想作了重要的发挥，其思想主要体现在《往生论》中。《往生论》全称《无量寿经优婆提舍愿生偈》，是世亲依《无量寿经》而作的愿生净土偈。本论是印度佛教中唯一一部关于西方净土的论著，故在净土教中有其特别的地位。世亲先陈愿生西方偈，后以长行解释。《往生论》中体现了世亲强烈的往生意愿，如：

> 世尊我一心，归命尽十方；无碍光如来，愿生安乐国。
> 我作论说偈，愿见弥陀佛；普共诸众生，往生安乐国。①

世亲以归命、作论、造偈之功德回向往生安乐国土。世亲云，阿弥陀佛的清净庄严"胜妙无过者"；其佛本愿力，一切能满足，遇无空过者；"故我愿往生，阿弥陀佛国"②。论中即有唯赞西方，独尊弥陀的思想，和龙树是不同的，从中可以看出从1世纪至5世纪弥陀信仰在印度的发展情况。

本论之纲宗是建立"五念门"。

> 若善男子善女人，修五念门成就者，毕竟得生安乐国土，见彼阿弥陀佛。何等五念门？一者礼拜门，二者赞叹门，三者作愿门，四者观察门，五者回向门。③

---

① （北魏）菩提流支译《往生论》，《大正藏》第26册，第230页下至第231页中。
② （北魏）菩提流支译《往生论》，《大正藏》第26册，第231页上。
③ （北魏）菩提流支译《往生论》，《大正藏》第26册，第231页中。

礼拜门是以身业礼拜阿弥陀佛,"为生彼国意故"。赞叹门是口业赞叹,称阿弥陀佛名,如彼光明智相,如彼名义,"欲如实修行相应故"。作愿门是心常发愿,一心专念,求生净土,"欲如实修行奢摩他(止)故"。观察门是智慧观察,正念观佛,"欲如实修行毗婆舍那(观)故"。此四门是表身口意。所谓回向门,是不舍一切众生,心常作愿,回向为首,成就大悲心。前四门是自利,即入门;回向门是利他,即出门。世亲的五念门是以瑜伽教义来组织的,重心在止观二门,即以奢摩他、毗婆舍那为往生净土之因,此说与《摄大乘论》所说十八圆净中的"乘圆净"旨趣相同。①

修此五念门以其功德之深浅可得五门功德。

一、近门者,以礼拜阿弥陀佛,为生彼国故,得生安乐世界(初至净土,得不退转,近无上菩提)。

二、大会众门者,以赞叹阿弥陀佛,随顺名义,称如来名,依如来光明智相修行故(已入净土,即得入大会众数)。

三、宅门者,以一心专念作愿生彼,修奢摩他寂静三昧行故,得入莲华藏世界(入大会众数已,当至修行安心之宅)。

四、屋门者,以专念观察彼妙庄严,修毗婆舍那故,得到彼处,受用种种法味乐(入宅已,当至修行所居屋寓)。

五、园林游戏门者,以大慈悲观察一切苦恼众生,示应化身,回入生死园,烦恼林中,游戏神通,至教化地,以本愿力回向故(修行成就已,当至教化地)。②

前四门是自利行成就,即入功德;后一门是利他行成就,即出功德。

称赞一门经昙鸾的诠释,把心念与口念等同起来,赋予口念的重要性,善导于此开出读诵、称名二法,并以称名为正行正业,真正意义上建构了净土教的称名念佛论。世亲将观察一门分为三类:一者观察彼佛国土庄严功德(十七种),二者观察阿弥陀佛庄严功德(八种),三者观察彼诸菩萨庄严功德(四种)。共二十九种庄严功德。前者名器世间清净,后二者名众生世间清净。此三类观察摄西方净土的庄严功德,是从广义论之。略而说之,则入一法句:

---

① 〔日〕望月信亨:《净土教概论》,印海译,第155页。
② (北魏)菩提流支译《往生论》,《大正藏》第26册,第233页上。

"一法句者，谓清净句；清净句者，谓真实智慧无为法身故。"① 即摄器世间和众生世间两种清净义，后来被昙鸾引申为阿弥陀佛的名号。

如何修习五念门，往生安乐国土呢？论云，五念门的修习当以智慧、慈悲、方便三法为纲要。如此便可远离三种大菩提门相违法，得三种随顺菩提门。

> 一者依智慧门不求自乐，远离我心贪著自身故；二者依慈悲门，拔一切众生苦，远离无安众生心故；三者依方便门，怜愍一切众生心，远离供养恭敬自身心故。是名远离三种菩提门相违法故。
>
> 一者无染清净心，不以为自身求诸乐故；二者安清净心，以拔一切众生苦故；三者乐清净心，以令一切众生得大菩提故。以摄取众生生彼国土故，是名三种随顺菩提门法满足。②

《往生论》以智慧、慈悲、方便三法为菩萨修学之纲要，基本上和《大般若经》中所说的菩萨行法之三要（信愿、慈悲、智慧）相一致。《大般若经》中突出了信愿，而《往生论》则突出了方便，体现了大乘菩萨道从重于信愿到重于方便的变化。③

此外，坚慧④亦有强烈往生净土的愿望，其《究竟一乘宝性论》曰："依此诸功德，愿于命终时，见无量寿佛，无边功德身。"⑤ 这大致就是印度佛教1世纪至5世纪时对弥陀信仰的弘扬。从马鸣、龙树、世亲、坚慧等诸大论师对西方净土的信仰，可以看出净土思想在印度佛教中的发展。净土思想在印度虽然并未成宗，但求生西方乃大乘佛教的共同向往和愿求。

---

① （北魏）昙鸾：《往生论注》卷下，《大正藏》第40册，第841页中。
② （北魏）昙鸾：《往生论注》卷下，《大正藏》第40册，第842页中。
③ 如晚期大乘的《大日经》卷1云："菩提心为因，悲为根本，方便为究竟"。《大正藏》第18册，第1页下。（唐）一行《大日经疏》卷14云："菩萨有二事故，不堕断灭中，谓大悲及方便也。"《大正藏》第39册，第730页中。这和早期经典中"般若为母，方便为父"是有所差别的。重视方便法门大乘佛教是一贯的，但《般若经》说，方便法门是从般若中出，而《大日经》中则说从慈悲中出。同为重视方便，但所偏所重还是不同的。
④ （唐）法藏：《大乘法界无差别论疏》卷上云："坚慧菩萨者，梵名娑啰末底……三藏云：西域相传，此是地上菩萨，于佛灭后七百年时出中天竺。"《大正藏》第44册，第63页下。吕澂认为坚慧是大乘佛教中的一位重要论师，他将世亲、无著之繁密的唯识学，予以刊落，直接提出如来藏借助于空性智实现功德的说法，以此来贯通整个实践，就为大乘理论开辟了一条新路，对晚期大乘产生了相当大的影响。吕澂：《印度佛学源流略讲》，上海人民出版社，1979，第212页。
⑤ （北魏）勒那摩提译《宝性论》卷1，《大正藏》第31册，第820页下。

思考与练习题

1. 马鸣为什么判念佛是胜方便?

2. 难行道和易行道的基本内容是什么?

3. 龙树为什么判念佛三昧是三昧之王?

4. 世亲五念门是如何来组织和成就的?

5. 从马鸣到世亲净土思想有哪些主要变化?

第四章 "净土三经"的基本教理

宣扬净土的因行果报是整个大乘经典的精华所在，由于阿弥陀佛在净土信仰中的特殊地位，所以掌握了西方净土思想可谓是抓住了整个大乘净土教理的纲宗，而"净土三经"① 则是西方净土的根本性经典。从"净土三经"入手可清晰地了解西方净土思想的整体性概貌，是善导所确立的研究净土教理的门径。

第一节 四十八愿与信愿行

一 四十八愿

本愿是菩萨往昔所发的誓愿，有偏于自利的，也有偏于利他的。自利或利他都是为了成就佛道，建立净土，摄化众生，所以佛教后来特别偏重于菩萨的净土本愿。从《阿閦佛国经》、《小品般若经》和《无量寿经》的对比来看，菩萨的净土本愿有从少到多，从针对单纯现实到着眼于纯粹理想的演变，最终

---

① 净土类经典中最具影响力的还是"净土三经"，善导首刊其为净土行之本，隋唐以前的净土著述也多集中在"净土三经"上。"净土三经"虽受到净土宗的重视，但净土宗的根本宗经的确立尚无定说。智𫖮、宗晓、莲池、蕅益都列举了种种"净土要论"，但同样未能建立净土宗根本宗经。清时，彭际清《重刊净土三经叙》中云："此三经者，如鼎三足，不读小本，不入信门；不读大本，不入愿门；不读观经，不能成就三昧门。三经合，而净土资粮备矣。"故刊刻"净土三经"流通，标志着净土宗根本宗经的确立。其后魏源《净土四经总叙》中云，不读《无量寿经》，不知法藏愿海宏深与果地圆满，不次以《观经》，不知极乐庄严与九品往生。大心既发，观境亲历，然后归于《阿弥陀经》持名，持名至往生，而后归宿于《普贤行愿品》。入门必次第修而后圆修，圆修莫过圆于《华严经》的归宿《普贤行愿品》，故增之而成"净土四经"。《印光文钞》认为，《楞严经·大势至菩萨念佛圆通章》实为念佛最上、最妙之开示，故增之而成"净土五经"。至此，净土宗根本宗经的格局——"净土五经"便宣告确立。存德：《中国佛教述论》，宗教文化出版社，2014，第156~165页。

形成了超绝的弥陀本愿。[①]

在《无量寿经》的各种现存本中，本愿的数目也不尽相同。汉、吴二本作二十四愿，魏、唐二本作四十八愿，宋本作三十六愿，梵文本作四十六愿，藏文本作四十九愿。另外，《悲华经》中则作四十八愿。愿目不同及其本愿内容的差别，反映了经义随着佛教的发展而有所变化，大体来说是从二十四愿发展成四十八愿。

《大阿弥陀经》云：

> 我后作佛时，于八方上下诸无央数佛中，最尊智慧勇猛，头中光明如佛光明，所焰照无极。所居国土，自然七宝极自软好。令我后作佛时，教授名字，皆闻八方上下无央数佛国，莫不闻知我名字者。诸无央数天人民，及蜎飞蠕动之类，诸来生我国者，悉皆令作菩萨、阿罗汉，无央数都胜诸佛国。[②]

此愿是阿弥陀佛的根本大愿，四十八大愿"都不外乎这一根本意愿的具体组合"[③]；无非就是具体的彰显西方净土的特殊性。如十方众生，闻佛名号，即得往生，并且得六神通，寿命无量，得不退转，将来必定成佛，等等。特别是将闻佛名号和念佛法门的结合，具有非同寻常的意义，使得大乘佛教的修持法门焕然一新。[④] 所以昙鸾总结说，《无量寿经》"以名号为经体"[⑤]，安乐国"以名

[①] 木村泰贤认为，菩萨的本愿以《小品般若经》的六愿为基数，经过不断增加而有《阿閦佛国经》中的十二愿、十八愿，《中品般若》三十愿，《无量寿经》的二十四愿、四十八愿等。〔日〕木村泰贤：《大乘佛教思想论》，演培译，天华出版公司，1991，第421~433页。印顺则认为，菩萨本愿的发展是多方面的，不可一概而论。如阿閦菩萨净土愿三愿：将来成佛时弟子但行诸善，出家菩萨梦中不失精，女人没有恶露不净。这三愿是面对娑婆世界的佛教而发。而《般若经》中的净土五愿，国无畜生道，没有恶贼，有八功德水，饮食随意，无三疾病，不离当前一念。这是阿兰若面对自身的处境而发。阿弥陀佛本愿是选择二百一十亿国土而结成，是对比其他秽土来发的。菩萨的净土愿都存有超胜秽土的意识根愿，但在形式的表现上则是不相同的。印顺：《初期大乘佛教之起源与开展》，第607~698页。

[②] （三国）支谦译《大阿弥陀经》卷上，《大正藏》第12册，第300页下至301页上。

[③] 印顺：《初期大乘佛教之起源与开展》，第656页。

[④] 佛教是反对声论的，但音声所诠的法义可用来领悟佛言，故经言：娑婆世界以音声作佛事。在这里音声并没有神秘的作用。大天说"道因声起故"，即赋予了音声的某种神秘力量。其后佛教开出的读诵、赞叹、梵呗等，也是对音声的重视。早期经论中就有以称佛名号而救度的记载，强调音声的特殊作用。这在佛法中是一贯的。净土教则立足于本宗的意趣，将称佛名号与往生净土紧密地结合起来。

[⑤] （北魏）昙鸾：《往生论注》卷上，《大正藏》第40册，第826页中。

字为佛事"①。

关于四十八愿，魏本最为详尽，总其愿目概括如下：

    1. 国无恶趣愿；2. 不更恶趣愿；3. 身真金色愿；4. 形无好丑愿；5. 宿命智通愿；6. 天眼智通愿；7. 天耳智通愿；8. 他心智通愿，9. 神足智通愿；10. 得漏尽通愿；11. 住正定聚愿；12. 光明无量愿；13. 寿命无量愿；14. 声闻无量愿；15. 眷属长寿愿；16. 无诸不善愿；17. 诸佛称扬愿；18. 十念必生愿；19. 临终迎接愿；20. 欲生果遂愿；21. 三十二相愿；22. 必至补处愿；23. 供养诸佛愿；24. 供具如意愿；25. 说一切智愿；26. 那罗延身愿；27. 所须严净愿；28. 见道场树愿；29. 辩才智慧愿；30. 智辩无穷愿；31. 国土清净愿；32. 国土严饰愿；33. 触光柔软愿；34. 闻名得忍愿；35. 女人往生愿；36. 常修梵行愿；37. 人天致敬愿；38. 衣服随念愿；39. 受乐无染愿；40. 树中见土愿；41. 诸根具足愿；42. 住定供佛愿；43. 生尊贵家愿；44. 具足德本愿；45. 住定见佛愿；46. 随意闻法愿；47. 闻名不退愿；48. 得三法忍愿。②

慧远《无量寿经义疏》中将此判分为摄法身愿（第十二愿、第十三愿、第十七愿）、摄净土愿（第三十一愿、第三十二愿）、摄众生愿（其余四十三愿），摄化众生乃是大乘法的根本，弥陀本愿的重点也在于成就众生，最为核心的本愿当是第十八愿、第十九愿、第二十愿。

（十念必生愿：）设我得佛，十方众生，至心信乐，欲生我国，乃至十念，若不生者，不取正觉。唯除五逆，诽谤正法。

（临终迎接愿：）设我得佛，十方众生，发菩提心，修诸功德，至心发愿，欲生我国。临寿终时，假令不与大众围绕现其人前者，不取正觉。

（欲生果遂愿：）设我得佛，十方众生，闻我名号，系念我国，殖诸德本，至心回向，欲生我国。不果遂者，不取正觉。③

---

① （北魏）昙鸾：《往生论注》卷下，《大正藏》第40册，第838页上。
② 参见（曹魏）康僧铠译《无量寿经》卷上，《大正藏》第12册，第267页下至第269页中的内容。
③ （曹魏）康僧铠译《无量寿经》卷下，《大正藏》第12册，第268页上至中。

最最核心的则是十念必生愿。这一愿可谓《无量寿经》之宗要，有"愿王"之称。十念往生说，随着《观经》对其进一步的开展，将阿弥陀佛的大慈悲愿发挥到了极致，对净土教理的发展产生了巨大影响。特别是善导将"十念"或"乃至一念"引申为"十声"或"乃至一声"，开古今未有之新说，净土宗由此而凌驾于诸宗之上，被称为三根普被、利顿齐收之特别妙道。

二　信愿行

四十八愿括其行要乃是"信愿行"，信以启愿，愿以导行，行以证之，三法如鼎三足，缺一不可，净土法门就是以此为纲宗。这一宗要的根本精神在于强调信仰的重要性，强调信仰是大乘佛教的一贯精神。《大般若经》云："菩萨摩诃萨修行般若波罗蜜多时，以应一切智智心，大悲为上首，无所得为方便。"[1] 一切智智，即无上菩提；应一切智智心，即菩提信愿。"欲为精进依，信为欲因。"[2] 依止真信才能引发真诚的愿欲，进而生起精进的实信，故大小乘法均说"佛法大海，信为能入"[3]。但在解脱上，小乘以"戒为能度"[4]，大乘则以"智为能度"[5]，于是就有了差别。

所谓的信，在早期佛法中并没有它的地位，如在三学、八正道、七菩提分、四念住、四神足、四正断中并没有信。这是佛教自证理论所决定的。[6] 后来随着佛教传播的需要，宣扬信似乎成为首要任务，它能建立起世人对佛的仰慕和崇拜，更能有利于佛法的弘扬，特别是对聚落比丘来说，就更为迫切。如《杂阿含经》云："何等为信力？于如来所起信心，深入坚固。"[7]《大智度论》云，"人有信者，虽未作佛，以信力故，能入佛法"[8]；"善男子、善女人虽未

---

[1] （唐）玄奘译《大般若经》卷48，《大正藏》第5册，第237页中。

[2] （唐）玄奘译《阿毗达磨杂集论》卷10，《大正藏》第31册，第740页上。

[3] （后秦）罗什译《大智度论》卷1，《大正藏》第25册，第63页上。

[4] 印顺：《学佛三要》，中华书局，2010，第54页。

[5] （后秦）罗什译：《大智度论》卷1，《大正藏》第25册，第63页上。

[6] 《增支部·卡拉玛经》云："汝等勿信风说，勿信传说，勿信臆说，勿信于藏经之教相合之说，勿信基于寻思者，勿信基于理趣者，勿信熟虑于因相者，虽说是与审虑忍许之见相合亦勿予信，说者虽堪能亦勿予信，虽说此沙门是我之师亦勿予信之。"（刘宋）求那跋陀罗译《杂阿含经》卷21云，尼犍若提子语质多罗长者言：汝信沙门瞿昙得无觉无观三昧耶？质多罗长者答言：我不以信故，来也。……质多罗长者问尼犍若提子：为信在前耶？为智在前耶？信之与智，何者为先？何者为胜？尼犍若提子答言：信应在前，然后有智，信智相比，智则为胜。质多罗长者语尼犍若提子：我已求得息有觉有观，内净一心，无觉无观，三昧生喜乐，第二禅具足住。我昼亦住此三昧，夜亦住此三昧，终夜常住此三昧，有如是智，何用信世尊为？《大正藏》第2册，第152页下。

[7] （刘宋）求那跋陀罗译《杂阿含经》卷26，《大正藏》第2册，第184页下。

[8] （后秦）罗什译《大智度论》卷1，《大正藏》第25册，第63页上。

入菩萨位,能信受深般若波罗蜜,不惊不怖,如说修行,是人大福德、智慧、信力故,当知如阿鞞跋致无异"①。《释摩诃衍论》解释云:

> 信有十种义。云何为十?一者澄净义,能令心性清净明白故;二者决定义,能令心性淳至坚固故;三者欢喜义,能令断除诸忧恼故;四者无厌义,能令断除懈怠心故;五者随喜义,于他胜行发起同心故;六者尊重义,于诸有德不轻贱故;七者随顺义,随所见闻不逆违故;八者赞叹义,随彼胜行至心称叹故;九者不坏义,在专一心不妄失故;十者爱乐义,能令成就慈悲心故。是名为十。②

《入阿毗达磨论》云:

> 信,谓令心于境澄净,谓于三宝、因果、相属、有性等中,现前忍许,故名为信。是能除遣心浊秽法,如清水珠置于池内,令浊秽水皆即澄清。如是信珠在心池内,心诸浊秽皆即除遣。信佛证菩提,信法是善说,信僧具妙行;亦信一切外道所迷缘起法性,是信事业。③

信能令心清净,断除忧恼,随顺于佛道,入不退转,成就慈悲。故《华严经》云:"信为道元功德母。"④ 信从此有了特殊的地位。

在佛教里面所说的"信",是从两个梵字而翻译过来的,第一个字是 Prasada,第二个字是 Sraddha。据梵英辞典:Prasada 一个字,有如下六种意思:

1. Favour 恩惠
2. Kindness 好意仁慈
3. Gracious of disposition 甚深的慈悲心、柔软心
4. Calmness 寂静

---

① (后秦)罗什译《大智度论》卷66,《大正藏》第25册,第522页下。
② (后秦)筏提摩多译《释摩诃衍论》卷1,《大正藏》第32册,第597页上。
③ (唐)玄奘译《入阿毗达磨论》卷上,《大正藏》第28册,第982页中。
④ (东晋)佛驮跋陀罗译《华严经》卷6,《大正藏》第9册,第433页上。

5. Brightness 光辉

6. Clean-ness from impurity 除解不净，从不净解脱为清净。

这样看来，Prasada 是如来的恩惠、如来的肯亲、如来的慈悲的意思，而且这是寂静、清净的，那么，这即是"佛心"的意思。又 Prasada 是从 Prasad 变化而来的文字，这是印度语言学特有的"催生相"的变化，意思是"使其变成那样的心"，这样就能近于佛心。

其次，第二个字的 Sraddha 一字，有如下七种之意：

1. Trust 信

2. Faith 信仰

3. Belief 信仰、信条、信

4. Intimacy 亲睦、亲密

5. Familiarity 稔熟、不拘礼节

6. Respect 尊敬

7. Strong desire 热望

总之，Sraddha 是净信和欢喜的意思，但是这个信的内容，是否定了自己（自己无力）的信，而且是佛心的信。这个"信"的心理状态，梵语把它叫做 Adhyasayena。adhi 是接头词，意思是"增上"。a 也是接头词，意思是"向于某某，对于某某"。Saya 是 Si 的变化，意思是"睡眠、卧、倾向"等等。asaya 是休息、信赖、专心、倾心、躺卧等等意思。所以 Adhyasaya 是倾心于佛力，毫无疑心，没有忧虑杂念，而得到大安乐的状态。[①]

"信"能让人从苦海中脱离出来，完全进入佛的清净安隐状态，即《阿含经》中的"信解脱"，就是说佛法的真实功德要从"信"中来。这样一来就建立信根、信力、信位、信成就、信不退等说教，信开始进入佛教的修持圣道之中。佛教"信解行证"的修学次第由此而建立。

《杂阿含经》云，以信力念佛、念法、念僧、念戒，而得四证信（证净），即经过实践上的修习把原来对佛法的净信加以证实，而得信的坚固。说一切有部对此解释说，四证净是证智相应，是无漏的，也就是说信的成就可通向无漏

---

① 李世杰：《念佛的哲学》，张曼涛主编《现代佛教学术丛刊·净土思想论集（一）》，第 272~274 页。

法。这就进一步凸显了信的力量。《长阿含经》云：

> 信心清净，譬如净洁白毡，易为受色，即于座上远尘离垢，诸法法眼生，见法得法，决定正住，不堕恶道，成就无畏。①

由听闻佛法而得信心清净，即得法眼净。法眼净者是具有观见诸法真理而无障碍、无疑惑之眼，即不退转位。吉藏《维摩经略疏》中云，小乘以初果得法眼净，大乘以初地得法眼净。② 信心清净即得初地，大乘经中有云，菩萨初地可往生净土。初期大乘佛教就是顺着这些来讲信愿往生的。《大智度论》云："有人罪垢结薄，一心念佛，信净不疑，必得见佛。"③《十住毗婆沙论》云："信心清净者，华开则见佛。"④ 以见佛故，必得往生。如《法华经》云，"净心信敬"是经，不堕恶趣，而生十方佛前；⑤ 时有龙女净信大乘，发菩提心，疾得不退转，往生净土，即得成佛。以闻名尽信而得不退转，或往生净土，或即得成佛，是大乘经宣扬的重点。

大乘论著中云"胜解为信之因"⑥。《大乘五蕴论》云，信是"极正符顺，心净为性"⑦。《成唯识论》云：

① （东晋）佛陀耶舍译《长阿含经》卷2，《大正藏》第1册，第14页下。（东晋）佛陀耶舍译《长阿含经》卷12云："佛说此法时，八万四千诸天远尘离垢，得法眼净。"《大正藏》第1册，第81页中。（东晋）僧伽提婆译《增一阿含经》卷26云："诸女诸尘垢尽，得法眼净，各于其所而取命终，皆生天上。"《大正藏》第2册，第693页上。（西晋）无罗叉译《放光般若经》卷2：菩萨修持六度，具足信根，"菩萨发意，从檀波罗蜜至般若波罗蜜，具足信根、精进办根、沤惒拘舍罗根，持是三根及诸功德，便生王者家、大种姓家、梵志家、迦罗越家，生四天王上至第六天，便于其中育养教化众生，随其所乐，净佛国土、礼事诸佛，不堕声闻、辟支佛地，当成三耶三佛，是为菩萨得法眼净"。《大正藏》第8册，第9页中。（后秦）罗什译《大智度论》卷1云："佛说法断其邪见故，即于坐处得远尘离垢，诸法中得法眼净。"《大正藏》第25册，第62页上。（北凉）昙无谶译《大方等大集经》卷19云："忧波提舍闻是语已，得法眼净，名须陀洹。"《大正藏》第13册，第129页中。
② （隋）吉藏：《维摩经略疏》卷4，《卍新纂续藏经》第19册，第209页下。
③ （后秦）罗什译《大智度论》卷9，《大正藏》第25册，第127页上。
④ （后秦）罗什译《十住毗婆沙论》卷5，《大正藏》第26册，第43页中。
⑤ （后秦）罗什译《法华经》卷4，《大正藏》第9册，第35页上。
⑥ （唐）玄奘译《瑜伽师地论》卷94，《大正藏》第85册，第943页上。佛教对信的重要是建立在慧解的基础上的，强调智信则是佛教的显著特点。（隋）慧远《涅槃经义记》卷10云："有信无智，增长无明；有智无信，增长邪见。"《大正藏》第37册，第883页中。（隋）吉藏《中观论疏》卷2云："迷之即八万法藏冥若夜游，悟之即十二部经如对白日。"《大正藏》第42册，第20页中。这和外道思想所讲的唯信是不同的。
⑦ （唐）玄奘译《大乘五蕴论》，《大正藏》第31册，第848页下。

云何为信？于实德能深忍乐欲，心净为性，对治不信，乐善为业。……忍谓胜解，此即信因，乐欲谓欲，即是信果。……此性澄清能净心等，以心胜故立心净名，如水清珠能清浊水。……又诸染法各别有相，唯有不信自相浑浊。复能浑浊余心心所，如极秽物自秽秽他。信正翻彼，故净为相。有说信者爱乐为相，应通三性，体应即欲，又应苦集非信所缘。有执信者随顺为相，应通三性，即胜解欲。若印顺者即胜解故，若乐顺者即是欲故，离彼二体无顺相故，由此应知心净是信。①

信以胜解为因，乐欲为果。胜解即是般若智慧，和大乘法中"智为能度"相一致；乐欲即是愿求菩提胜果，故信以"心净为性"。有此真信，必有切愿，信愿具足，即得成就。故《无量寿经》云，至心信乐，乃至十念，即得往生。《阿弥陀经》云：

若有人已发愿、今发愿、当发愿，欲生阿弥陀佛国者；是诸人等，皆得不退转于阿耨多罗三藐三菩提，于彼国土若已生、若今生、若当生。若有信者，应当发愿生彼国土。②

净土教所说的愿，则是专指往生西方净土而言，以净土经论来说，往生西方有阿弥陀佛的愿力加持，一入净土即得不退。对于解脱生死者来说，这两点可谓双保险。所以净土教就非常明确地拣除了愿生秽土和求生兜率等，将信愿集中在往生西方净土上。以信愿直接决定往生，是净土教的显著之处。蕅益《弥陀要解》云，"得生与否，全由信愿之有无；品位高下，全由持名之深浅"③，正是这一思想的高度概括。

在大乘佛教看来，发菩提心者即是菩萨，菩萨是指向佛果的，所以一切菩萨行只要至心回向都可往生净土。如《胜天王般若经》《除盖障菩萨所问经》《宝云经》《宝雨经》中说成就"十善法"，《维摩经》说成就"八法"，或行慈悲心，或利益众生，或持戒修定，或信大乘法等，都可往生净土，然

———————————

① （唐）玄奘译《成唯识论》卷6，《大正藏》第31册，第29页中至下。
② （后秦）罗什译《阿弥陀经》，《大正藏》第12册，第348页上。
③ （明）智旭：《弥陀要解》，《大正藏》第37册，第367页中。

其行法莫过于念佛一门。

第二节　执持名号与善根福德

佛教以禅观为本，早期之念佛亦是佛教禅观之一种。在"阿含"诸经中，念佛为三念，或六念、十念之一，即指对释尊表示归敬、礼拜、赞叹、忆念之意。由念佛之功德，能使贪嗔痴不起而入涅槃。在早期佛教中，念佛是一种很常见的禅修行法，是通过心理方面的调适，以策励身心，增强信力，乃至于祛除修行过程中的怖畏恐惧等心理缘障。总之，念佛是作为入道的一种调心或安心的方便，在早期佛教中与净土信仰并未有何关涉。

当念佛逐渐成为一种重要的禅修方法之后，其作用仍在心理层面的调停与安适上，如观想念佛的观佛相好或观佛功德、实相念佛的系念空性或法身等，此类念佛法也都与净土信仰没有关系。直至佛教开出净土教义以后，念佛才与净土联系起来。《阿含经》中有念佛生天之说，大乘佛教则进一步主张，念佛可以往生净土。在大乘经中皆立有念佛三昧法，即一心系念于佛，念念相续不断，而于定中见佛，以往生佛国。如《般舟三昧经》云，"欲来生者，当念我名""专念故得往生"。①《无量寿经》中的"欲生果遂愿"，也是说闻名系念而往生。

关于念佛法，大乘经中有种种不同，如《文殊般若经》中的一行三昧，"系缘法界一相"，以观法的实相来念佛，是实相念佛法；《观佛三昧海经》之修白毫观，《观经》之十六观等，以观佛身来念佛，是观想念佛法；《宝积经》中的以佛的画像来念佛，是观像念佛法；《阿弥陀经》《无量寿经》中以执持佛的名号来念佛，是持名念佛法。这四种念佛法中相较来说，持名念佛容易受持，并且容易成就。《无量寿经》中云"乃至一念"，《阿弥陀经》中云"若一日乃至七日"，可即得往生，为持名念佛法赋予了法门修持上的特殊性，特别是《阿弥陀经》对持名念佛的论说。现将各译本对照如下（见表2）。

---

① （东汉）支娄迦谶译《般舟三昧经》，《大正藏》第13册，第899页中。

表2 《阿弥陀经》各译本经文对照

罗什译本	玄奘译本	缪勒译本
不可少善根福德因缘，得生彼国。舍利弗，若有善男子、善女人，闻说阿弥陀佛，执持名号，若一日，若二日，若三日，若四日，若五日，若六日，一心不乱。其人临命终时，阿弥陀佛与诸圣众现在其前。是人终时，心不颠倒，即得往生阿弥陀佛极乐国土	生彼佛土诸有情类，成就无量无边功德，非少善根诸有情类当得往生无量寿佛极乐世界清净佛土。又舍利子，若有净信诸善男子或善女人，得闻如是无量寿佛无量无边不可思议功德名号、极乐世界功德庄严，闻已思惟，若一日夜，或二、或三、或四、或五、或六、或七，系念不乱。是善男子或善女人临命终时，无量寿佛与其无量声闻弟子、菩萨众俱前后围绕，来住其前，慈悲加佑，令心不乱；既舍命已，随佛众会，生无量寿极乐世界清净佛土	众生不因今世所做之善行而得生彼国。不，任何一位善男子、善女人，只要听到阿弥陀佛的名号并牢记于心，这样的心持续一、二、三、四、五、六或七个夜晚不被打扰——这样的善男子、善女人临寿终时，被许多菩萨和弟子围绕着的阿弥陀佛将出现在他们面前，他们会以平静安详的心情去世。在他们去世后将出生于阿弥陀佛的极乐国土

　　这段经文可以说是《阿弥陀经》的心要，历来受到净土宗的重视。对经典文本的理解不同，导致了对净土教理的分歧，其主要体现在对"善根福德"、"执持名号"和"一心不乱"的理解上。

一　善根福德

　　罗什和玄奘的译文，单从汉文本的字面意上来看，都很明确地说，往生净土要多善根福德因缘。而缪勒的译文则认为"众生不因今世所做善行得生彼国"，就是说今世所作善行不足以决定往生，一切善行均是"少善根福德"，而只有"听到阿弥陀佛的名号并牢记于心"，才是"多善根福德"。这和《无量寿经》所说的"闻佛名号，发愿往生"相一致，将往生净土的条件从广行诸善上直接切入念佛法上。莲池《弥陀疏钞》和蕅益的《弥陀要解》中将持名解释为无上善根福德因缘，的确是遥契经义的。[①] 从中可以看出念佛与净土往生的根本关系，是对大乘经中倡导念佛超越诸善功德的一

---

　　① （明）莲池《弥陀疏钞》卷3："欲生彼国，须多善多福，今持名，乃善中之善，福中之福。执持名号，愿见弥陀，诚多善根，最胜善根，不可思议善根也。"《卍新纂续藏经》第22册，第657页中。（明）蕅益《弥陀要解》云："菩提正道名为善根，即是亲因；种种助道施戒禅等名为福德，即是助缘。声闻独觉菩提名少善根，人天有漏福业名少功德，皆不可生净土。唯以信愿执持名号，则一一声中皆悉具多善根福德。……一一声中信愿行三皆悉圆具，所以名多善根福德因缘。"《大正藏》第37册，第371页上至第372页上。

种总结。①

二　执持名号

"念佛"在梵文中是作意、忆念之意，其修法本是禅观之一。罗什的译本称为"执持名号"②，特意突出的是名号。后人对名号的执持很自然地就会对文本的理解偏于口业上，中国的净土教就将"执持名号"解说为称名念佛。玄奘别译作"思惟"，就偏于心的系念。缪勒的译本为"听到阿弥陀佛的名号并牢记于心"，和玄奘的译本一致。

> 　　净土法门，一般都以称名念佛为主，以为称名就是念佛。其实，称名并不等于念佛，念佛可以不称名，而称名也不一定是念佛的。……称名念佛，并非仅限于口头的称念。如《阿弥陀经》的"执持名号"，玄奘别译，即作"思惟"。由此可见，称名不但是口念，必须内心思惟系念。因称念阿弥陀佛的名号，由名号体会到佛的功德，实相，系念思惟，才是念佛。所以称名是重要的，而应不止于口头的唱诵。③

念佛绝非泛泛的口念而已，是离不开心的系念的。早期之念佛是作为入道的一种方便法门，经中多有以称念"南无佛"而消灾免难，或生天上之说，是强调口业赞叹的功德。大乘开出净土教义后，念佛法门与净土信仰联系起来，《阿弥陀经》《无量寿经》中提出了"闻名专念"可往生净土之说。世亲在《往生论》之五念门中开出"赞叹门"，以口业来赞叹如来名号作为往生之门。《观经》中则明确地将"念佛"和"称名"区别开来，赋予了称名念佛绝对的

---

① （唐）道绰《安乐集》卷下云："《涅槃经》云，佛告大王：假令开大库藏，一月之中布施一切众生，所得功德不如有人称佛一口，功德过前不可较量。又《增一阿含经》云，佛告阿难：若有众生，善心相续称佛名号，如搆牛乳顷，所得功德过上不可量，无有能量者。《大品经》云，若人散心念佛，乃至毕苦，其福不尽；若人散花念佛，乃至毕苦，其福不尽。"《大正藏》第47册，第17页上至中。

　　（五代）延寿《万善同归集》卷上云："《智论》云，譬如有人初生堕地，即得日行千里，足一千年，满中七宝，以用施佛，不如有人于后恶世称一佛声，其福过彼。"《大正藏》第48册，第962页上。

　　（元）普度《莲宗宝鉴》卷1曰："经言，若人以四天下七宝，供养佛及菩萨、缘觉、声闻，得福甚多，不如劝人念佛一声，其福胜彼。"《大正藏》第47册，第309页上。

② 印顺云："名号的梵语为 nāmadheya，所以是重于称名念佛的。不知为什么，玄奘译 nāmadheya 为思惟，也许是不满当时提倡口头散心念佛，而故意改为思惟吧！"印顺：《方便之道》，《华雨集》（二），第144页。

③ 印顺：《净土与禅》，第68～72页。

地位。中国的净土宗就此而建立了持名念佛论。

三 一心不乱

玄奘译为"系念不乱",缪勒译为"不被打扰"。由于罗什的译本影响最大,故在文本的解释上,多将"一心不乱"设定为往生的门槛。罗什和玄奘的译本都是说因为"一心(系念)不乱"而见佛,和大乘经中所说的三昧境中以见佛相一致。如《般舟三昧经》云:"持佛威神力于三昧中立,在所欲见何方佛,欲见即见。"① 罗什译本之大意为:依"执持名号"而"一心不乱",依"一心不乱"而见佛,依见佛而"心不颠倒",依"心不颠倒"而往生。往生的关键是"心不颠倒"。所谓的"颠倒"是指违背常道、不顺应正理。就是说往生的关键是要一心保持正信正念,不能违背愿生净土的基本意愿,即要保持真切的净土信愿。这和《无量寿经》中所说的信愿决定往生是相一致的。缪勒的译本为:"以平静安详的心情"而往生。"平静安详的心情"即是"心不颠倒"。能以听闻阿弥陀佛而执持名号,"信"是绝对的作用,所以玄奘译本用"净信"善男子和善女人,特意突出了"信"的作用。"一心不乱"是指定于一处而不散乱之状态,即是三昧境,如《大智度论》云:"善心一处住不动,是名三昧。"② 这里的"一心不乱"是以至诚的信心持诵弥陀名号,令心不散乱,从而与"阿弥陀佛"的名号义合而为一,即证得念佛三昧。可以看出,罗什译本中的"一心不乱"和"心不颠倒"是不同的,前者义同念佛三昧,后者义同净土信愿。《阿弥陀经》的形成晚于《无量寿经》,从思想方面可将它看作《无量寿经》的略本,二者在念佛往生的义理上是一贯的,即以净土"信愿"来决定往生。如果往生与否全以"一心不乱"来论,就丧失了净土立教的本意。故中国的净土教认为,有净土信愿者,即使未得一心不乱和念佛三昧,也决定往生;若无信愿而达一心不乱者,则不得往生,如外道法中也有一心不乱;而念佛三昧是信愿具足中的一心不乱,所以得念佛三昧者,也决定往生。③ 从此可知,中国净土教的教理并非"出于经论之外,全属人情的曲说"④。

① (东汉)支娄迦谶译《般舟三昧经》,《大正藏》第 13 册,第 899 页中。
② (后秦)罗什译《大智度论》卷 7,《大正藏》第 25 册,第 110 页中。
③ 存德:《印光法师佛学思想研究》,宗教文化出版社,2015,第 604~605 页。
④ 印顺:《净土与禅》,第 61 页。

玄奘译本之大意为：依"闻己思惟"而"系念不乱"，依"系念不乱"而见佛，依见佛而得"慈悲加佑"，依"慈悲加佑"而"令心不乱"，依"令心不乱"而往生。玄奘译本"系念不乱"是自力，而"令心不乱"是在佛力的"慈悲加佑"下而获得的，往生净土的关键是佛力的"慈悲加佑"。这里突出的是佛力，说明了晚出的玄奘译本更加突显了大乘他力的重要性。①

第三节 三辈往生与九品往生

关于净土教的念佛往生，《无量寿经》开为三辈，《观经》则开为九品，并且在往生者的行因和果报上均有差异。这种根源性的差异主要是源自二者成立的时代背景和社会环境的不同。《无量寿经》是大乘初期的作品，约于公元1世纪在西北印度的拘萨罗结集的，而《观经》则是约于公元4世纪后期在中亚结集。② 在时间上、地域上均有很大的不同，所以就造成了二经的根源性矛盾，但这种根源性矛盾还是有它发展的内在线索可寻。

一 三辈往生

关于三辈往生之经文，在各译本③中有不同的表述，体现了净土教义随着客观环境的变化而有所发展。各译本对照如表3。

表3　各译本对三辈往生的表述

	汉、吴二本	魏本	唐本	宋本
上辈	去家作沙门；作菩萨道；奉行六度；不亏经戒；慈心精进；不瞋怒；不与女人交通；斋戒清净；心不贪慕；至诚愿欲往生；常念至心不断绝	舍家作沙门；发菩提心；一向专念彼佛；修诸功德；愿生彼国	发菩提心；专念彼佛；及恒种殖众多善根；回向愿生彼国	闻此经典；受持读诵书写供养；昼夜相续，求生彼刹

① （后秦）罗什译本和（唐）玄奘译本相差二百余年，经典文本的传承自然会有变化，如罗什本是六方佛，而玄奘本是十方佛，可以说罗什本是大乘初期的作品，而玄奘译本则有纯一大乘的思想。

② 〔美〕肯尼斯·k·田中：《中国净土思想的黎明》，冯焕珍、宋婕译，上海古籍出版社，2008，第42页。

③ 《无量寿经》的译本有五存七缺之说。五存本有：（东汉）支娄迦谶译《无量清净平等觉经》（汉本），《大正藏》第12册；（吴）支谦译《大阿弥陀经》（吴本），《大正藏》第12册；（曹魏）康僧铠译《无量寿经》（魏本），《大正藏》第12册；（唐）菩提流志译《无量寿如来会》（唐本），《大宝积经》卷18，《大正藏》第11册；（宋）法贤译《大乘无量寿庄严经》（宋本），《大正藏》第12册。

	汉、吴二本	魏本	唐本	宋本
中辈	不能作沙门；当在家持经戒；分檀布施；深信佛语，饭食沙门；作佛寺起塔；散华烧香然灯悬杂缯彩；不瞋怒；斋戒清净；慈心精进；断爱欲念；愿欲往生一日一夜不断绝	不能作沙门大修功德；当发菩提之心；一向专念；多少修善；奉持斋戒；起立塔像；饭食沙门；悬缯然灯；散华烧香；回向愿生	发菩提心；不能专念；不种众多善根；随己修行诸善功德；回向愿欲往生	发菩提心；持戒不犯；饶益有情；所作善根回向；令得安乐，忆念彼佛及彼国土
下辈	不能布施供养建寺起塔等；当断爱欲；不贪慕；慈心精进；不瞋怒；斋戒清净；念欲往生，昼夜十日不断绝	不能作诸功德；当发无上菩提心；一向专意；乃至十念；闻深法欢喜信乐；不生疑惑；乃至一念；至诚心愿生其国	住大乘；以清净心乃至十念；愿生其国；闻深法；生信解；心无疑惑；乃至一念净心，念于彼佛	发十种心（十善）；昼夜思惟极乐依正庄严；志心归依；顶礼供养

第一，就往生之人来说，魏本云"唯除五逆，诽谤正法"①。唐本亦云"除五无间、诽毁正法，及谤圣者"。但汉、吴、宋三本则没有拣除"五逆谤法"者，在汉、吴二本中，阿弥陀佛有救度一切的根本特性，而魏唐二本则有选择性。这是各译本间的主要不同。可以看出，魏唐二本有很明显的倾向于纯一大乘的迹象。②

第二，就往生之行因来论，有如下不同。

1. 汉、吴二本比较详尽，而魏、唐二本则有所省略。汉、吴二本都是慈心精进，不瞋不怒，斋戒清净；而魏、唐二本则有所修正，不再强调持戒清净，往生的门槛自然就降低了。

2. 汉、吴、魏三本中，强调上辈子往生者是出家作沙门，和初期大乘佛教尊僧是相一致的。但在唐、宋二本中则是"善男子、善女人"，没有特意点出出家沙门行，就淡化了出家沙门行在成就修道中的特殊性，显示了众生在解脱往生上的平等性。

3. 汉、吴二本的"一日一夜"或"十日十夜"，如此译法比较接近求生西方净土的原始面貌，而魏、唐二本则用"一向专念""乃至十念""乃至一念"等。唐本中更有"不能专念"，宋本中则泛泛地说"昼夜思惟"，从中可见往

---

① （北凉）昙无谶译《悲华经》卷4中亦云："众生若得闻是称赞我声，愿作善根速生我国，命终之后必生我国，唯除五逆，毁坏正法，诽谤圣人。"《大正藏》第3册，第191页上。

② 印顺：《初期大乘佛教之起源与开展》，第659页。

生条件的变化，特别是"乃至十念"或"乃至一念"的译文，更能体现净土教的易行特色。

4. 汉、吴二本用"愿欲往生"，虽然也是发菩提心，但带有意愿选择性。魏、唐二本则明确地采用"发菩提心"一词，带有纯大乘的意味。

5. 汉、吴二本是专念阿弥陀佛，而魏、唐、宋三本则专念无量寿佛，其中也体现了净土信仰的某种变化。

总之，强调发菩提心，回向往生，以生前的福德智慧来决定三辈高低之分，各译本基本上是一致的，显示了大乘佛教的共通性。

二 九品往生

《观经》云："若有众生，愿生彼国，应起三种心。……一至诚心，二深心，三回向发愿心。具足三心，必生彼国。"[①] 此段经文出自上品上生中，慧远称为修心往生，以其为上三品人所起。迦才以其同于《起信论》之直心等，唯上品上生所以起。而善导则摄于定散二善，通于九品，为往生之正因。又云：

> 欲生彼国者，当修三福：一者孝养父母，奉事师长，慈心不杀，修十善业；二者受持三归，具足众戒，不犯威仪；三者发菩提心，深信因果，读诵大乘，劝进行者。如此三事名为净业。……此三种业，乃是过去、未来、现在三世诸佛净业正因。[②]

《观经》中以具足三心和净业三福作为九品往生者的共同条件。上品上生者，慈心不杀，具诸戒行，读诵大乘，修习六念。上品中生者，善解义趣，深信因果，不谤大乘。上品下生者，亦信因果，不谤大乘，但发菩提心。此三品是修习大乘者。中品上生者，修行诸戒，无众过恶。中品中生者，一日一夜受持八戒斋、沙弥戒、具足戒，威仪无缺。五品往生者，均要以此善根，回向愿求往生净土，也就是发菩提心。中品下生者，孝养父母，行世仁义。下品上生者，作众恶业，无有忏悔，但不谤大乘。下品中生者，毁犯诸戒，偷盗僧物，不净说法，无有忏悔。下品下生者，作五逆十恶，具诸不善。四品往生者，均是临终才听闻大乘法而往生的。

---

① （刘宋）畺良耶舍译《观无量寿佛经》，《大正藏》第 12 册，第 344 页下。
② （刘宋）畺良耶舍译《观无量寿佛经》，《大正藏》第 12 册，第 341 页下。

经中关于九品往生的接引、莲华开敷、闻法证道等皆有非常详细的说明，其接引、华开、闻法等相状之不同，都是由往生者的行因所决定的。

三 三辈与九品对论

《无量寿经》和《观经》在往生行因和果报的界定上有很大的差异，引发了净土教对三辈与九品的讨论。观后世净土教的解释，其实并未能准确地掌握问题的核心，只是一种信仰层面的诠释而已。这里就以佛教思想的发展变化为背景，以不同时势影响下的经典文本形成为中心，去考察两经在教理上的建构意图。

因为三辈与九品往生的行因和果报不同，所以就有二者是同是异的争论。① 问题的主要结点表现在发菩提心和恶人的往生上。《无量寿经》之三辈往生者皆表明要发菩提心，而《观经》之下四品则不论发菩提心，表明发菩提心是初期大乘佛教简别与小乘佛教的根本差别之处。作为初期大乘的《无量寿经》自然要把发菩提心置于首位，这是在"大乘非佛说"的背景下建立大乘的主要任务。

《十住毗婆沙论》云："至阿惟越致地者，行诸难行久乃可得，或堕声闻辟支佛地，若尔者是大衰患。""若堕声闻地，及辟支佛地，是名菩萨死，则失一切利。""若堕二乘地，毕竟遮佛道。"② 若堕于地狱，毕竟至成佛，而堕于二乘地者，则绝于佛道。《维摩经》云，凡夫乃至五无间罪者，"犹能发意生于佛法，而今我（小乘）等永不能发"③。这里很明确地说，在佛法的受持上，即使凡夫也要远远胜于小乘声闻人。大乘如此贬斥声闻人是有其特殊用意的，因

---

① 《无量寿经》和《观经》关于发菩提心有重大的差异，故有三辈异于九品者。又，因为都是往生净土，故有三辈同于九品者。（明）莲池《弥陀疏钞》卷1云："三辈之中，复三辈之，则成九辈。九品之中，复九品之，则成八十一品。辈之无穷，品之不已，则成百千万亿辈品，故曰复应无量。所以然者，均名念佛，同一往生；而修有事理，功有勤惰，随因感果，地位自别。故《涅槃》说十二因缘，曾无二法。而下智观者，得声闻菩提；中智观者，得缘觉菩提，上智观者，得菩萨菩提；上上智观者，得佛菩提。是则诸天共器，食有精粗；三兽同河，渡分深浅，焉可诬也。傥其自负利根，闻说念佛若将浼焉，宁知辈品天渊，存乎其人而已。终不念佛钝置汝也。好奇负胜之士，幸平气而思之。"《卍新纂续藏经》第22册，第616页上至中。（清）沈善登《报恩论》卷上曰："三辈皆善类，《观经》九品有恶人。两说互异，而实相足相成。盖众生因地，万别千差，不特三三无尽，九九亦无尽，纬以四土，相望更觉悬殊。此经（《无量寿经》）上辈当出家，中下二辈当在家，乃从其多数，粗举大凡，故云：凡有三辈。《观经》就此大凡，略开为九，而又极其优降，以括无量行因之不齐。"《卍新纂续藏经》第62册，第720页中。

② （后秦）罗什译《十住毗婆沙论》卷5，《大正藏》第26册，第41页上。

③ （后秦）罗什译《维摩经》卷2，《大正藏》第14册，第549页中。

为小乘人的"大乘非佛说"对大乘的发展来说，无疑是一致命的障碍，所以龙树的不退转所说的就是退于小乘。这是《无量寿经》之所以要反复强调发菩提心的深层次缘由。而公元4世纪的中亚，佛教所面临的问题已经不再是小乘了，而是如何更有吸引力地向世人宣扬净土教义。所以即使那些恶人，不发菩提心者，临终遇善知识说法，亦可往生净土。《无量寿经》中的边地疑城说，也是如此用意，只是在摄机上远没有《观经》广大。

《无量寿经》中云，往生者"唯除五逆，诽谤正法"，这就拣除了恶人往生的可能性，而《观经》则摄恶人。就实而论，《观经》的救度恶人说只是净土教义的一般性发展而已。从净土教的立教本旨来说，救度一切是阿弥陀佛的根本特性。《大阿弥陀佛经》云：

> 阿弥陀佛国放光明威神，以诸无央数天人民，及蜎飞蠕动之类，皆悉见阿弥陀佛光明，莫不慈心欢喜者。诸有泥犁、禽兽、薜荔，诸有考治勤苦之处，即皆休止不复治，莫不解脱忧苦者。①

若人向西礼念阿弥陀佛，则一切苦难休止，十方人民皆得到阿弥陀佛的救度。至于那些狐疑不信大乘，本应自入恶道者，但阿弥陀佛哀悯，以威神力接引往生净土的边地疑城之中。此恶人本应堕入恶道，可由于佛力的救度，而得以往生净土之边地。《无量寿经》所采取的是一种折中论，而《观经》则进一步发扬了佛救度众生的大慈悲心。《观经》云："佛心者，大慈悲是，以无缘慈摄诸众生。"②《观经》中将诸恶人往生放在临终遇善知识的语境中，不仅彰显了佛心救度众生的悲愿，亦是对净土教信愿思想的发展。在《观经》看来，即使极重恶业者，只要临终有机缘听闻佛法，生悔过心，发起信愿心，也足以一念之间灭诸恶业。大乘忏法云，罪性本空，何罪不灭；以之念佛，何愿不成。佛法是面向一切众生的，如果将某一类众生拣除在佛法的救度范围之外，显然是有违佛教根本精神的。恶人悔过可得生善处是佛教一致的说法。大乘净土论形成以后，将所生之善处放在了净土上，其精神还是一贯的。

大乘净土法门在摄机上有从繁至简、从难至易的转变，是净土思想发展的一般规律。《般舟三昧经》专重三昧，将往生净土限于定心。《阿弥陀经》虽

① （三国）支谦译《大阿弥陀经》卷下，《大正藏》第12册，第316页下。
② （刘宋）畺良耶舍译《观无量寿佛经》，《大正藏》第12册，第343页下。

也讲一心不乱，但决定往生的并非一心不乱。《无量寿经》和《观经》虽也说一心净念，但通于散心，是从定心到散心的变化。《无量寿经》云，只要发菩提心，生信起愿，斋戒清净，修诸善法，或听闻名号，一日一夜即得往生净土，不过五逆谤法者除外。《观经》则在此基础上注入了世间善法的内容，如净业三福之一即是"孝养父母，事奉师长；慈心不杀，修十善业"，并且倡导如此是"三世诸佛净业之正因"①。中品下生云，若能"孝养父母，行世仁义"，临终闻法，即得往生。下三品往生者，更全是恶人。关于恶人，在汉、吴二译本《无量寿经》中是前世作恶，今世悔过向善者，而魏、唐二译本《无量寿经》和《观经》中则是现生作恶者。另外，如在见佛上，《般舟三昧经》以平时见佛为往生的确证，而《无量寿经》和《观经》则将见佛放在临终上。由此可见，随着时代的发展，净土教的思想也在发生变化，往生门槛在不断地降低。这就最大限度地激发了念佛行人求生净土的信心，更有利于净土法门的传播。

第四节　边地疑城往生

《无量寿经》除了三辈往生外，还有边地疑城说。《大阿弥陀经》云，若人念阿弥陀佛，一切苦难休止，十方人民皆得救度，至于那些"心口各异，言念无诚信，狐疑佛经；复不信向之，当自然入恶道中；阿弥陀佛哀悯，威神引之去尔"②的人，则往生于阿弥陀佛国土之边地疑城。此类人先修诸功德，复又后悔，心中狐疑，不信因果，不信净土教理，但能"续念不绝，暂信暂不信，意志犹豫，无所专据。续其善愿为本，故得往生"。此类人临终见佛，心生悔过，"寿命终尽，即往生阿弥陀佛国，不能得前至阿弥陀佛所，便道见阿弥陀佛国界边自然七宝城中，心便大欢喜，便止其城中"③。此类人疑情未断，或信或不信，往生后五百年不见佛闻法，故名疑城、边地，譬如人初生，人法未成，故称为胎生。《无量寿经》云：

---

① 将儒家的孝道伦理与佛教伦理思想结合起来，并强调孝道伦理的重要性，是《观经》受到中国佛教特别关注的一个重要原因。
② （三国）支谦译《大阿弥陀经》卷下，《大正藏》第 12 册，第 310 页中。
③ （三国）支谦译《大阿弥陀经》卷下，《大正藏》第 12 册，第 310 页上至中。

若有众生，以疑惑心，修诸功德，愿生彼国，不了佛智，不思议智、不可称智、大乘广智、无等无伦最上胜智，于此诸智，疑惑不信；然犹信罪福，修习善本，愿生其国。此诸众生，生彼宫殿，寿五百岁，常不见佛，不闻经法，不见菩萨、声闻圣众。是故于彼国土，谓之胎生。①

《守护国界主经》云：

若人念佛持戒，无精进心，命终亦无善相，亦无恶相，地府不收，安养不摄，如睡眠去。此人疑情未断，生于疑城，五百岁受乐，再修信愿，方归净土。②

就往生者来说，汉、吴二本的边地是就中下二辈往生者来说，魏、唐二本的胎生说是就三辈往生者来说的，就是说即使上辈人，亦有可能是胎生。这是对出家沙门行的一种态度变化。至宋本中则有了进一步的发展，认为所有往生者皆得无上菩提，"圆满昔所愿，一切皆成佛"③，体现了众生在成就佛道上的彻底平等性。其次就生因来说，汉、吴二本强调的是宿世对善恶业报的狐疑不信，而魏、唐二本则是今世对佛智的疑惑不信。这就更加显示了大乘法的特色。

在汉、吴二本中，奉行中下二辈往生的行法者，"后复中悔，心中狐疑"，不信善恶业报，不信有阿弥陀佛国，不信往生其国，"其人续念不绝，暂信暂不信，意志犹豫，无所专据。续其善愿为本，故得往生"。④此类人寿命终时，见（梦）佛欢喜，心自悔过，而得往生阿弥陀佛国之界边的七宝城。虽然说是往生于边地疑城，但毕竟还是净土。《大阿弥陀经》云：

---

① （曹魏）康僧铠译《无量寿经》卷下，《大正藏》第12册，第278页上。宋本中否定有胎生。（宋）法贤译《无量寿庄严经》卷下："佛言：'慈氏！极乐国中有胎生不？'慈氏白言：'不也！世尊！其中生者，譬如欲界诸天，居五百由旬宫殿，自在游戏，何有胎生？世尊！此界众生，何因何缘而处胎生？'佛言：'慈氏！此等众生，所种善根不能离相，不求佛慧妄生分别，深著世乐人间福报，是故胎生。若有众生，以无相智慧植众德本，身心清净，远离分别，求生净刹，趣佛菩提。是人命终，刹那之间于佛净土坐宝莲花身相具足，何有胎生？'"《大正藏》第12册，第325页中。
② （宋）宗晓编《乐邦文类》卷1，《大正藏》第47册，第161页上。
③ （宋）法贤译《无量寿庄严经》卷中，《大正藏》第12册，第312页上。
④ （三国）支谦译《大阿弥陀经》卷下，《大正藏》第12册，第310页中。

即于七宝水池莲华中化生，则受身自然长大。在城中于是间五百岁，其城广纵各二千里。城中亦有七宝舍宅，中外内皆有七宝浴池。浴池中亦有自然华香绕，浴池上亦有七宝树重行；亦皆复作五音声。其欲饭食时，前有自然食，具百味饮食；在所欲得应意皆至。其人于城中亦快乐，其城中比如第二忉利天上自然之物。①

于此城中受乐的程度亦是非常胜妙的，但五百岁不得闻法，佛教最理想的境界当是在净土中能听闻佛法。《大阿弥陀经》云：

其人城中不能得出，复不能得见阿弥陀佛，但见其光明，心自悔责，踊跃喜耳。亦复不能得闻经；亦复不能得见诸比丘僧；亦复不能得见知阿弥陀佛国中诸菩萨、阿罗汉状貌何等类。其人愁苦如是比，如小适耳。佛亦不使尔身，行所作自然得之，皆心自趣向道，入其城中。……其人于城中，五百岁乃得出。往至阿弥陀佛所闻经，心不开解；亦复不得在诸菩萨、阿罗汉、比丘僧中听经。以去所居处舍宅在地，不能令舍宅随意高大在虚空中。复去阿弥陀佛甚大远，不能得近附阿弥陀佛。其人智慧不明，知经复少，心不欢喜，意不开解。其人久久，亦自当智慧开解知经，明健勇猛，心当欢喜。②

可见边地疑城仍是非常胜妙的国土，对比经文可知，此边地疑城同于《观经》之下品中下二生。《观经》云，下品中生经六劫，下品下生经十二大劫，方莲华开敷，听闻妙法。另外，还有"懈慢国"之说。《菩萨处胎经》云：

菩萨摩诃萨从初发意乃至成佛，执心一向无若干想无瞋无怒，愿乐欲生无量寿佛国。……西方去此阎浮提十二亿那由他，有懈慢界，国土快乐，作倡伎乐，衣被服饰，香花庄严，七宝转关床，举目东视，宝床随转，北视、西视、南视亦如是转。前后发意众生，欲生阿弥陀佛国者，皆染著懈慢国土，不能前进生阿弥陀佛国。亿千万众，时有一人能生阿弥陀

---

① （三国）支谦译《大阿弥陀经》卷下，《大正藏》第12册，第310页中。
② （三国）支谦译《大阿弥陀经》卷下，《大正藏》第12册，第310页中至下。

佛国。何以故？皆由懈慢，执心不牢固。①

边地疑城说是强调阿弥陀佛救济一切的特性，而此懈慢国的提出则有贬抑念阿弥陀佛求生西方净土的意味。从其庄严受乐可知，此懈慢国即是边地疑城之类。这是早期佛教边地意识在净土思想中的一种投影。

第五节 念佛往生净土的根本原理

在《无量寿经》和《阿弥陀经》中，念佛之所以往生，源自强大的信愿能与所念的名号相感应，进而以获得佛力的佑护。这是从他力论的角度来讲的。而晚出的《观经》受唯心论思想的影响，则从自我内在的心性本来清净义上，对念佛往生原理进行了诠释。《观经》云：

> 诸佛如来是法界身，入一切众生心想中。是故汝等，心想佛时，是心即是三十二相、八十随形好，是心作佛，是心是佛。诸佛正遍知海，从心想生，是故应当一心系念，谛观彼佛。②

佛入众生心中，众生一心念佛，可从心想中见佛，所以"是心作佛，是心是佛"。心即是佛，是大乘唯心论经典一贯论调，是对初期大乘佛教众生皆可成佛论的一种新的诠释，并将此运用到念佛往生上。佛从心想而生，是《般若经》《般舟三昧经》以后的说法，主张从心观想诸法实相，即是见佛，即是涅槃等。禅宗的念佛法就是顺着《般若经》空性观上来讲的。《观经》中云，观佛成就时，可以见极乐世界，除无量亿劫生死之罪，于现身中得念佛三昧；得念佛三昧者，必得往生。这就是《观经》所说的念佛往生的根本原理。这一念佛原理含有《般若经》的无相念佛观，《般舟三昧经》的有相念佛观，《楞严经》《华严经》等如来藏经典的真心念佛观，既有佛教自力型的特色，又有他力本愿的思想，可以说是大乘经中念佛往生论的精华。这也是《观经》被中国佛教重视的主要原因。

---

① （东晋）竺佛念译《菩萨处胎经》卷3，《大正藏》第12册，第1028页上。
② （刘宋）畺良耶舍译《观无量寿佛经》，《大正藏》第12册，第343页上。

《观经》中"是心作佛,是心是佛"这一根本念佛原理是对《般若经》和《般舟三昧经》中的念佛思想的一种综合,所以后世佛教对此有着不同的解释。隋唐的《观经》注疏家多说此是"自性清净心观",即理观;而善导则说是"凡夫之他力观",即事观。① 以自性清净心为本的理观成为禅宗"唯心净土、自性弥陀"的渊源;以凡夫之他力观为本的事观,则成为后来净土宗的"指方立相"的渊源。② 宋代的知礼就在这两种念佛法的基础上提出了"约心观佛"说,对理观和事观进行了巧妙的融合,既不同于善导的摄心归于他佛的事观,也不同于智颛的摄佛归于自心的理观,是对念佛往生原理做出的新解释。

第六节　大乘净土与小乘阿罗汉

《阿弥陀经》云,阿弥陀佛国中有"无量无边声闻弟子皆阿罗汉"③。在《无量寿经》的汉吴二本中处处说到极乐国中有"诸菩萨阿罗汉"。魏唐二本中均云极乐国中声闻之数不可计量。这是说极乐国中有无量无边的小乘人。但在宋本中则有所变化。《无量寿庄严经》云:

> 我得菩提成正觉已,所有众生令生我刹,虽住声闻缘觉之位,往百千俱胝那由他宝刹之内遍作佛事,悉皆令得阿耨多罗三藐三菩提。④

极乐净土中的小乘人,虽然住于声闻缘觉之位,但终究还是要发大乘菩提心的,即名虽小乘,实乃大乘人。世亲顺此进一步诠释为极乐净土中没有小乘人。《往生论》云:"大乘善根界,二乘种不生。"⑤ 这就拒绝小乘人往生大乘佛土。《往生论》是印度唯一一部净土专著,受到后世佛教的重视。对这一经论中的矛盾,净土教方面做出了种种不同的信仰层面的解说。这种解说虽然有助于净土教的弘扬,但并未找出问题的结点所在。本书就从净土思想的发展方面,对此问题予以新的诠释。

---

① 〔日〕坪井俊映:《净土三经概说》,载张曼涛主编《现代佛教学术丛刊·净土典籍研究》,第154~156页。
② 圣凯:《晋唐弥陀净土的思想与信仰》,中国社会科学出版社,2009,第35页。
③ (后秦)罗什译《阿弥陀经》,《大正藏》第12册,第347页中。
④ (宋)法贤译《无量寿庄严经》卷上,《大正藏》第12册,第319页中。
⑤ (北魏)菩提流支译《往生论》,《大正藏》第26册,第231页上。

初期大乘对声闻人是包容的，主张声闻人求阿罗汉道，亦可往生大乘净土。《阿閦佛国经》云，彼国有无量声闻弟子，舍利佛赞阿閦佛国为"阿罗汉刹"。《阿弥陀经》《无量寿经》中亦云，彼国有无量声闻弟子，皆阿罗汉。印顺指出：

> 《阿弥陀经》处处说"菩萨、阿罗汉"，反而将一般联类而说的"辟支佛、阿罗汉"分开了，如说"佛、辟支佛、菩萨、阿罗汉"。"菩萨、阿罗汉"的联合，表示了对菩萨与阿罗汉的同等尊重。①

大乘不是胜出小乘，只是胜出世间，② 各部《般若经》中皆如此说。所以经云，声闻、辟支佛、菩萨同学般若波罗蜜，而声闻、辟支佛皆不离菩萨之法忍。《放光般若》云："凡夫之等及声闻、辟支佛及如来皆共一等觉。"③《大智度论》云："摩诃衍广大，诸乘诸道皆入摩诃衍……大海能受众流，以其广大故。摩诃衍法亦如是。"④ 在初期大乘佛教中菩萨阶位之十住说就是三乘共地。可见"三乘同学同入（或同往生），是初期大乘阶段的特征"⑤。

阿閦菩萨发愿世世出家，阿弥陀佛之因地是法藏比丘，《无量寿经》中的上辈往生特别点明要"出家作沙门"，中辈往生者不能作沙门，"当饭食诸沙门"，可见初期大乘经包容出家声闻行。《大智度论》解释云：

---

① 印顺：《初期大乘佛教之起源与开展》，第 669 页。
② 印顺：《初期大乘佛教之起源与开展》，第 669 页。
③ （西晋）无罗叉译《放光般若经》卷 20，《大正藏》第 8 册，第 140 页下。本来佛与二乘是同一解脱的，如（东晋）佛陀耶舍译《四分律》卷 36 云："大海水醎同一味；于我法中同一解脱味。"《大正藏》第 22 册，第 824 页下。（后秦）罗什译《大智度论》卷 35 云："佛及弟子智慧，体性法中无有差别者，以诸贤圣智慧皆是诸法实相慧，皆是四谛及三十七品慧，皆是出三界、入三脱门、成三乘果慧，以是故说无有差别。"《大正藏》第 25 册，第 320 页下至第 321 页上。（唐）玄奘译《异部宗轮论》中云："佛与二乘皆同一道，同一解脱。"《大正藏》第 49 册，第 17 页上。（刘宋）求那跋陀罗译《杂阿含经》卷 26 云："如来应等正觉者，先未闻法，能自觉知，现法自知，得三菩提，于未来世能说正法，觉诸声闻，所谓四念处、四正断、四如意足、五根、五力、七觉分、八圣道分，是名如来应等正觉。所未得法能得，未制梵行能制，能善知道、善说道，为众将导，然后声闻成就随法随道，乐奉大师教诫教授，善于正法，是名如来应等正觉、阿罗汉慧解脱种种别异。……如此十力，唯如来成就，是名如来与声闻种种差别。"《大正藏》第 2 册，第 186 页下至 187 页上。这是说如来与声闻在解脱上有不同，但随着对佛教崇拜，而有了二乘的思想。《大智度论》卷 100 云："此解脱味有二种：一者但自为身，二者兼为一切众生。虽俱求一解脱门，而有自利、利人之异，是故有大小乘差别。"《大正藏》第 25 册，第 756 页中。声闻偏于求证涅槃而了生死，菩萨则偏于利益众生，供养诸佛。此等解释是从大小乘的分界上来讲的，另外，还有关于解脱的种种判别。
④ （后秦）罗什译《大智度论》卷 4，《大正藏》第 25 册，第 86 页上。
⑤ 印顺：《初期大乘佛教之起源与开展》，第 670 页。

诸佛多以声闻为僧，无别菩萨僧。如弥勒菩萨、文殊师利菩萨等，以释迦文佛无别菩萨僧，故入声闻僧中次第坐。有佛为一乘说法，纯以菩萨为僧。有佛声闻、菩萨杂以为僧；如阿弥陀佛国菩萨僧多，声闻僧少。①

　　《阿弥陀经》《无量寿经》中云，阿弥陀佛的声闻弟子皆是阿罗汉。可知，声闻人求阿罗汉道往生大乘佛土，并不能成佛，只能得阿罗汉果。但初期大乘的根本点则是偏于菩萨的，如《阿閦佛国经》和《般若经》中说，菩萨发愿不起二乘心，学菩萨法者，"出声闻辟支佛之上"，"除诸如来，无有过者"，②且往生净土者，皆得阿毗跋致。《摩诃般若经》云，有菩萨摩诃萨游戏神通，从一佛国至另一佛国，所到之处没有声闻、辟支佛乘，也无二乘之名，这就很清楚地点明了大乘是超越于二乘的。③

　　初期大乘对声闻人的包容，说明了大乘认可声闻人在佛教中的地位，如《法华经》云，"虽复说三乘，但为教菩萨"④；"诸佛方便力，分别说三乘"⑤。佛毕竟还是说小乘法的，说小乘法乃权宜之便，最终的目的则是引导归入大乘。《维摩经》云：

　　　　大迦叶叹言："善哉，善哉！文殊师利快说此语。诚如所言，尘劳之畴为如来种。我等今者，不复堪任发阿耨多罗三藐三菩提心，乃至五无间罪，犹能发意生于佛法，而今我等永不能发。譬如根败之士，其于五欲不能复利。如是声闻诸结断者，于佛法中无所复益，永不志愿。是故文殊师利！凡夫于佛法有返复，而声闻无也。所以者何？凡夫闻佛法，能起无上

---

①　（后秦）罗什译《大智度论》卷34，《大正藏》第25册，第311页下。

②　（西晋）无罗叉译《放光般若经》卷15，《大正藏》第8册，第104页中。

③　声闻人重视自我解脱，但忽略了一个佛弟子传播佛法、利益他人的社会义务和责任，由此导致了佛教界对僧团的不满和批判。Har Dayal 指出："正是在这些僧众丧失利他精神和热情的时候，佛教界一些大德开始传授菩萨思想。这样，正是由于'阿罗汉'的冷漠和远离人间的性质，引发了人们对'利益一切众生'传统的喜爱。"学愚：《菩萨范式及其转换》，《世界宗教研究》2017年第3期。许地山在《大乘佛教之发展》中则指出，大乘佛教的兴起原因之一即是当时僧团内部的不净，从而激发起部分信众和僧众自觉弘法的热情，"求菩萨道底信者，不论是比丘、比丘尼，抑是优婆塞、优婆夷，都发起成佛底向上心"。许地山：《大乘佛教之发展》，张曼涛主编《现代佛教学术丛刊·大乘佛教专集之一》，第159页。于是大乘人宣传自己是佛子、大夫人子、最胜子、佛爱子、法生、从佛口生，即大乘人是高贵的，而蔑称声闻人为婢子、焦芽败种等。

④　（后秦）罗什译《法华经》卷1，《大正藏》第9册，第9页下。

⑤　（后秦）罗什译《法华经》卷3，《大正藏》第9册，第27页中。

道心，不断三宝。正使声闻终身闻佛法，力、无畏等，永不能发无上道意。"①

迦叶听闻维摩教言以后云："我从是以来，不复劝人以声闻、辟支佛行。"②这是回小向大。大乘初期虽然高扬菩萨乘，贬斥声闻乘，明确地简别了大小二乘的差别，但对声闻人还是尊重的，认为其可修大乘法，可以回归大乘，并没有将声闻人拒斥在佛教之外。初期大乘之所以对小乘人采取包容的态度，其根本原因当是大乘初兴的宗教势力所决定的。

高扬大乘，赞叹大乘的超越性，是大乘佛教的一贯宗旨。早期《般若经》中就说菩萨住欢喜等十地超过声闻，到了无著、世亲时，大乘佛教的地位得到了进一步巩固，且有统摄佛教之势。这时的大乘佛教如日中天，完全可以从教法义理中剔除小乘人。在大乘佛教看来，大乘应该有自己独立的体系，没有必要再和小乘人同锅吃饭了，如大乘菩萨戒的产生，就是大乘佛教要建立自己有别于小乘伦理观的一种体现。与小乘人彻底的决裂，是后期大乘佛教的又一特点。《妙法决定业障经》云：

> 若三界中梵、释、四王、沙门、婆罗门，皆与修行菩萨为善知识，惟除声闻非善知识（恐声闻退修行菩萨大乘道行）。何以故？声闻、缘觉为己利故，劝引初修行菩萨回入小乘，是以声闻乘人非善知识。……初修行菩萨不应与声闻比丘同居房舍，不同坐床、不同行路。若初修行菩萨智慧弥广，无二分别悟大乘法，而为方便劝引声闻令入大乘，方许同住；若声闻比丘福智狭劣，则修行菩萨不应为说甚深大乘，恐其诽谤。复次修行菩萨不应数览小乘经论。何以故？为障佛道故。……修行菩萨宁舍身命，不弃菩提而入声闻求罗汉道。菩萨劝请一切众生已，尔时若舍菩提之心，别起异道入于声闻罗汉道果，因恼乱故菩萨而退菩提，二人俱堕无间地狱。

> 修行菩萨宁犯杀等五种大罪，不学须陀洹果，不退菩提修行；菩萨宁于一劫百劫乃至千劫受地狱苦，不学斯陀含果，不退菩提修行；菩萨宁堕畜生，不学阿那含果，不退菩提修行；菩萨宁杀害众生堕于地狱，不修阿罗汉果，不退菩提。罗汉独证私入涅槃，譬如小贼密入他舍。修行菩萨菩

---

① （后秦）罗什译《维摩经》卷2，《大正藏》第14册，第549页中。
② （后秦）罗什译《维摩经》卷1，《大正藏》第14册，第540页中。

提心故摄诸众生，宁同火坑不住声闻寂灭涅槃，不退菩提，以是义故，为摄众生令入佛道故。如是修行菩萨，一切世间天、人、阿修罗之所尊重，堪任供养超越声闻，则邪魔眷属无能娆恼。①

该经云："超过一切，是名大乘。"② 所谓大乘者，是胜于声闻，超过一切。对大乘的解释重点已经放在对小乘的超越上，和大乘一词的本义是不同的。世亲《摄大乘论释》云："大乘但是佛说，小乘则共说；大乘但为菩萨说，不为二乘说。"③ 这就和《般若经》等有了明显的差别。在初期大乘那里，小乘人完全可以学大乘般若法，但在世亲那里，则明确地说大乘法是不共的。既然是不共的，那么小乘人自然就无法往生大乘佛土。《瑜伽论》云，清净世界中"纯菩萨僧于中止住"④。《悲华经》中云，彼佛世界，无有二乘，纯大菩萨。

> 诸佛所有世界，清净微妙种种庄严，离于五浊，无诸秽恶，其中纯有诸大菩萨，成就种种无量功德，受诸快乐，其土乃至无有声闻、辟支佛名，何况当有二乘之实？⑤
>
> 令我世界无有声闻、辟支佛乘，所有大众纯诸菩萨，无量无边无能数者，除一切智……彼界有佛……今现在为诸菩萨说于正法。彼界无有声闻、辟支佛名，亦无有说小乘法者，纯一大乘清净无杂。……世界无有声闻、缘觉，所有大众纯诸菩萨摩诃萨等充满其国。⑥

大乘诸经中皆云，佛国净土，无有二乘，纯诸菩萨，佛为说法，所以《往生论》总结云："大乘善根界，二乘种不生。"⑦ 这就有了"定性声闻"一说。声闻之本义就是指永沉于无余涅槃者，《阿含经》及《发智论》《六足论》等诸论之中皆没有所谓定性声闻、不定性声闻的说法。大乘佛教到无著、世亲时代，就对声闻人采取了拒绝的态度，意味着大乘和小乘的彻底决裂，拒绝小乘

---

① （唐）智严译《妙法决定业障经》卷1，《大正藏》第17册，第912页中。
② （唐）智严译《妙法决定业障经》卷1，《大正藏》第17册，第913页上。
③ （陈）真谛译《摄大乘论释》卷1，《大正藏》第31册，第155页下。
④ （唐）玄奘译《瑜伽论》卷79，《大正藏》第30册，第736页下。
⑤ （北凉）昙无谶译《悲华经》卷2，《大正藏》第3册，第174页下。
⑥ （北凉）昙无谶译《悲华经》卷3，《大正藏》第3册，第184页中至下。
⑦ （北魏）菩提流支译《往生论》，《大正藏》第26册，第231页上。

人往生大乘不共净土。在无著、世亲这里,不要说主张"大乘非佛说"的小乘人无法往生,即使信仰大乘的凡夫也是无法往生大乘不共土的。由此可见无著、世亲时代大乘的高涨程度以及大乘人高扬的自信心。从此可准确地掌握大乘对小乘在态度上的发展变化,以及净土教根本经典与《往生论》之间的根源性矛盾。

思考与练习题

1. 四十八愿的宗要是什么?

2. "信"在佛教思想的发展中有哪些重要义理演变?

3. 为什么说执持阿弥陀佛名号即是多"善根福德因缘"?

4. 三辈往生与九品往生有哪些显著的不同?

5. 大乘佛教在阿罗汉往生净土上有哪些变化?

第五章　弥勒净土与弥陀净土的较量

弥勒信仰是大小乘佛教共许的佛菩萨信仰，而弥陀信仰则是大乘佛教所独有的。大乘佛教自阿閦佛信仰以后，就有了大乘与小乘不共的净土信仰。弥勒净土信仰由于其特殊性而为大乘佛教所继承。在佛教净土信仰的发展中，两种净土信仰皆保持了自身教理的独特性，主要表现在往生行因和净土果报上的差异。

第一节　往生行因对论

弥勒和阿弥陀佛两种净土信仰随着佛教的发展皆有其思想义理上的演进，所以在同一佛菩萨信仰范畴之内，也有其时代的烙印。最早出现的弥勒信仰经典当是《增一阿含经·十不善品》（此经后来单独流行，题名《佛说弥勒下生经》，竺法护译）。经云：

> 若复此众中释迦文佛弟子，过去时修于梵行，来至我所；或于释迦文佛所，奉持其法，来至我所；或复于释迦文佛所，供养三宝，来至我所；或于释迦文佛所，弹指之顷，修于善本，来至此间；或于释迦文佛所，行四等心，来至此者；或于释迦文佛所，受持五戒、三自归，来至我所；或于释迦文佛所，起神寺庙，来至我所；或于释迦文佛所，补治故寺，来至我所；或于释迦文佛所，受八关斋法，来至我所；或于释迦文佛所，香花供养，来至此者；或复于彼闻佛法，悲泣堕泪，来至我所；或复于释迦文佛，专意听法，来至我所；复尽形寿善修梵行，来至我所；或复书读讽诵，来至我所者；承事供养，来至我所者。

善男子、善女人，欲得见弥勒佛，及三会声闻众，及鸡头城，及见蠰佉王，并四大藏珍宝者，欲食自然粳米，并着自然衣裳，身坏命终生天上者，彼善男子、善女人，当勤加精进，无生懈怠，亦当供养诸法师承事，名华捣香种种供养，无令有失。①

若能精进善修梵行、奉持佛法、承事供养、修持善法、行四等心、修补寺庙、受持戒斋、听闻佛法、书写读诵等诸易行道中的任何一行，均可将来于弥勒座下听闻佛法，即往生于弥勒的人间净土。其往生行因在后来的《弥勒来时经》中增加了慈心不瞋、供养舍利等修持内容。罗什译的《弥勒下生经》中还提到了不乐天上人间、常乐涅槃、决定分别三藏、修习禅定无漏智慧、戒杀吃素等，而《弥勒成佛经》则进一步增加了演说佛法、妓乐供养、闻佛名号、念佛法身、拔济苦难等内容。② 从此可见弥勒的下生信仰随着大乘佛教的流行而得到了不断的扩充和开展，渐渐趋向于纯一大乘。③ 其中的佛塔崇拜、妓乐供养、无漏智慧、慈悲拔济、念佛法身等皆是大乘菩萨行的重要内容。括而言之，弥勒的人间净土行皆是易行法门，在修持方法上还没有如弥陀信仰一样将大乘佛教的他力本愿思想和盘托出。《弥勒成佛经》云，弥勒"以微妙十愿大庄严，得一切众生起柔软心，得见弥勒大慈所摄，生彼国土，调伏诸根，随顺佛化"④。但经中并未开列出弥勒的十大本愿。《弥勒本愿经》云：

佛语贤者阿难："弥勒菩萨以是善权，得无上正真之道最正觉。阿难！弥勒菩萨求道本愿：使其作佛时，令我国中人民，无有诸垢瑕秽，于淫怒痴不大，殷勤奉行十善，我尔乃取无上正觉。"佛语阿难："后当来世人民，无有垢秽奉行十善，于淫怒痴不以经心。正于尔时，弥勒当得无上正

---

① （东晋）僧伽提婆译《增一阿含经》卷44，《大正藏》第2册，第789页中至下。

② （北凉）沮渠京声译《弥勒上生经》中说，闻名弥勒、礼敬称念等可灭无量劫生死罪业，即使不能往生天上，亦可将来值遇弥勒。称念弥勒菩萨名号，也是往生人间净土之行因。

③ （后秦）罗什译《弥勒下生经》云："人命将终，自然行诣冢间而死。"到了罗什译《弥勒成佛经》时则云："时世人民若年衰老，自然行诣山林树下，安乐淡泊，念佛取尽，命终多生大梵天上及诸佛前。"又如《弥勒来时经》《弥勒下生经》均云，弥勒龙华树下三会说法，闻者得阿罗汉道。《弥勒成佛经》中还提到了有无量天众发无上菩提心。沮渠京声译《弥勒上生经》中则云，若人归敬弥勒，将来弥勒成佛时，"行人见佛光明，即得授记"。"设不生天，未来世中龙花菩提树下亦得值遇，发无上心。"《大正藏》第14册，第420页中至下。从此可以看出弥勒经典从《下生经》到《成佛经》再到《上生经》的成立次序和信仰发展轨迹。

④ （后秦）罗什译《弥勒成佛经》，《大正藏》第14册，第429页上。

真之道成最正觉。所以者何？弥勒菩萨本愿所致。"①

弥勒的本愿决定了其易行法门的自力型特色，所以他力本愿思想在弥勒的下生信仰中没有得到开显。

弥勒下生人间在久远的将来，那么现在修习弥勒行者，命终之后居于何处呢？从《增一阿含经·十不善品》中的"生天说"来看，可暂居于天上，待弥勒下生时亲闻说法。天界之中无疑兜率天最为胜妙了，如此弥勒信仰的重点就从下生信仰的人间净土转向上生信仰的兜率净土。

关于兜率净土之往生行因，《弥勒上生经》中有详细的说明。经云：

> 若有比丘及一切大众，不厌生死乐生天者、爱敬无上菩提心者、欲为弥勒作弟子者，当作是观。作是观者，应持五戒八斋具足戒，身心精进不求断结，修十善法，一一思惟兜率陀天上上妙快乐，作是观者名为正观，若他观者名为邪观。
>
> …………
>
> 若有精勤修诸功德，威仪不缺，扫塔涂地，以众名香妙花供养，行众三昧深入正受，读诵经典，如是等人应当至心，虽不断结如得六通，应当系念念佛形像，称弥勒名。如是等辈若一念顷受八戒斋，修诸净业，发弘誓愿，命终之后譬如壮士屈申臂顷，即得往生兜率陀天。
>
> …………
>
> 众生若净诸业行六事法，必定无疑当得生于兜率天上值遇弥勒，亦随弥勒下阎浮提。……若有得闻弥勒菩萨摩诃萨名者，闻已欢喜恭敬礼拜，此人命终如弹指顷即得往生。……若善男子善女人，犯诸禁戒，造众恶业，闻是菩萨大悲名字，五体投地，诚心忏悔，是诸恶业速得清净。未来世中诸众生等，闻是菩萨大悲名称，造立形像，香花衣服缯盖幢幡礼拜系念，此人命欲终时，弥勒菩萨放眉间白毫大人相光，与诸天子雨曼陀罗花来迎此人。此人须臾即得往生，值遇弥勒。……若有欲生兜率陀天者，当作是观系念思惟，念兜率陀天，持佛禁戒，一日至七日，思念十善，行十善道，以此功德回向愿生弥勒前者，当作是观。②

---

① （西晋）竺法护译《弥勒本愿经》，《大正藏》第 12 册，第 188 页下至第 189 页上。
② （北凉）沮渠京声译《弥勒上生经》，《大正藏》第 14 册，第 419 页下至 420 页中。

经中提到的上生行因有：发菩提心、发弘誓愿、持受戒斋、修十善法、礼拜供养、立像忏悔、行众三昧、读诵回向、念佛称名等等。从此可以看出，弥勒的上生信仰在发展过程中受到了大乘佛教的影响，如发菩提心、发弘誓愿、回向往生；特别是受弥陀信仰的影响，如称名能除却一千二百劫生死之罪；闻名恭敬能除却五十劫生死之罪；敬礼能除却百亿劫生死之罪；即使不能往生天上，也可将来值遇弥勒，并且往生兜率天时，有弥勒放光与诸天子接引。更有甚者，那些"犯诸禁戒，造众恶业"者，闻名忏悔，恶业速得清净而得往生兜率天。往生兜率行法在延续了小乘佛教修持传统的同时，更融摄了大乘佛教的特色——他力信仰，这是弥勒信仰能贯穿于大小乘佛教的主要原因。

弥勒的下生信仰是偏于自力的，而上生信仰则偏于他力，因为下生信仰的人间净土还是"将来时"，而上生信仰的兜率净土则是"现在时"。弥勒信仰者发愿求生的也正是兜率净土，所以在和西方净土信仰的对比较量中，是就弥勒的上生信仰的兜率净土来说的。

阿弥陀佛净土信仰是站在他力论的基础上来论说往生的，其立足点是纯一大乘思想，所以经中对他力的宣扬可谓不遗余力；相较而言，弥勒信仰的经典则略显逊色一点。两种净土信仰在发菩提心和修菩萨行上是相一致的，但往生净土的门槛，西方净土显然要低一些。《无量寿经》中有"十念"乃至"一念"之说，即使"狐疑不信"者，可仗弥陀的慈悲愿力而往生"边地疑城"。《观经》中更将"世善"确立为往生之因，甚至宣扬"五逆十恶，具诸不善"者，临终一念也可往生。这显然要比《弥勒上生经》摄机更广大一些。所以就有了求生兜率天难，而往生西方易的说法。智者在《净土十疑论》中云：

又闻西国传云："有三菩萨：一名无著、二名世亲、三名师子觉。此三人契志，同生兜率，愿见弥勒。若先亡者，得见弥勒，誓来相报。师子觉前亡，一去数年不来。后世亲无常临终之时，无著语云：汝见弥勒，即来相报！世亲去已，三年始来。无著问曰：何意如许多时始来？世亲报云：至彼天中，听弥勒菩萨一坐说法，旋绕，即来相报。为彼天日长故，此处已经三年。又问：师子觉今在何处？世亲报云：师子觉为受天乐，五欲自娱，在外眷属。从去已来，总不见弥勒。"诸小菩萨，生彼尚著五欲，何况凡夫？为此愿生西方，定得不退，不求生兜率也。①

这是从印度传来的，并非中国人的杜撰。② 玄奘至阿逾陀国就听到了这一传说，③ 故事情节与《净土十疑论》的记载大体一致。弥勒信仰虽是大小乘人所共许之法，但从"异学咸皆讥诮"一语来看，在当时的印度确有弥陀信仰者认为求生兜率难而往生西方易的思想。从两种信仰的经典文本所反映的情况来看，往生西方确实比往生兜率要容易一些。

弥勒净土是从印度古老的生天思想发展而来的，其后受到了大乘思想的浸染，但大乘佛教无论对其如何改造，兜率天仍然是停留在三界之内的净土。这在和大乘所开展出的三界之外——西方净土相比，自然离娑婆世界比较近；再说，早期佛教认为，修持善法和禅定可生天上，而兜率净土正在欲界天。所以弥勒信仰者主张，往生兜率比往生极乐容易，这是弥勒信仰者的基本立场，无著就此而将"念佛"和"发愿"往生西方净土结为"别时意"。印顺总结说，往生兜率有三大优势，一者距离近，二者往生容易，三者法门普及。因此弥勒净土最为希有，最为稳当，"是名副其实的三根普被，广度五姓的法门"④。这样的论说其实并不符合大乘净土立教的本旨。

第二节　弥勒净土的缺陷

弥勒的下生净土，虽然是弥勒的本愿所成就的，但毕竟还是人间净土，具有很强的现实性，其中的国土庄严与人民生活即使比释迦时代理想一些，也仍

---

① （隋）智颙：《净土十疑论》，《大正藏》第47册，第79页下。
② 印顺说，"凡宏传弥勒法门的，真谛、玄奘三藏，以及无著、世亲的传记中，都没有此种记载，这只是别有用心者的故意传说而已。"印顺：《成佛之道》，中华书局，2012，第85页。
③ （唐）玄奘：《大唐西域记》卷5云，无著菩萨，健驮逻国人也，佛去世后一千年中，诞灵利见，承风悟道，从弥沙塞部出家修学，顷之回信大乘。其弟世亲菩萨于说一切有部出家受业，博闻强识，达学研机。无著弟子佛陀僧诃（唐言师子觉）者，密行莫测，高才有闻。二三贤哲每相谓曰："凡修行业，愿觐慈氏，若先舍寿，得遂宿心，当相报语，以知所至。"其后师子觉先舍寿命，三年不报。世亲菩萨寻亦舍寿，时经六月，亦无报命。时诸异学咸皆讥诮，以为世亲菩萨及师子觉，流转恶趣，遂无灵鉴。其后无著菩萨于夜初分，方为门人教授定法，灯光忽翳，空中大明，有一天仙乘虚下降，即进阶庭敬礼无著。无著曰："尔来何暮？今名何谓？"对曰："从此舍寿命，往睹史多天慈氏内众莲华中生，莲华才开，慈氏赞曰：'善来广慧，善来广慧。'旋绕才周，即来报命。"无著菩萨曰："师子觉者，今何所在？"曰："我旋绕时，见师子觉在外众中，耽着欲乐，无暇相顾，讵能来报？"《大正藏》第51册，第896页中至下。
④ 印顺：《成佛之道》，第84～85页。

然有疾病和死亡。这固然不能和西方净土的依正庄严、清净极乐相比，如吉藏在《观经义疏》中云："弥勒佛土犹是娑婆，地未出七珍，身不免三患。无量寿佛土清净与此悬殊，树出五音，波生四忍，无极之身次泥洹。"① 最令人感到失望的则是弥勒的下生净土将在遥远的五十六亿万年之后建成，而西方净土则是现成的，所以"《弥勒成佛经》为远见佛缘，《无量寿》《观经》为近见佛缘"②。松本文三郎指出：

> 把这二者相对比，谁又愿意舍弃阿弥陀佛而去等待数十亿万年后的弥勒呢？因此，阿弥陀佛信仰的独领风骚不能不说就是一种必然的结果。弥勒信仰虽为他力净土之教，但实际上给欣求净土的人们没有带来什么，是一种不完善的教派。③

而弥勒的上生净土则弥补了这一缺陷，将以信仰弥勒而获得救度的可能性放到了现在时，进一步升华了弥勒的净土信仰。弥勒所住的兜率天从《弥勒上生经》中的描述来看，清净庄严，胜妙无极，和西方净土基本上相同，没有多大的差别。松本文三郎指出：

> 印度的净土思想不论在佛教中还是在婆罗门教中，都还是源自于同一根源，不论是哪一方佛国净土，其庄严之状及不可思议之功德都是一样的。因此，弥勒净土也好，弥陀净土也好，其净土本身并无太大的差别，也无优劣之分。这也就是说，并不存在着信仰者以此为标准来确定其向背的道理。④

印度各种宗教的净土思想有其同一性，文化之根源均来自北俱卢洲，所以单从经典文本的呈现上似乎看不出其国土庄严程度的差异来，但是从信仰者的情感诉求和门户派系之分别上看，则有着很大的差异。故在西方信仰者看来，兜率天虽然清净庄严，并有菩萨说法，但仍然有其不完美性。这种不完美性在

---

① （隋）吉藏：《观经义疏》，《大正藏》第 37 册，第 237 页中。吉藏是就《弥勒下生经》来论，若就《弥勒成佛经》来说，弥勒的人间净土同样七宝庄严，自然化生，宝铃妙音，演说佛法等。
② （隋）吉藏：《观经义疏》，《大正藏》第 37 册，第 237 页上。
③ 〔日〕松本文三郎：《弥勒净土论》，张元林译，第 175 页。
④ 〔日〕松本文三郎：《弥勒净土论》，张元林译，第 155 页。

中国净土宗的著疏中有比较详细的解说。① 然而，部分理由的论述虽然有经论的依据，但方法并不严谨，并且有很大的误导性。如云：兜率天位是退处，命终不免退落；水鸟树声顺于五欲，不资圣道；男女杂居；受生时于父母膝上；寿命有中夭；有上心欲；无誓愿；三性心间起；三受互起；六尘令人放逸；无神光接引；无圣众守护；往生行因难；等等。此等较量理由或将上生兜率与下生人间两种净土相混淆，或以天国来指代兜率净土，其较量有故意曲解和转移焦点之嫌，所得的结论自然也是有问题的，弥勒净土信仰者也就不认可了。但是在佛教净土思想的发展史上，弥勒信仰后来趋于衰微，而弥陀信仰则一枝独秀，其中道绰、迦才等人的曲解性论说起到了一些作用。

兜率净土之所以衰微，除了在往生行因上没有如弥陀信仰那样极力宣扬他力本愿思想以外，其净土自身在弥陀信仰者看来，确有铁证的软肋，其核心便是兜率天属于三界之内的欲界（此界有食欲、淫欲、睡眠欲等），而极乐净土则在三界之外。兜率天既然属于欲界，自然就有种种贪欲，而众生之贪欲淫欲最为固结，故《圆觉经》有一切众生"皆因淫欲而正性命"② 之说。《大楼炭经》云：

四天王天上人男女，亦行阴阳之事；忉利天上人男女，以风为阴阳之事；焰天人男女，以相近成阴阳之事；兜率天人男女，相牵手便成阴阳；无贡高天人男女，相视便成阴阳；他化自转天人，念淫欲便成阴阳。从是以上离于欲。③

而兜率天中正是有女人。《上生经》云，兜率天有无量宝女、天女、玉女。"若有往生兜率天上，自然得此天女侍御。"一切有情天龙八部，"若有得闻弥勒菩萨摩诃萨名者，闻已欢喜恭敬礼拜，此人命终如弹指顷即得往生"④，说明女人可以往生兜率天上。《上生经》云：

---

① 如道绰的《安乐集》、题名智颛的《净土十疑论》、迦才的《净土论》、怀感的《净土群疑论》、元晓的《游心安乐集》、基法师的《弥陀经疏赞》、题名窥基的《西方要决释疑通规》等，其中迦才和怀感的比论较为详细，有一定的参考价值。参见存德编著《净土宗教理史要》，宗教文化出版社，2016，第 114 ~ 115 页、第 155 ~ 159 页。

② （唐）佛陀多罗译《圆觉经》，《大正藏》第 17 册，第 916 页中。

③ （西晋）法立等译《大楼炭经》卷 4，《大正藏》第 1 册，第 297 页中。

④ （北凉）沮渠京声译《弥勒上生经》，《大正藏》第 14 册，第 419 页上至第 420 页中。

诸女自然执众乐器，竞起歌舞；所咏歌音演说十善、四弘誓愿，诸天闻者皆发无上道心。……天女身色微妙，如诸菩萨庄严身相，手中自然化五百亿宝器……赞叹菩萨六波罗蜜。……天女色妙无比，手执乐器，其乐音中演说苦、空、无常、无我、诸波罗蜜。……一一玉女身诸毛孔出一切音，声胜天魔后所有音乐。①

虽然经中说，兜率天的女人胜妙无比，能演说佛法，但在弥陀信仰者看来，不管是天女、玉女，还是宝女，毕竟还是女人，而极乐世界中无女人。《大阿弥陀经》云："我国中无有妇人，女人欲来生我国中者即作男子。"②《无量寿经》云：

设我得佛，十方无量不可思议诸佛世界，其有女人闻我名字，欢喜信乐，发菩提心，厌恶女身，寿终之后，复为女像者，不取正觉。③

女人往生极乐者，即转女成男。虽然弥勒经典对"兜率天人男女，相牵手便成阴阳"④ 有所净化，但毕竟还是男女杂居的，所以才会有师子觉迷于外院之说。

天界众生寿量有限，命终时皆有五衰相，而住于兜率天的一生补处菩萨也不能幸免。《过去现在因果经》云：

善慧菩萨功行满足，位登十地，在一生补处，近一切种智，生兜率天，名圣善白；为诸天主，说于一生补处之行；亦于十方国土，现种种身，为诸众生，随应说法；期运将至，当下作佛，即观五事。……既作此观，又自思惟："我今若便即下生者，不能广利诸天人众，仍于天宫，现五种相，令诸天子，皆悉觉知菩萨期运应下作佛：一者菩萨眼现瞬动，二者头上花萎，三者衣受尘垢，四者腋下汗出，五者不乐本座。"时诸天众，忽见菩萨有此异相，心大惊怖，身诸毛孔，血流如雨，自相谓言："菩萨

① （北凉）沮渠京声译《弥勒上生经》，《大正藏》第 14 册，第 419 页上至下。
② （三国）支谦译《大阿弥陀经》卷上，《大正藏》第 12 册，第 301 页上。
③ （曹魏）康僧铠译《无量寿经》卷上，《大正藏》第 12 册，第 268 页下。
④ （西晋）法立等译《大楼炭经》卷 4，《大正藏》第 1 册，第 297 页中。

不久舍于我等。"……菩萨即便答诸天言:"善男子!当知诸行皆悉无常,我今不久,舍此天宫,生阎浮提。"于时诸天,闻此语已,悲号涕泣,心大忧恼,举身血现,如波罗奢花;或有不复乐于本座;或有弃其庄严之具;或有宛转迷闷于地;或有深叹无常苦者。①

弥勒现在正是一生补处菩萨,虽然《弥勒上生经》中已经看不到如此的场景,但弥勒毕竟也在欲界的兜率天上,所以弥陀信仰者往往以此来指责兜率净土寿命有限,且有衰相等。站在阿弥陀佛净土信仰者的立场上来说,既然花精力修行,发愿求生净土,就自然要求生完美无缺的西方极乐世界。若还执意求生有缺陷的兜率净土,那当然是有问题的。所以道绰《安乐集》、迦才《净土论》等对求生兜率净土者予以了批评,并指责其知见不正。②

弥勒所住的兜率天虽然属于欲界,但欲界的贪爱等情况在《弥勒上生经》中已经被加以净化,且有明显的纯一大乘思想。弥陀信仰者对兜率天还是基于欲界天来批评的,这是导致后来特意区分兜率有内外院的一个重要因素。③ 总之,弥勒信仰是基于娑婆世界一切佛的特殊化,而弥陀信仰则是基于十方佛的特殊化,④ 二者的思想立论基点是不同的。弥勒信仰的落脚点是人间佛教,而弥陀信仰则是他方佛教。虽然经论中将弥勒净土和极乐净土描述得几乎近似,但毕竟人间性没有他方性优胜,这是西方净土之所以能胜出的关键。《月上女经》卷下云:

> 阿难汝观此童女,合十指掌在我前。
>
> 彼见诸佛妙神通,即发无上菩提意。
>
> …………

---

① (刘宋)求那跋陀罗译:《过去现在因缘经》卷1,《大正藏》第3册,第623页上至下。

② 存德编著《净土宗教理史要》,第114~115页。

③ 在弥勒经典中并未有兜率天的内外院之分,但弥勒所住的兜率天宫已经明显不同于欲界天,所以玄奘和窥基就明确将兜率天分为内外院。参见王雪梅《弥勒信仰研究》,上海古籍出版社,2016,第217~227页。

④ 印顺:《净土与禅》,第21页。(西晋)竺法护译《正法华经》卷10云,娑婆世界之贤劫时,有千佛出世。若菩萨受持《法华经》,"为千佛所见授臂","临寿终时,面见千佛,不堕恶趣,于是寿终生兜术天,在弥勒所成菩萨身,三十二相庄严其体,亿千玉女眷属围绕"。《大正藏》第9册,第133页中至下。(刘宋)畺良耶舍译《观无量寿佛经》中说,"见此事(观阿弥陀佛)者,即见十方一切诸佛",往生西方极乐世界。《大正藏》第12册,第343页下。(东汉)支娄迦谶译《般舟三昧经》卷3云,成就般舟三昧,"现在诸佛悉在前立"。《大正藏》第13册,第915页上。

愿不生于恶道里，唯愿生天及人中。

生处不忘菩提心，命终已后知宿命。

…………

其女转此女人身，不久出家在我法。

广行清净大梵行，此处命终还生天。

从天命终复生此，于后恶世护我法。

与此众类作利益，舍命还生兜率陀。

当来弥勒下生时，儴佉轮王家作子。

…………

受持彼佛正法已，然后往生安乐土。

既得往见阿弥陀，礼拜尊重而供养。

当于贤劫诸佛刹，十方所有诸世界。

…………

劫数诸佛供养已，教化无量千万众。

于后八万俱致劫，当得作佛名月上。①

月上女先生天上得清净，次生人中成护法，次生兜率见弥勒，次生人间受正法，次生西方见弥陀，次于十方供诸佛，最后乃成月上如来。这也正是印度净土思想发展的一般性轨迹。

思考与练习题

1. 往生兜率与往生西方在行因上有哪些不同？

2. 往生兜率与往生西方在果报上有哪些不同？

3. 兜率净土有哪些缺陷？

4. 如何理解净土教对兜率净土的批判性定位？

5. 如何理解兜率净土的三大优势？

---

① （隋）阇那崛多译《月上女经》卷下，《大正藏》第 14 册，第 622 页下至第 623 页上。

第六章 《摄大乘论》的别时意与净土教

公元 4 ~ 5 世纪，在外学思想的刺激下，佛教的净土思想空前高涨，特别是他力本愿、闻名往生说流行于整个佛教。为了矫正此思想的极度发展，无著提出了别时意一说，但这一说法与净土教形成了对立情形。考察别时意的提出，有助于更准确地理解大乘佛教净土思想的发展。

第一节 《摄大乘论》的别时意

一 无著的别时意

所谓"意趣"，指意志之趋向，即内心所欲表示的意向。就佛说法而言，除了其文字表面的意思之外，还有别的用意，即不能单是从表面的语言文字上去理解佛说法的本意。《法华经》曰，诸佛如来，"随宜所说，意趣难解"①。世亲《摄大乘论释》云："谓佛世尊先缘此事，后为他说，是名意趣。"② 无性《摄大乘论释》云："远观于他，欲作摄受，名为意趣。"③ 也就是说，佛所说法，有无量义，为摄化接引众生，"依某一种意义，而为他说法，叫意趣"④。

无著在《摄大乘论》《阿毗达磨集论》《庄严经论》中总结说，佛说法有四种意趣，即平等意趣、别时意趣、别义意趣、补特伽罗意乐意趣。由此意趣，"一切佛言应随决了"⑤。即依此四种意趣，可决定明了一切诸佛说法之意。在此四种意趣中，直接关系到净土教的念佛往生说者，当是别时意趣，又称别

---

① （后秦）罗什译《法华经》卷1，《大正藏》第9册，第5页下。
② （唐）玄奘译《摄大乘论释》卷5，《大正藏》第31册，第346页上。
③ （唐）玄奘译《摄大乘论释》卷5，《大正藏》第31册，第408页中。
④ 印顺：《摄大乘论讲记》，中华书局，2011，第188页。
⑤ （唐）玄奘译《摄大乘论》卷中，《大正藏》第31册，第141页上。

时意。别时意在无著的各论中有解释，各译本之间略有差异。《摄大乘论》云：

> 别时意趣，谓如所言："若诵多宝如来名者，便于无上正等菩提已得决定。"又如说言："由唯发愿，便得往生极乐世界。"①

别时意有"诵多宝佛名决定得不退转"和"发愿决定得往生极乐"二事（此可略称为念佛事和发愿事），但在《庄严经论》中，只举发愿事，而无念佛事。综合来看，无著的本意是说，念多宝佛（无垢月光佛）名决定得不退转，② 或者发愿决定得往生极乐，二者均是别时意，即佛远观于不退转或净土，欲摄受众生，而以念佛或发愿一事来说。先缘念佛或发愿，后说不退转或净土，是佛说法之真实意趣。至于决定得不退转，或者决定往生极乐，是别时所得，而不是即时所得，是佛的方便说法而已。

二 世亲的解释

对于无著的别时意说，世亲、无性的《摄大乘论释》以及安慧的《阿毗达磨杂集论》中均有解释。《摄大乘论释》云：

> 别时意趣者，谓此意趣令懒惰者，由彼彼因彼彼法精勤修习，彼彼善根皆得增长。此中意趣显诵多宝如来名因，是升进因，非唯诵名，便于无上正等菩提已得决定。如有说言，由一金钱得千金钱，岂于一日，意在别时。由一金钱是得千因，故作此说。此亦如是，由唯发愿便得往生极乐世界，当知亦尔。③

佛为不能依法精勤修习的懒惰者方便说念佛和发愿，以增长其善根，此念佛和发愿于无上菩提和极乐净土是远因，如用一钱而得千钱。在世亲的解释中，强调得无上菩提和往生极乐，不仅仅由念佛和发愿所得，还有别的条件。这样的解说是强调瑜伽行者多闻修习奢摩他毗婆舍那的重要性。

① （唐）玄奘译《摄大乘论》卷中，《大正藏》第 31 册，第 141 页上。
② （唐）波罗颇蜜多罗译《庄严经论》卷 6 云："为对治懈怠障，故大乘经说：若有众生愿生安乐国土，一切当得往生；称念无垢月光佛名，决定当得作佛。"《大正藏》第 31 册，第 620 页下。
③ （唐）玄奘译《摄大乘论释》卷 5，《大正藏》第 31 册，第 346 页中。

第二节　别时意说的本意

一　念佛事和发愿事

所谓念佛事是指念多宝佛名即可望于无上菩提而决定得不退转。《法华经》说，多宝佛为东方宝净世界的教主，为《法华经》的赞叹者和真实义的证明者。《诸佛功德经》说，南方天自在世界有多宝佛，顶礼多宝佛者，"其人所生在诸佛刹，心常解了一切诸法"①。无著所说的称名于无上菩提得不退转，当是就此义来说。大乘经中多次提到了多宝佛，在密教的经典中，特别强调了称诵此佛名的功德。② 据后世的解释，此多宝佛与诸经中的宝髻佛、宝顶佛、宝胜佛、宝掌佛、宝生佛、布施波罗蜜佛、尸弃佛等同一。③《金光明经》说，称宝髻佛名，命终即可生天。密教的金刚界曼荼罗五佛中，即以宝生佛为南方佛。无著举大乘诸佛信仰中的重要一佛——多宝佛来解释别时意，可以说是以多宝佛来代称大乘佛教闻诵佛名的功德。安慧在《杂集论》解释别时意时，举无垢月光佛来说明，是依《庄严经论》而说。后来窥基的《法华玄赞》、圆测的《解深密经疏》，均依此来解说别时意。

所谓发愿事是指发愿求生即可望于极乐净土决定往生。极乐世界是阿弥陀佛的国土，阐述此净土的主要经典是《无量寿经》和《阿弥陀经》。佛陀扇多的《摄大乘论》译本中特举《无量寿经》，④ 证明此经当时颇为流行，世亲晚年曾依此经而作《往生论》。关于发愿事，有人解释为唯有以发愿来求生净土而无念佛，是不符合发愿事本义的。《无量寿经》中的发愿是信愿行三法一体，

---

① （北魏）吉迦夜译《诸佛功德经》卷中，《大正藏》第 14 册，第 97 页上。

② （唐）不空译《瑜伽集要焰口轨仪经》说，闻多宝如来，"能令人具足财宝，等意所须，受用无尽"。《大正藏》第 21 册，第 471 页上。不空译《焰口陀罗尼经》又说，称多宝佛，"能破一切诸鬼，多生已来悭贪恶业，即得福德圆满"。《大正藏》第 21 册，第 465 页上。

③ 王孺童：《内学杂谈》，中国人民大学出版社，2008，第 402～404 页。

④ （北魏）佛陀扇多译《摄大乘论》卷上云，时节意趣，所谓："若称多宝如来名者，即定于阿耨多罗三藐三菩提。如《无量寿经》说：'若有众生，愿取无量寿世界，即生尔。'"《大正藏》第 31 册，第 103 页中。关于此中出现的"无量寿经"一词后世有不同的理解。日本显意在《净土宗要集》中认为，是一部净土经，但无法确认是哪一部经，而对照各译本来看，很可能是译者佛陀扇多私增的文字。日本良忠的《观经玄义分传通记》则说，是净土经的泛称，不具体指一部净土经。参见王孺童《内学杂谈》，第 401～402 页。本书认为，说译者私自增加，过于武断。《无量寿经》是净土教的根本经典，其中对发愿往生说得最为详尽，所以无著独举《无量寿经》来说，当然并非是一种泛指。明确了此中"无量寿经"一词所指，则能准确地讨论发愿一事的含义。

如鼎三足，缺一不可，是求生极乐的三资粮。闻名生信，信必发愿，愿必起行，所谓行者即十念或一念，所以发愿是必含摄念佛的。若无信愿，任凭如何行持，亦与弥陀本愿无关。故蕅益《弥陀要解》曰："得生与否，全由信愿之有无。"① 由于信为大乘佛教的基础，当大乘佛教开出净土一法后，就不再来讲信的建立，而是强调发愿的重要性，所以论中特举发愿事，从此可明论中所指。

念佛名可得不退转，是大乘佛教的共法，而弥陀信仰者将此导入往生净土上，是否往生，发愿是关键，故无著特举念佛和发愿二事来讲别时意。可见即时所得在大乘佛教中非常流行，而无著提出了别时意加以矫正。世亲的五念门以瑜伽止观来讲组织念佛往生，有同样的用意。

二 别时意提出的思想背景

无著别时意说的提出主要有两方面的思想因素。

1. 得不退转之争。如何获得不退转，自原始佛教以后就有即时得和别时得之分，至大乘佛教时有了新的解说。《摩诃般若经》云："众生闻我名者，必得阿耨多罗三藐三菩提。"② 这是早期大乘经论的共说，但在即时得还是别时得上就有了差别。即时得者主张不退转不须次第修习，念诵佛名即可决定不退转，如《无量寿经》中所说。③《十住毗婆沙论》云，"若人疾欲至，不退转地者，应以恭敬心，执持称名号"④。龙树在论中解释云，此世此界可决定不退转，即即时得而非别时得。对于大乘的念佛名，《法华经》中总结说："若人散乱心，入于塔庙中；一声南无佛，皆共成佛道。"⑤ 别时得者主张成就不退转须依靠多闻熏习和止观，经圣阶的历次修习才能获得，即别时得而非即时得。所以无著说念佛名决定得不退转是别时意。即时得者偏于他力，别时得者重于自力，应该代表了大乘佛教两种成就佛道的方法，故而在讲到念佛名得不退转时就有了

① （明）智旭：《净土十要》卷1，《卍新纂续藏经》第61册，第648页中。
② （后秦）罗什译《摩诃般若经》卷1，《大正藏》第8册，第221页上。
③ （东晋）竺佛念译《菩萨处胎经》卷4云，有男女正邪之众，闻佛说法，皆得尽信，得不退转。参见《大正藏》第12册，第1034页下。（北魏）菩提流支译《佛说佛名经》卷1云："若有众生，得闻此佛名者，即得成佛。"《大正藏》第14册，第187页上。（后秦）罗什译《法华经》卷4中云，若人信解受持是经，即得近不退转；如有龙女于刹那顷得不退转。参见《大正藏》第9册，第35页下。（东晋）智严译《不退转轮经》云："以本愿力故，若有众生闻我名者，皆得不退于阿耨多罗三藐三菩提。"《大正藏》第9册，第244页上。
④ （后秦）罗什译《十住毗婆沙论》卷4，《大正藏》第26册，第41页中。
⑤ （后秦）罗什译《法华经》卷1，《大正藏》第9册，第9页上。

即时和别时之分。

2. 往生报土之争。瑜伽教说以《佛地经》的三身说来讲净土，即法性土、受用土、变化土。无著《摄大乘论》中解释云，受用土即清净报土，但化菩萨。变化土是多化凡夫二乘，兼摄地前菩萨；化土有净秽之分，净土者弥勒净土，秽土者释迦娑婆土。瑜伽教说主张，极乐世界是受用土，是佛为化菩萨而现，凡夫二乘无法往生，只有菩萨才能受用，凡夫二乘要发愿往生极乐，只能是别时得，绝不能即时得，所以凡夫发愿往生净土是别时意。①

别时意的提出也反映了大乘佛教两种成就佛道的不同路线。一者主张即时得不退转，即时往生净土；一者则主张别时得不退转，别时往生净土。如果从净土立教的本意来看，无著建立的别时意说还是有不圆之处。正如望月信亨之总结："《摄大乘论》等中诸佛之受用土以具十八圆净，为地上大菩萨众所住处，到无著时代净土观最为发达。根据此一观点，建立凡夫往生是别时意说。然而净土立教的本旨正如《无量寿经》等所说，说明凡圣皆可往生报土，后代所说若绳之以原始的教旨，决定不是妥当的。"②

第三节　净土教的回应

随着摄论学派的形成和对别时意的弘扬，时人多有不念佛者。据《续高僧传》记载，"今有惰夫，口传《摄论》，唯心不念，缘境又乖"③。怀感《释净土群疑论》又记："自《摄论》至此百有余年，诸德咸见此论文，不修西方净业。"④ 可见隋唐时代别时意说较为流行，此说严重妨碍了净土教的弘传，故净

---

① 《药师经疏》记载："问：'异生二乘生净土不？若言生者，如何？'《摄大乘》云：'若称佛名生净土者，是别时意？'又《解深密》及《瑜伽论》问：'何等人不生净土？'答：'异生二乘。'若言不生者，如《阿弥陀经》说，若一日乃至七日，心不乱者，即生净土。解云：'此义极难，西国诸师，两说不同。一云异生及二乘不生净土，故《摄大乘》云生净土者，约别时意。由此念佛有初因缘，数数修习，乃至十地方得生彼故。诸经说生净土者，约别时说。又《深密》说，二乘异生不生净土。又《往生论》云女人及根缺，二乘种不生。一云净土有其四种，法性净土是真如故，不可说言生与不生，绝诸相故；自受用土，唯佛与佛乃得生彼；他受用者，唯是十地菩萨生处，其变化土异生二乘地前菩萨，皆能往生，而《摄大乘》及《瑜伽论》说不生者，约他受用说，不说化土。'问：'极乐国土四种土中何土所摄？'解云：'西方自有两释。一云他受用身，有分限故。一云极乐有其二种：一、他受用，唯是地上菩萨生处；二、变化土，即是已生地前菩萨皆得往生。'"《大正藏》第85册，第311页中至下。

② 〔日〕望月信亨：《中国净土教理史》，印海译，第106～107页。

③ （唐）道宣：《续高僧传》卷20《道绰传》，《大正藏》第50册，第594页上。

④ （唐）怀感：《释净土群疑论》卷2，《大正藏》第47册，第39页上。

土教很有必要对此做出回应，最具代表性的是道绰、迦才、善导等人。

最早对别时意说做出回应的是道绰。《安乐集》云："菩萨作论释经，皆欲远扶佛意，契合圣情，若有论文违经者，无有是处。"① 道绰首先肯定经论的一致性，接着指出古来通家将《观经》的十念成就判为别时意则是错误的。道绰曰：

> 佛常途说法，皆先因后果，理数炳然。今此《经》中但说一生造罪，临命终时，十念成就，即得往生，不论过去有因无因者，直是世尊引接当来造恶之徒，令其临终舍恶归善，乘念往生，是以隐其宿因。此是世尊隐始显终，没因谈果，名作别时意语。何以得知？但使十念成就，皆有过去因。……若彼过去无因者，善知识尚不可逢遇，何况十念而可成就也。《论》云："以一金钱贸得千金钱，非一日即得者。"若据佛意，欲令众生多集善因，便乘念往生。若望论主，乘闭过去因，理亦无爽。若作此解，即上顺佛经，下合论意。即是经论相扶，往生路通，无复疑惑也。②

《观经》是"隐始显终，没因谈果"，直接从果位上讲十念成就，没有开显宿世之因。若无宿因，则十念不能成就。如果十念成就，皆有宿因，从因望果，则必定是别时得，所以造成解经家的误解。而《摄大乘论》是"乘闭过去因"，俗世无因，那么十念成就必定在别时，所以无著以其是别时意。道绰此解在不反对别时意的情况下会通了经论，虽然有开首之功，但其解释并不符合《观经》的本意。从《观经》言，即使过去无因，十念亦决定顺次即得往生。

迦才指出，经以教为胜，论以理为胜，"教必有理，理必顺教"③，同样是肯定了经论的一致性。经有隐显二说，即有了义和不了义之别，而净土经即属涅槃会上未决破的了义经，所以别时意所指者非净土经。迦才指出，别时意所指者是《阿弥陀经》，而非《无量寿经》和《观经》。《净土论》云：

> 《小弥陀经》云：若有人已发愿，今发愿，当发愿。于彼国土，若已

---

① （唐）道绰：《安乐集》卷上，《大正藏》第47册，第10页上。
② （唐）道绰：《安乐集》卷上，《大正藏》第47册，第10页上至中。
③ （唐）迦才：《净土论》卷中，《大正藏》第47册，第90页中。

生，若今生，若当生也。如此等经，总是别时意说，不得即生也。若如诸净土经，或明三福业十六观门；或令发菩提心，七日念佛；或教发愿回向，十念往生。如此等经，并是往生，即非别时也。故彼《论》云，唯由发愿，是别时意也。即空发愿，理是别时也。……依此《经》，少善根是空发愿，广善根是七日念佛；若能七日念佛，满百万遍，即得往生也。①

可是魏译本《摄大乘论》在说别时意的发愿事时，明指《无量寿经》，所以迦才的解释同样也非别时意的本意。迦才又云，别时意者，有别时和不别时之别。"唯空发愿，即是别时；若行愿兼修，非是别时。"②《摄大乘论》但据空发愿，不论修行，故是别时意；《观经》行愿具足，兼论修行，非别时意，故不可以别时之论来非难非别时之经。另外，敦煌本《观经义》、善导《观经疏》、怀感《释净土群疑论》、新罗元晓《游心安乐道》、题名智顗的《净土十疑论》、题名窥基的《弥陀经疏》等书中对别时意之解说，亦以愿行是否具足来论，大体上不异迦才之说，只是解说略有不同而已。③"可是摄论师不问唯有愿，或行愿具足。总之，否认凡夫往生报土之说。所以此等会释，未必能够认为是正确的。"④

善导除了就行愿是否具足来论讲别时意外，还有其新意。善导《观经疏》曰：

《论》云"如人念多宝佛，即于无上菩提得不退堕"者，凡言菩提，乃是佛果之名，亦是正报道理。成佛之法，要须万行圆备，方乃克成。岂将念佛一行，即望成者，无有是处。虽言未证，万行之中是其一行，何以得知？如《华严经》说："功德云比丘语善财言：我于佛法三昧海中，唯知一行，所谓念佛三昧。"以此文证，岂非一行也。虽是一行，于生死中乃至成佛永不退没，故名不堕。⑤

万行具备，方乃成佛；念佛虽为万行之一行，但必得不退。又《摄大乘

---

① （唐）迦才：《净土论》卷中，《大正藏》第47册，第90页上至第93页中。
② （唐）迦才：《净土论》卷中，《大正藏》第47册，第90页中。
③ 王孺童：《内学杂谈》，第389～499页。
④ 〔日〕望月信亨：《中国净土教理史》，印海译，第81～82页。
⑤ （唐）善导：《观经疏》卷1，《大正藏》第37册，第249页下。

论》的念佛是求正报，唯发愿是求生依报，正报难求，依报易往，所以愿往生者，仗佛愿力，莫不皆往。又"言南无者，即是归命；亦是发愿回向之义；言阿弥陀佛者，即是其行"①。行愿相扶，必得往生。善导的回应最为特别的当是对别时意的直接批判。《观经疏》云：

> 今时一切行者，不知何意？凡小之论乃加信受，诸佛诚言返将妄语。苦哉！奈剧能出如此不忍之言。虽然，仰愿一切欲往生知识等善自思量，宁伤今世，错信佛语，不可执菩萨论以为指南。若依此执者，是自失误他也。②

善导说，净土经中皆言，念佛发愿即得往生，为什么要错解经言？佛是如实知解见证者，凡佛所说，皆是真实决了义，"唯可深信佛语，专注奉行，不可信用菩萨等不相应教，以为疑碍，抱惑自迷，废失往生之大益"③。随顺佛教，不顾身命，决定依行，才不为异见异解所破。善导直斥无著错引经文，诳惑众生，所著的《摄大乘论》是"凡小之论"，"不相应之教"，表现出了千古少有的大气概。

从净土教的根本经典来讲，念佛发愿即得顺次决定往生并得不退转，而《摄大乘论》的别时意有违经意，严重地动摇了净土念佛的根本宗义，所以净土教不遗余力地加以会通或给予严厉的批判，特别是善导的批判体现了中国化佛教的自信和智慧，在佛教从胡向汉的转化上，以及中国佛教意识的建构上，都有非常广泛的意义。

思考与练习题

1. 别时意的本义是什么？
2. 无著从哪两方面来讲别时意？
3. 无著提出别时意的思想背景是什么？
4. 摄论师别时意与净土教的根本分歧是什么？
5. 唐代净土诸师如何解释别时意？

---

① （唐）善导：《观经疏》卷1，《大正藏》第37册，第250页上。
② （唐）善导：《观经疏》卷1，《大正藏》第37册，第250页上。
③ （唐）善导：《观经疏》卷1，《大正藏》第37册，第271页中。

第七章　净土的分类及西方净土的判摄

佛有三身，身即聚集之意，聚集诸法而成身，身之所依即是土。法身者，理法之聚集；报身者，智法之聚集；应化身者，功德法之聚集。《十地经论》说，法身是证显实相真如之常住理体，报身是酬报因行功德而显现相好庄严之身，应化身是应所化众生之机感而显现之身。这是古来较流行的一种说法。《佛地经论》中说自性身、受用身、变化身三身说即同于此。《金光明经》中则说法应化三身，与法报应三身说略有差异，其中之应身指佛以本愿力所现的相好庄严之身，化身是随类（人天龙鬼等）化现之身。[①] 印度经论中关于佛身的名称和种别大体不异此说。另外，大乘经论中还有多种异说，如四身说，乃至十身说等。

中国佛教对大乘的佛身净土论在解说的基础上还有新的分判，其中以慧远、智𫖮、窥基、善导等人的影响为大。

第一节　慧远的三土论

佛身净土是大乘经论的盛说，就中国佛教来说，以隋朝慧远的分类和判摄为嚆矢，可谓"中国净土思想的黎明"。慧远的分判方法比较全面，论说亦很有深度，其后的智𫖮、吉藏等人的论说虽有自家本宗的特色，然就理论方面均不出其外。

---

① （隋）慧远《大乘义章》解释说，《十地经论》的"法报应"和《金光明经》的"法应化"只是"真应开合"之不同。法身与报身合为真身，应身开分为应身与化身。从体相言，或分为二身，即法身与生身，或真身与应身；或分为三身，开真合应则成法身、报身、应身，开应合真则成法身、应身、化身。此外，慧远还以开真合应门、开应合真门、真应俱开门等对大乘经论中四身说，乃至十身说进行了解说。参见存德编著《净土宗教理史要》，第39～40页。

一　佛身论

慧远在《大乘义章·三佛义》中引《十地经论》说解释道：法身者，就体彰名，以无始法性为体，息妄显法，便为佛体，"显法成身，名为法身"。报身者，"酬因为报，有作行德，本无今有，方便修生，修生之德，酬因名报，报德为体，名为报身"。应身者，"感化为因，从喻名之，应德之体，名为应身"。真识之心，本隐今现，说为法佛。此真心体，为缘熏发，诸功德生，说为报佛。真心缘起法门之力，说为应佛。法佛离相为空，而体实有，自性清净，遍一切法界处。法佛如金，报佛如金器；无报佛，法佛则不显，但使显法佛，必有报佛生。法佛心性照明，为非事用，故须报佛。众生机感，如来响应示现，感化为应，感化之中，故须应佛。①

1. 别而论之，三佛同能觉照，但所觉照之法不定，故立三佛。

一者随相分别：法佛"唯知无始法性，名知理法"；报佛"能知行修对治，名知行法（自行法）"；应佛"了知三乘化教，名知教法（化他行法）"。二者宽狭分别：法身佛唯知理法，理外更无异法可知。报身佛知一切理、行二法，知理所证，知行能证。应身佛通知一切理、行、教三法，通缘一切，化众生故；了知理法，化他所入；知其自行，起化所畏作；知其利他，化他之用；知理知行，以为所诠，知教能诠。三者就实通论：三佛通知理法。法佛"知如来藏无始法性，是其理法。觉已真心，显了成德，名知行法。知已所证妙音法门，能为无尽言说之本，能生法螺无尽言音，名知教法"。报佛"知理所证，知行能证，知教所依"。应佛知义如上。但三佛所知之理，随相有别。法佛"知理无隐无显，证实返望，从来无缘，谁能覆我，故本非隐，本既非隐，岂有今显"；报佛"知理从缘始显，于事分齐，情外有理，情外之理，本为情覆，故说有隐，去情理现，故说有显"；应佛"知理缘起作用，知如来藏缘起集成生死涅槃一切种法故，教众生一切缘中息以求真"。②

2. 通而论之，三佛俱名法身佛、报身佛或应身佛。

三佛莫不以法以成，是故通得名法身。……报身者是其果之别称，三佛望因，并得称果，是果酬因，故通名报。约化以论，三俱名应。应随物

---

① （隋）慧远：《大乘义章》卷19，《大正藏》第44册，第837页下至第838页上。
② （隋）慧远：《大乘义章》卷19，《大正藏》第44册，第838页中至下。

情，显示此三，令诸众生，同见闻故。但经论中，为别三佛，隐显异名……此等各随义便以彰。法佛是体，显本法成，证法义显，故偏名法。报佛是相，本无今有，方便修生，酬因义显，故偏名报。应佛是用，化用随物。应成义显，故偏名应。[1]

慧远还就三佛之身的常与无常、说与不说等进行了广大而精微的论说。

二　佛土论

净土是佛的国土，因行因不同，故感果有异。总相而言，则有事净土、相净土、真净土三种。

事净者，是凡夫所居土也。凡夫以其有漏净业得净境界，众宝庄严饰，事相严丽，名为事净。然此事净，修因之时，情有局别，受报之时，土有分限，疆畔各异。[2]

别相而言，事净土有二：一者凡夫求有漏净业所得之土，如上诸天所居等。因为是从有漏善业感得，所以受用之时，还生三有烦恼结业，不生出世之道。又别由善友教化之力，所以能起，但不是所受境界之力。二者凡夫求出善根所得净土，如安乐国、众香界等。因为是从出世善业所得，所以受用之时，能生出世道。此二土可以说是天界与界外土之比较。

相净者，声闻缘觉及诸菩萨所居土也。如龙树说，有妙净土，出过三界，是阿罗汉当生彼中。……此诸贤圣，修习缘观对治无漏所得境界，妙相庄严，离垢清净，土虽清净，妄想心起，如梦所睹，虚伪不真，相中离垢，故名相净。然此相净，修因之时，情无局别，受报之时，土无方限；又此修时，心无定执，所得境界，随心回转，犹如幻化，无有定方。[3]

别相而言，相净土有二：一者声闻缘觉之人，自利善根所得之土，虚寂无

① （隋）慧远：《大乘义章》卷19，《大正藏》第44册，第838页下。
② （隋）慧远：《大乘义章》卷19，《大正藏》第44册，第834页上至中。
③ （隋）慧远：《大乘义章》卷19，《大正藏》第44册，第834页下。

形，如无色界。由于是从自行善根所生，所以受用之时，但生自行厌离善根，不能自然起大乘慈悲利他之行；设有起者，由佛菩萨教化之力，但不是所受境界之力。二者诸菩萨化他善根所得之土，不舍众生，随物受之，如维摩丈室。由于是从化他善根所生，所以受用之时，自然能起利他大乘善行。此二土有相续住持之土和一时暂现之土。

> 真净者，初地以上乃至诸佛所在土也。诸佛菩萨实证善根所得之土。实性缘起，妙净离然，常不变故，故曰真净。然此真净，因无缘念，土无缘念，土无相状。……此真土因无定执，土无定所，因无分别，土无彼此自他之异。①

别相而言，真净土有二：一者离妄之真，菩萨离妄真行，所得真土，还与妄合，如空在雾。菩萨位别不同，其土阶降不等，地位渐增，妄土渐灭，真土渐显，如雾渐消，虚空转显。二者纯净之真，是如来所在之土，纯真无杂，如净虚空，土虽清净，应于染合。此二土有妙寂离相之土和种种有相之土。

佛的真净土总说唯一佛土，别说则有真土、应土二种，或可分法性土、实报土、圆应土三种（见图1）。真土妙寂离相，犹如虚空，为缘起作用之性；应土随机示现，示有局别，染净分殊，庄严各异。真土为体，应土为用。法性土为法身所依，实报土为报身所依，圆应土为应身所依。或二或三，只是开合不同。

$$\text{真净土}\begin{cases}\text{真土}\begin{cases}\text{法性土——法身所依}\\\text{实报土——报身所依}\end{cases}\\\text{应土——圆应土——应身所依}\begin{cases}\text{法应土}\\\text{报应土}\end{cases}\end{cases}$$

图 1　佛的真净土

法性等三土之因：法性土以无始法性为因，实报土以诸度等行为因。此中有正因、缘因之别。法性土以本有法体之显现，虽有因隐果显之异，但法体无增减，故以无始法性以为正因，诸度行以为缘因。实报土本无法体，但于法性上，有缘起可生之义，遇缘便生，故以诸度行以为正因，无始法性以为缘因。此二土为真土，所以可并用无始法性为正因，诸度业行为缘因。圆应土之因，

---

① （隋）慧远：《大乘义章》卷19，《大正藏》第44册，第835页上。

圆应土是真土之影，有无不定；如果摄用从体，更无别因；如果体用分别，亦有同类因、异类因。同类因者还以应土之行而为应土之因，诸佛如来得土已久，现修诸行，庄严国土，如弥陀国土。二者异类因，实行真法为应土因。又此应土有二：一者法应土，由净土三昧法门，故现种种刹；二者报应土，以本大悲愿力因缘，现种种土。从正因、缘因来论，法应土以净土法门为正因，大悲愿力为缘因，若无悲愿，彼法不能独生应土。报应土以大悲愿力为正因，净土法门为缘因，若无彼法，虽有悲愿，应土则不生。此二为应土，所以可并用净土法门、大悲愿力为因。

佛身与佛土的关系可以三门分别来论。

1. 身土相依本末。一者国土依身，如《华严经》云，诸庄严具皆从如来法身中出，于一佛身现一切刹。二者身报依土，其实亦是国土依身，如经云"三界虚妄，唯一心作"。

2. 身土相依广狭。一者土宽身狭，如常人所见，身是别报，所以局狭，土是共果，所以宽广。二者身宽土狭，如经中说，或有佛土，在佛菩萨毛孔、衣文、天冠中住。三者身土俱宽，据实以论，身如虚空，土亦如之。四者身土俱狭，随化众生，或现小身，或居方便土。

3. 身土相依总别。"总相论之，三身一身三土，以一佛身依一佛土。随义别分，用彼三身别依三土。法性之身，依法性土；实报之身，依实报土；应化之身，还依应土。"身土性虽无别，但随相分异，故得相依。就法性土来说，"身之实性名法性身，土之实性名法性土"①。就应土来说，为化差别不等，或土随身，如弥陀佛，成佛前国土鄙秽，成佛后国土严净。或身随土，如释迦佛，久成佛道，身居秽国，示为凡俗不取正觉。或身异土，如释迦身居秽国，而现成佛，其土现为报，报定难改，故始终恒秽，如佛色身，现为报故，始终恒定。此是释迦智行功德，方便非报，故初现凡后转圣。

慧远的净土论以众生的业因不同所感国土亦有优劣之差异。即凡夫以有漏净业所感是事净土，二乘及菩萨以无漏净业所感是相净土，菩萨及佛的实证善根所得是真净土。这是基于《维摩经》，兼依《十地经论》《摄大乘论》等净土义来说的。关河学的净土论亦是以《维摩经》来说的，但诸家有异。如道生以佛无净土，众生有之；罗什以众生无土，唯佛有之。慧远认为，道生是摄实

---

① （隋）慧远：《大乘义章》卷19，《大正藏》第44册，第836页下至第837页上。

从相，如经言，普贤依于如如，不依佛国。罗什是摄相从实，如经言，佛国清净，随业而现。而他的净土论是分相异实，众生与佛，各别有土，这是以业摄果，果随业别，如恒河水，恶鬼见火，如来见水。就佛土质之同异来说，则有处、事之分别。就处言，则有同处异见、异处同见、同处同见、异处异见。就事论，则有一质同见、异质同见、一质异见、异质异见。此说得到吉藏的进一步发挥。

慧远的净土论可谓尽其委曲，详微入深，但在组织上则未彰显大乘佛土的殊胜性。如凡夫之事净土，以诸天、安乐国、众香界来说，而菩萨之相净土则以无色界、维摩丈室来论；又以诸天为净土，或为其求生兜率所影响。①

三　西方净土的判摄

慧远以《观音授记经》中弥陀入灭，观音大势至相次补处成佛而判阿弥陀佛为应身佛，其土为应土。又以《观经》通分段生死，而判西方净土为事净土，即净土中的粗国。从本迹二门来讲，应身依真身而起，所以慧远的《大乘义章》说阿弥陀佛"得土已久"，《观经义疏》说阿弥陀佛更有"妙刹国土"。由此可见慧远对西方净土判摄不高，但他从整个大乘佛教的整体性上，将净土经典判为顿教菩萨藏，赋予了净土教义特殊性，其意义和影响甚远。

第二节　智顗的四土论

智顗的净土论大体不异慧远之说，② 但有其自宗的特色。智顗云，佛本无身无土，但随顺世间而有法、报、应三身。智顗又以三身配天台学的真性轨、观照轨、资成轨，体现了天台家的诠释特色。《金光明文句》云，法身者，师轨法性，还以法性为身；报身者，如如智照如如境（法性），智境相应相冥，强名此智为身；应身者，从体起用，逐物显现，应同物身为身。此三身即一而三，即三而一。三身佛名字不同，所召法体皆异，摄化众生有别。③ 智顗又从应身开劣应身、胜应身。《法华文句》云："劣应，应声闻；胜应，应菩萨。"④

① 〔日〕望月信亨：《中国净土教理史》，印海译，第 50 页。
② 〔日〕望月信亨：《中国净土教理史》，印海译，第 57 页。
③ （隋）智顗：《金光明文句》卷 2，《大正藏》第 39 册，第 53 页中至下。
④ （隋）智顗：《法华文句》卷 6，《大正藏》第 34 册，第 81 页上。

即劣应身应钝根，胜应身应利根，这是对古来三身说的解释。

一 四土论

佛身所依以名为佛土，所居域境以名佛国、佛刹，所住界分以名佛世界。《维摩略疏》曰：

> 然国有事理，事即应身之域，理则极智所照之境，而至理虚寂，本无境智之殊，岂有能所之别。但以随机应物说有真应，故明理事也。然非本无以垂迹，故有应形应土，非迹无以显本，故引物同归法身真国。故文云：虽知诸佛土永寂如空，而现种种清净佛土，则应同凡圣，现有封疆，凡圣果报高下殊别。[①]

从理言，一切国土皆从法身国应现，若净若秽，皆不可说。从事言，从本现迹，有因缘故，而可说也，悉檀赴机，皆得说也。诸佛利物差别之相，无量无边，略为四种。

1. 凡圣同居土。此土为凡圣同居，故是染净国。染净者，九道杂共，六道鄙秽，故名为染，三乘见真，故名为净。此染净土凡圣各有二，如图2。

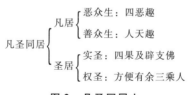

$$\text{凡圣同居}\begin{cases}\text{凡居}\begin{cases}\text{恶众生：四恶趣}\\\text{善众生：人天趣}\end{cases}\\\text{圣居}\begin{cases}\text{实圣：四果及辟支佛}\\\text{权圣：方便有余三乘人}\end{cases}\end{cases}$$

图2　凡圣同居土

凡居是善恶众生所居。圣居之实圣，即地前菩萨，通惑虽断，报身犹在。权圣者，地上菩萨及法身大士受偏真法性身，为利有缘，愿生同居。此凡圣同居土又有净秽之分：同居净土者，如弥陀国，虽无四趣，但有人天，故名为净；同居秽土者，如娑婆土，充满不净，故名为秽。

2. 方便有余土。三乘菩萨证方便道所居。通惑断尽，舍分断生死，生于界外，受法性身。未断别惑，尚有变易生死，故名有余。方便行人所居，故亦名方便。"《法华》云：'我于余国作佛，更有异名，是人虽生灭度之想，而于彼土求佛智慧。'即其意也。《大论》云：'二乘入灭，虽不生三界，界外有净

---

① （隋）智顗：《维摩略疏》卷1，《大正藏》第38册，第564页上。

土，于彼受法性之身。'"① 即指此土而言。

3. 实报无障碍土。纯法身菩萨居，即莲华藏世界，一世界摄一切世界，一切世界亦各摄一切世界，如因陀罗网重重无尽无障碍，故名无障碍土。菩萨观一实谛，破无明，显法性，然无明未尽，润无漏业，受法性报身，所得果报为实，故名果报、实报。《仁王经》云"三贤十圣住果报"；《法华经》云"娑婆世界，坦然平正，其诸菩萨，咸处其中"；《大智度论》云"法性身佛为法身菩萨说法，其国无声闻支佛之名"；《华严经》名因陀罗网世界；《摄大乘论》名华王世界。② 即指此土而言。

4. 常寂光土。妙觉所居，妙觉极智所照如如法界之理，名之为国。知无明性即是明，为不思议极智所居，故云常寂光，亦名法性土。但真如佛性，非身非土，而说身土。《仁王经》云"唯佛一人所居"；《维摩经》云"心净则土净"；《普贤观经》云"释迦牟尼名毗卢遮那，遍一切处，其佛住处，名常寂光"。③ 即指此土而言。

前三土为众生自业所感，常寂光土唯佛所有。又佛入众生之土，将此四土配以佛的三土。即凡圣同居、方便有余二土是应土，即应佛所化之土；实报无障碍土是亦应亦报土，即报佛所化之土；常寂光土，但是真净，是非应非报土，即法身所居之土。这是智顗《维摩略疏》的解说。④ 此外，智顗的四土说亦可对应慧远的三土说。凡圣同居土相对于事净土，方便有余土相当于相净土，实报、常寂光二土，相对于真净土。其后，吉藏的凡圣同居土、大小同住土、独菩萨所住土、诸佛独居土四土判基本上同于智顗的四土说。

二 西方净土的判摄

智顗以阿弥陀佛为应佛，其土为应土。如《观音授记经》所云，阿弥陀佛灭后，观音补处成佛。《法华文句》云："法身非量非无量，报身金刚前有量，金刚后无量，应身随缘则有量，应用不断则无量。"⑤ 可知其佛寿有量，所以为

① （隋）智顗：《维摩略疏》卷1，《大正藏》第38册，第564页下。
② （隋）智顗：《维摩略疏》卷1，《大正藏》第38册，第564页下至第565页上。
③ （隋）智顗：《维摩略疏》卷1，《大正藏》第38册，第565页上。
④ 《维摩略疏》中独言凡圣同居土有净秽之别，但在天台《观经义疏》卷中则有不同的解释，疏中云，四土各有净秽，"五浊轻重，同居净秽；体析巧拙，有余净秽；次第顿入，实报净秽；分证究竟，寂光净秽"。《大正藏》第37册，第188页中。这也是《观经义疏》非智顗所作的证据之一。
⑤ （隋）智顗：《法华文句》卷9，《大正藏》第34册，第128页下。

应佛应土。就四土论来说，西方净土是应土中的凡圣同居土，即染净国。《维摩略疏》解释云，无量寿国果报殊胜，但染净凡圣同居；虽无四趣，但有人天。如《观经》云，"犯重罪者，临终之时忏悔念佛，业障便转，即得往生"①。故知虽具惑染，但只要愿力持心，亦得居也。智颛虽也求生西方，但和慧远一样对西方净土的判位并不高。其后，随着天台宗人以西方净土为终趣，智礼等人从天台性具学说云，阿弥陀佛虽是应身，但即三身而一身，西方虽是凡圣同居土，但横具上三土，赋予了西方净土殊胜地位。

第三节　唯识教说的四土论

唯识教说的净土依《佛地经》分为自性土、受用土、变化土三种，其后的唯识论师均顺此来说，窥基结合《瑜伽论》《摄大乘论》《佛地经论》《成唯识论》进行了全面的论述，且很有新意。

一　四土论

《佛地经》云："自性法受用，变化差别转。"② 无著在《摄大乘论》中解释云：

> 自性身者，谓诸如来法身，一切法自在转所依止故。受用身者，谓依法身，种种诸佛众会所显清净佛土，大乘法乐为所受故。变化身者，亦依法身，从睹史多天宫现没、受生、受欲，逾城出家，往外道所修诸苦行、证大菩提、转大法轮、入大涅槃故。③

此三身以五法为体，五法即清净法界与大圆镜智、平等性智、妙观察智、成所作智。一说前二法是自性身之体，次二法是受用身之体，最后一法是变化身之体。

此三身者皆是智差别所形成。法身常住不灭，清净无相，但为化众生而有二身。"种种受用身依止，但为成熟诸菩萨故"；"种种化身依止，多为成熟声

---

① （隋）智颛：《维摩略疏》卷1，《大正藏》第38册，第564页中。
② （唐）玄奘译《佛地经》，《大正藏》第16册，第723页中。
③ （唐）玄奘译《摄大乘论》卷下，《大正藏》第31册，第149页上。

闻等故"。① 受用身即是清净之报身，住十八圆净之净土，但化菩萨。变化身者是从兜率天下生娑婆秽土，多化二乘，兼摄地前菩萨。其后亲光将受用身土开为自受用和他受用。《佛地经论》云：

> 一自受用，谓如来三无数劫所修无边善根所感，周遍法界，为自受用大法乐故。从初得佛尽未来际，相续无变。如诸功德，诸大菩萨亦不能见，但可得闻。如是净土以无量故，诸佛虽见亦不能测其量边际。二他受用，谓诸如来为令地上诸菩萨众受大法乐，进修胜行，随宜而现，或胜或劣，或大或小，改转不定，如变化土。如是净土以有边故，地上菩萨及诸如来皆测其量，但就地前言不能测。……如是净土为与三界同一处所，为各别耶？有义各别，有处说在净居天上，有处说在西方等故。有义同处，净土周圆无有边际遍法界故。如实义者，实受用土周遍法界无处不有，不可说言离三界处，亦不可说即三界处。若随菩萨所宜现者，或在色界净居天上，或西方等处所不定。②

论中自受用土，周遍法界，无处不有，是佛的自内证境界，唯佛所知，尚非十地菩萨及二乘所能知。他受用土者，是为地上菩萨随宜所现，处所不定，或在净居天，或在西方。变化土者，是为凡夫二乘所化的净秽土；净土者乃兜率天，秽土者乃娑婆土。

唯识学说主张，报身但化地上菩萨，化身者化地前二乘凡夫。而且论中很明确地以西方净土为报土，非三界所摄，那么凡夫二乘则不能往生。《摄大乘论》云："诸佛如来受五喜，皆因证得自界故，二乘无喜由不证，求喜要须证佛界。"③《往生论》又说："大乘善根界，二乘种不生。"④ 那么地前者就只能往生化土，化土是佛为地前所宜众生而变化，或净或秽，如弥勒土净，释迦土秽。秽土者非众生本能的往生处，所以唯识学者皆愿求生兜率。《法苑珠林》记云：

————————

① （唐）玄奘译《摄大乘论》卷下，《大正藏》第31册，第149页下。
② （唐）玄奘译《佛地经论》卷1，《大正藏》第26册，第293页中至下。
③ （陈）真谛译《摄大乘论》卷下，《大正藏》第31册，第130页上。
④ （北魏）菩提流支译《往生论》，《大正藏》第26册，第231页上。

玄奘法师云，西方道俗并作弥勒业，为同欲界其行易成，大小乘师皆许此法。弥陀净土恐凡鄙秽修行难成，如旧经论，十地已上菩萨随分见报佛净土。依新论意，三地菩萨始可得见报佛净土，岂容下品凡夫即得往生，此是别时之意，未可为定。所以西方大乘许，小乘不许。故法师一生已来常作弥勒业，临命终时发愿上生见弥勒佛。①

所以无著将念佛事和发愿事归为别时意，所谓的别时意说是就往生受用土来说的，而不是就变化土来说的。

窥基依据唯识经论，将净土分为法性土、自受用土、他受用土、变化土。《法苑义林章》解释云，前三土唯净，变化土则通净秽。法性土是自性身，体常不变，以真如之理为体，为一切法之实性。

自性身土即真如理，虽此身土体无差别，而属佛法，相性异故。以义相为身，以体性为土；以觉相为身，以法性为土，体具恒沙真理功德，此佛身土俱非色摄，非心心所，但依一如差别义说。②

受用土因身相粗细有别，以所变之土而分自、他二种。自受用土是大圆镜智相应之净识，由昔所修自利无漏纯净土因缘成熟，从初成佛尽未来际，相续变为纯净佛土，唯以无漏色蕴为体性，体具事相色法功德。此土是佛成菩提时之自内证的境界，为佛自受用之法乐，唯佛所知，尚非十地、二乘境界。

他受用土是平等性智之大慈悲力，由昔所修利他无漏纯净佛土因缘成就，随于十地菩萨所宜变为净土。其土以无漏色蕴为体性，亦以十地菩萨之五蕴及金银等四尘等器土为体性。故他受用土中之有情及器界具称佛土。此佛土，佛所变者唯是无漏，菩萨变者，通有漏无漏。其土有情通以五蕴功德为性，器土具十八圆净。他受用土者，随菩萨阶位不同而所见有异。

变化土是佛成所作智之大慈悲力，由昔所修利他无漏净秽佛土因缘成熟，随未登地菩萨所宜，化为佛土，或净或秽，如弥勒土净，释迦土秽。此化土是佛随所宜众生而变现，此土亦以有情五蕴及器四尘等为体性。此土就佛所变唯是无漏，余有情变则通有漏和无漏。

---

① （唐）道世：《法苑珠林》卷16，《大正藏》第53册，第406页上。
② （唐）窥基：《法苑义林章》卷7，《大正藏》第45册，第370页中。

佛土以真如为性，是佛的净识所变；然佛慈悲，以自识上随菩萨所宜而现粗妙之土，菩萨随自善根愿力，在自识上于佛所变之土泛起相分境。菩萨自识所变之土虽是各别所现，随其自分感召而有差别，但同一处，形相相似而已。法性土、自受用土是佛自证所证之土；他受用土为地上菩萨所变，变化土为地前凡夫所示现，属于利他土，其土本质上虽属无漏，但由于是众生自识所感之土，故通于有漏和无漏。四土皆以佛的净识为体，法性土是识之实性，为真如法性；自受用土是大圆镜智与无漏第八识相应而变；他受用土为平等性智与无漏第七识相应而变；变化土为成所作智与无漏前五识相所变。离识之外，别无净土。诸经论中的种种佛土，若从真谛门中说，如来功德身土，甚深微妙，非有非无，离诸分别，绝诸戏论，非界处等法门所摄，故非身非不身。然就俗谛门中说，则有诸差别身。诸佛身佛土有开合之不同，故经论中说有一身、二身、三身、四身、十身等差别，诸经中虽有不同之说法，以唯识转变来说，不外以上四身四土。

二　西方净土的判摄

以唯识经论来论，西方净土是报土，所以唯识系的惠景、神泰、遁伦等主张西方净土唯是报土。但随着弥陀信仰的流行，唯识学受此影响而主张西方净土通于报化二土，如窥基、圆测、元晓、憬兴、智周等。窥基在《上生经疏》中说西方净土唯是报土，《法苑义林章》中则说通报化二土。窥基解释云，约报土说，西方净土是他受用土，如《摄大乘论》言是他受用土，十念往生，为别时意；《观经》等说阿毗跋致不退菩萨方得往生，非以少善根因缘而得生故；《净土论》云女人二乘缺根等皆不生。又引《观经》云弥陀身量白毫相如五须弥，《观音授记经》言弥陀灭后观音次当补处，所以西方净土是他受用土。约通化土说，《鼓音王经》云弥陀有父母等，《观经》说九品之中有阿罗汉等，所以西方净土又通化土。然此通化土者，皆是他受用身之示现，所谓父母王国等实即无之，阿罗汉等是借彼名说，实为菩萨。据此来说，窥基唯取西方土是报土，所谓通化土者，乃是他受用身之变化而已。

关于西方净土的住处，《法苑义林章》云："法性土即真如理，无别处所，自受用土亦充法界，更无别处。"他受用土者，《佛地经》及其论释言超三界，是道谛善性所摄，其处所或说在净居天上，或说在西方等，因净土周圆，无有边际，遍法界故，所以处所不定，如《法华经》之灵山净土，"十地所见乃是报土，地前所见乃是化土，随宜而现，何得定方别指一处"。化土者，"必随三界处所，任物化生，即便现故"，"所化必有异熟识在，异熟识必是三界摄，何得出界？土非界，系言超三界，非处有别，随所化故"。① 此化土，虽是三界摄，但非即是三界，故言超三界，并非处所有别，只为化众生故。所以弥陀土是他受用土，又通报化土。据此可知，弥陀土约报土说，超三界摄；约化说，三界摄，但非即是三界。由于西方净土通报化二土，所以为三界所摄，但又非三界，而是超三界。这不能不说是受到了净土宗的影响。

第四节　迦才的极乐具三土论

迦才以体相用三义主张法报化三土说。《净土论》云，法身土有体、相、用三大义。体大义者，真如本体，包含内外，贯通凡圣，为万德所依。相大义者，如来藏体具足无漏性德。用大义者，能生世出世间善因果。体大为所住之土，相、用二大为能住之人。报身土者，有实报土和事用土。实报土者，"人土同体，谓始起万德，为其土体"。此人及土，唯佛自见。事用土者，"人土别体"，初地已上菩萨，随分得见，粗妙有异。化身土者，有常随化土和无而忽有化土。常随化土，屡灭屡现，恒而不绝；无而忽有化土，以此化身，更其多化，此土唯是地前菩萨、二乘凡夫所见。② 迦才此三土说是以《摄大乘论》来讲的，基本上是承袭摄论师法常之说。

一　西方净土具三土说

迦才的净土论比较有新意的是西方净土具法报化三土。土虽为一处，但依凡圣所见而有不同。若入初地已去菩萨正体智见者，即是法身土；若加行后得智见者，即是报身土；若是地前菩萨二乘凡夫见者，即是化身土。往生者能见下，下不能见上，如龙树往生具见三种净土，地前往生唯见化土，不见法、报二土。

西方净土是法身土者，法身周遍法界，包含内外，故是法身土。报土者，《同性经》云，现见我者，此是如来报身，又净土中成佛，一切皆是报身。迦才据此判说，净土中成佛是报身，是受用身，但非是实报身；若作化身，即是

---

① （唐）窥基：《法苑义林章》卷7，《大正藏》第45册，第372页中至下。
② （唐）迦才：《净土论》卷上，《大正藏》第47册，第84页上至中。

细化身。如经云，秽土中成佛是化身，秽土中亦见报身，何故净土中不得见化身？所以"净秽二土，皆具两身"①。是化土者，依《观音受记经》《鼓音王经》等云，弥陀入灭，有父母等，故为化土。

又化土中，有胎生、化生之别。胎生者，有《无量寿经》的边地胎生和《鼓音王经》的实胎生。化生者，具有三种。一者纯大乘土，是纯学大乘所生之土，即上品三生是也。故《往生论》云"大乘善根界，等无讥嫌名，女人及缺根，二乘种不生"。二者纯小乘土，是纯学小乘所往生之土，即中品上中生。故《智度论》云："有妙净土，出过三界，诸阿罗汉，当生其中。"三者大小杂居土，杂学大小乘所生之土，即中品下生及下品三生。如中品下生，杂闻大小乘，往生得阿罗汉果，后乃回心向大。下品三生者，闻大乘法，往生后发菩提心。粗论有此三土，若委曲分别，众生起行，既有千殊，往生见土，亦有万别。所以诸经中判弥陀土或报或化，皆无妨也，不失旨也。如《摄大乘论》云："加行感化，正体感报，若报若化，皆欲成就众生。"②

二 西方净土的处界

西方即具三土，所以就其与三界来说，有摄不摄义。就佛来论，妙超三界，就众生论，或摄或不摄。若是初地已上菩萨，及罗汉辟支无学人往生者，由其已断三界烦恼，超分段生死，故其土不摄三界，如《智度论》所言的"妙净土"。若据凡夫及三果人往生者言，此等众生未出三界，有分段生死，即在三界摄。如《无量寿经》云，彼国有四天王天、忉利天乃至净居天等，即知有欲色二界，但不论无色界，"意欲赞叹净土妙色庄严，引物往生，所以不论也，而体则有也"③。西方净土虽然有欲界，但与欲界名同义别，三界之欲界有上心欲和种子欲，西方欲界唯有种子欲，而无上心欲，无恶心及无记心，唯有善心，色界亦尔。由于西方土是三界摄，故烦惑业众生，易得往生；若出三界，凡夫学人则绝分也。不可将三界内具足烦恼众生，令往生三界外报土。今判但化净土，化界内众生，若是报净土，则出三界，化界外众生。故迦才判弥陀土为三界所摄。

《净土论》云，净土有三品，"东方妙喜世界，是下净土，杂男女故；西方极乐世界，是中净土，杂二乘故；上方众香世界，是上净土，无二乘故。此三

---

① （唐）迦才：《净土论》卷上，《大正藏》第47册，第85页中。
② （唐）迦才：《净土论》卷上，《大正藏》第47册，第84页下至第85页上。
③ （唐）迦才：《净土论》卷上，《大正藏》第47册，第85页下。

品净土，并在欲界中，由在人天别住处故"。如经言，妙喜世界、极乐世界、众香世界中皆有人天，此土即有人天有别住，故在欲界。"若在色界，虽有天，则住处，当知则在欲界中也；若在色界，虽有天，则无人，由色界在上，人不能上故；若出三界外，则无人天别住处也。"① 净土虽有三品，皆得不退，如西方净土有四缘，唯进不退，有长命故不退；有佛菩萨为善知识故不退；无有女人，六根境界并是进道缘，故不退；唯有善心故土退。

对于迦才的西方净土摄、不摄三界的判说，望月信亨总结说：

此以通报化二说，报土为出过三界者，化土为三界所摄，即属欲色二界者。盖以上之说，为诸师一向所唱，但诸师以报化二土为有别处，迦才则以弥陀净土同时具有。所以彼土是报土，同时又是化土，是三界之所摄，同时亦非三界，本质完全未定。不但如此，彼以为化土中，有纯大乘土与纯小乘土。纯大乘土者，引《往生论》之"二乘种不生"说为证。纯小乘土，则列举《智度论》之妙净土说为证。不过，此二论均主张净土为出过三界之报土。所以，以此作为化土之佐证，实为不妥当。总而言之，彼对摄论诸师以凡夫之往生报土为别时意说，则凡夫救济之门被封锁，因而研究出常随化说。唱道一种折衷论谓：西方净土是报土，同时亦是长时之化土，地上菩萨生彼土而见报土，凡夫二乘则见化土。其用意是可谅解的。可是折衷论在很多方面，是易出破绽的，迦才即是一例。②

第五节　善导的凡夫报土论

佛陀教法的终趣在于获得解脱，解脱圣果之获得在早期经论中就有次第而入和一时而入之别。《阿含经》记载，佛陀说法与会大众即于座上"远离尘垢，得法眼净"而见道，以《大毗婆沙论》来解释，法眼净具摄沙门四果。又如须跋陀罗和耶舍更以在家身份闻法而得阿罗汉果，是从重于三学中的慧学而论。所以大众部认为"慧为加行"。从重于三学中的定学而论，定有渐次，故须从加行位十六心次第渐修而入见道位，再入修道位。部派佛教对此有深入的讨

---

① （唐）迦才：《净土论》卷上，《大正藏》第 47 册，第 86 页上。
② 〔日〕望月信亨：《中国净土教理史》，印海译，第 87 页。

论。佛教进入大乘时代，净土信仰高涨，于是将解脱的重点放到往生净土上。往生净土者皆是不退转，是大乘经论的共说，然在往生净土者身份的判定上则有了不同的说法。纵观经论不外有二说：一者倡菩萨往生说，一者则主凡夫往生说。此二说皆有其内在的逻辑结构和教相理据，关键是和早期佛教的证果一样，其思想的立论点不同。

一　菩萨往生说

他方净土是清净报土，是佛无漏果报的显现。从自力论，有漏凡夫见不可见，更何况往生！从业感讲，凡夫只能感得有漏土，故他方净土只有地上菩萨才可往生或感得。由于经论中对菩萨十地有不同的解说，所以在菩萨往生净土上就有了不同的说法。

关于菩萨的行位，大乘初期通用的是十住说。① 《摩诃般若经》云：

> 菩萨摩诃萨住是十地中，以方便力故，行六波罗蜜，行四念处乃至十八不共法，过乾慧地、性地、八人地、见地、薄地、离欲地、已作地、辟支佛地、菩萨地；过是九地，住于佛地。②

《摩诃般若经》说到了两种十地，一种是菩萨所住十地（但地名不明），另一种是和十住说相近的乾慧等十地。③ 《上品般若经》成立时吸收了《十地经》的欢喜地等十地说。龙树《大智度论》解释云：

> 地有二种：一者但菩萨地，二者共地。共地者，所谓乾慧地乃至佛地。但菩萨地者，欢喜地、离垢地、有光地、增曜地、难胜地、现在地、深入地、不动地、善根地、法云地。④

这样就建立了菩萨行位的二类十地说。所谓共十地是三乘共地，不共十地是菩萨独住之地。共十地是部派佛教的行位，被初期大乘所吸收。依声闻教

---

① 十住，即初发心住、治地住、修行住、生贵住、方便具足住、正心住、不退住、童真住、法王子住、灌顶住。
② （后秦）罗什译《摩诃般若经》卷6，《大正藏》第8册，第259页下。
③ 印顺：《大乘佛教的起源与开展》，第919页。
④ （后秦）罗什译《大智度论》卷49，《大正藏》第25册，第411页上。

说，声闻人以十六心断见惑而见道，而住第三地八人地，其果位相当于声闻初果。《大智度论》云，"八人若智若断，乃至辟支佛若智若断，皆是菩萨无生法忍"①，即八人地已分得菩萨无生法忍入菩萨位。由此可见，共地的第三八人地相当于不共地的初欢喜地。

大乘经论所论往生皆是以菩萨不共十地来说的。大乘经论中均云，初地菩萨三结灭尽，正性离生，证毕竟空，能见佛报身，庄严净土，住如来境界，综其境界言，初地菩萨可往生净土，所以《楞伽经》中明云，龙树菩萨"证得欢喜地，往生安乐国"②。如果就三乘共地来说，那么第三八人地才能往生净土。

菩萨初地往生报土是大乘经论的共说，但唯识家又有"三地往生"说。亲光《佛地经论》云：

> 清净佛土，一向净妙、一向安乐、一向无罪、一向自在，余处说故，《解深密》说三地已上乃得生故，说此经佛具后所说二十一种实功德故，说余经时不列如是佛功德故。③

《解深密经》云，菩萨对止观的成就，"从初极喜地名为通达，从第三发光地乃名为得"④。又云，菩萨十地以四种清净所摄，增上心清净摄第三地（发光地），也许亲光据此得出第三地菩萨往生受用土，但在经中并有三地往生的经文。圆测在《解深密经疏》解释说：

> 《解深密》说三地已上乃得生故。（解云：此经无此文也，应是广本，或可译家错也，此文即是《瑜伽》第七十九说）。⑤

《瑜伽论》云，清净世界无三恶道，无三界，唯纯菩萨僧于中止住，"第三地菩萨，由愿力自在故，于彼受生"⑥。圆测并不认可《解深密经》有三地往

① （后秦）罗什译《大智度论》卷86，《大正藏》第25册，第662页中。
② （北魏）菩提流支译《入楞伽经》卷9，《大正藏》第16册，第569页上。
③ （唐）玄奘译《佛地经论》卷1，《大正藏》第26册，第292页下。
④ （唐）玄奘译《解深密经》卷3，《大正藏》第16册，第699页中。
⑤ （唐）圆测：《解深密经疏》卷1，《卍新纂续藏经》第21册，第185页上。
⑥ （唐）玄奘译《瑜伽师地论》卷79，《大正藏》第30册，第736页下。

生说，而主张所谓三地往生本出《瑜伽论》。其他的唯识家对此解释似乎并未切入问题的本质。①

瑜伽行派中的菩萨阶位是以声闻乘的阶位来组织完成的，不管是声闻地还是菩萨地均是以种性为出发点而建立，论中分别成立了声闻乘和菩萨乘的种性住至究竟住。《瑜伽论》云："菩萨十二种住，随其次第，类声闻住。"② 菩萨从种性住、胜解行住进入第三极欢喜住断尽烦恼证百三摩地，能见佛国土，于彼变化住持，教化有情。

> 若广宣说：如《十地经》极喜地说，彼《十地经》广所宣说菩萨十地，即是此中菩萨藏摄；摩怛理迦略所宣说菩萨十住，如其次第，从极欢喜住乃至最上成满菩萨住。应知此中由能摄持菩萨义故，说名为地；能为受用居处义故，说名为住。③

从《瑜伽论》来看，其所说的十二住中的第三极欢喜住至第十最上成满菩萨住，次第相对应于《十地经》的欢喜地乃至法云地。由此可知，《瑜伽论》中所说的"第三地菩萨"是指菩萨十二住位中的第三极欢喜住菩萨，和《十地经》中的初欢喜地往生是相一致的。此外，《菩萨地持经》所说的十二住也是第三欢喜住相对应于初地（见表4）。

又从《瑜伽论》来看，菩萨住的第三极欢喜住与声闻住的第三正性离生住相对应。④ 正性离生住是见道入初果，其位阶和三乘共地的第三八人地相对应。以此来看，唯识家所说的"第三地"实指十二住位中的第三极欢喜住和三乘共地的第三八人地，并不是菩萨十地中的第三发光地。这样就能和初地往生相一致，否则，就与唯识系的《佛地经论》中所说的菩萨往生受用土相矛盾。⑤

---

① 如（唐）窥基《阿弥陀经疏》云："此约他受用土说。"《大正藏》第37册，第312页上。据（唐）遁伦《瑜伽论记》卷21中所记，景法师认为，此约实报土说，"约相，三地得定，依定修观，方得往生，故作是说"。神泰云，"理实而言，初地、二地菩萨亦得生彼，今据净土无欲，三地已上离欲菩萨生于彼故，但说三地生于净土，无有凡夫及二乘圣人凡夫菩萨得生于彼"。《大正藏》第21册，第790页下。
② （唐）玄奘译《瑜伽师地论》卷48，《大正藏》第30册，第562页下。
③ （唐）玄奘译《瑜伽师地论》卷47，《大正藏》第30册，第556页中。
④ 〔日〕清水海隆：《〈瑜伽师地论〉中的声闻道与菩萨道》，慧观译《瑜伽论研究论文集》上册，慈氏文教基金会，2018，第89~94页。
⑤ 存德：《唯识经论"三地往生"说之考察》，释光泉主编《唯识研究》第九辑，宗教文化出版社，2021，第42~55页。

表4　十二住与十地位相对应

	菩萨十二住	声闻十二住	《瑜伽论记》位相	《十地经》十地
1	种性住	自种性住	种姓（在未发心时本有种姓）	
2	胜解行住	趣入正性离生加行住	在七方便	
3	极欢喜住	已入正性离生住	见道乃至初果	欢喜地
4	增上戒学住	增上戒学住	戒学	离垢地
5	增上心学住	增上心学住	定学	发光地
6	觉分相应增上慧住	增上慧学住	断上三品惑	焰慧地
7	诸谛相应增上慧住	增上慧学住	断中三品惑	极难胜地
8	缘起流转止息相应增上慧住	增上慧学住	断下三品惑	现前地
9	有加行有功用无相住	无相三摩地加行住	已得四根本定、与彼无色为加行道	远行地
10	无加行无功用无相住	成满无相住	三无色	不动地
11	无碍解住	从此出已入解脱处住	从断非想九无碍及灭尽定	善慧地
12	最上成满菩萨住	阿罗汉住	阿罗汉果	法云地

以《般若经》云，初地菩萨见道而得无生法忍，住不退转位，又往生净土者皆是不退转。不退转随着佛教教义的发展，有诸种不退之说，但从大乘初期的摄二乘来讲，此不退转是指退堕凡夫及恶趣，而不是二乘。所以三乘人皆可共入净土，这应该是求生净土的古义。至于说"二乘种不生"，那是后来的说法，显示了大乘对小乘的态度而已。以三乘共地的八人地菩萨（声闻初果）和不共地的欢喜地菩萨才能往生净土，是从自力论上论，其判摄方法是"望果判人"。

二　凡夫往生说

在大乘经论除菩萨往生说之外，还有凡夫往生一说，此说特为净土宗所提倡。净土宗依据"净土三经"而坚决主张凡夫往生说，认为净土立教的本意是凡夫，而非菩萨。净土教所说的"凡夫"是见道以前的生死凡夫，而非地前凡夫，需要特别加以注意。

《阿弥陀经》云，善男子、善女人执持名号，可命终往生极乐国土。《无量寿经》云，十方众生，至信发愿，乃至一念，即得往生。经中虽云十方众生，不唯菩萨，都可往生，但简除了"五逆谤法"者。《观无量寿佛经》中则更摄一切善恶众生。经云：

> 或有众生，作不善业，五逆十恶，具诸不善。……临命终时，遇善知识，种种安慰，为说妙法，教令念佛。彼人苦逼，不遑念佛。善友告言："汝若不能念彼佛者，应称归命无量寿佛。"如是至心，令声不绝，具足十念，称南无阿弥陀佛。称佛名故，于念念中，除八十亿劫生死之罪，命终……即得往生极乐世界。[①]

在净土教中，西方净土正是报土，凡夫能往生报土之关键是弥陀本愿力，阿弥陀佛"为众生故，被弘誓铠，积累德本，度脱一切"，故经云往生者"依本愿力故"。[②] 在净土教看来，若只有菩萨才可生报土，而菩萨由愿力自在故，可随宜受生，[③] 那么不须借助弥陀本愿，就无法彰显大乘法中特别是净土教的他力论。这是从他力而论，其判摄方法是"据因判人"。

三　九品判位

关于西方净土及往生者的判摄，在善导之前虽有种种不同的论说，要而言之，大体不外三种观点：一者西方为事净粗国土，是凡夫往生所居，即慧远、智颢、吉藏等所倡导；二者西方为报土，唯是菩萨所居，即昙鸾、摄论师等所主张；三者西方通于报化二土，地上圣人生报土，凡夫二乘生化土，即迦才、道世、元晓等所建立。[④] 此等诸师皆认为净土是众生自业所感，凡夫所感者只能是粗净土，菩萨所感者即清净报土。总之，此等诸师皆不承认凡夫往生报土。为了会通经论，慧远等判西方为粗净土，迦才等采取折中论判西方通报化二土。然在净土教看来，此等判摄皆不符合净土立教的本旨。

① （刘宋）畺良耶舍译《观无量寿佛经》，《大正藏》第12册，第346页上。
② （曹魏）康僧铠：《无量寿经》卷上，《大正藏》第12册，第268页中、第271页上。
③ （唐）玄奘译《瑜伽师地论》卷48云："菩萨随类生，谓诸菩萨以大愿力得自在力，生于种种傍生趣类、天龙、药叉、阿素洛等，展转谋害违诤类中，或生邪见婆罗门中，或生乐行恶行类中，或生意乐邪命类中，或生最极耽着诸欲信解诸欲有情类中，为欲除彼诸过失故。往彼有情同分中生而为上首，为上首已方便化导彼所行恶，菩萨不行彼不行善。菩萨现行为欲令彼现行善故，为说正法，由是菩萨与彼现行不同分故说正法故，方便善巧除彼有情所有过失，是名略说菩萨随类生。"《大正藏》第30册，第563页上。
④ 〔日〕望月信亨：《中国净土教理史》，印海译，第94页。

关于西方净土的位格和往生者，净土教以"净土三经"为本，主张西方净土正是报土，绝不能是化土，且往生者正是凡夫，而不是圣人。昙鸾虽判为报土，但以初地菩萨为往生门槛，同于摄论师。道绰虽然对诸师的"通于报化"说予以批评，提出了"是报非化"说，但在位格上判为十方净土之初门，并且认为凡夫往生是借宿因。关于往生者，迦才虽然提出"凡夫是正生人，圣人是兼生"①，但却就净土的体性上判其通于报化二土。此等解说和净土教的立场还有一定的差距。而直接充分发挥了净土立教之本旨，楷定凡夫可直入报土的则是善导，善导之论被认为是"楷定古今"之论。

善导《观经疏》云，《观经》中主人公韦提希，不是法身菩萨，而是凡夫。《华严经》云，初地以来之菩萨神通自在转变无方，身居报土闻佛说法，何必借韦提希请说净土法门。所以净土教的建立"定为凡夫，不为圣人"②。善导指出，西方报土高妙，小圣难阶，"若论众生垢障，实难欣趣，正由托佛愿以作强缘，致使五乘齐入"③。从他力本愿门讲，释迦此方发遣，弥陀即彼国来迎，岂有不去？经中的前十三观为定善，是韦提希致请；后三观为散善，是佛自说；定善不通散善，自说散善，密意弘深。散善门中以三福为正因，九品为正行；三福但能回向，皆得往生，故佛特为凡说，不干圣人，且九品往生者皆为凡夫。这是善导思想的结点，即"善恶凡夫，同沾九品，生信无疑，乘佛愿力，悉得生也"④。善导直接楷定凡夫直入报土，赋予了弥陀他力的决定性，"唯有念佛蒙光摄，当知本愿最为强"⑤。强调他力本愿的特殊性，是善导净土思想的核心要旨。

就《观经》的文本来看，净影慧远结合《仁王经》中的菩萨五忍位和《地持经》的菩萨十地来"望果判人"，难免判位太高，并且不符合《观经》的经意。迦才虽然"据因判人"，但还是结合了往生果报来论，所以摄九品为地前凡夫。而善导直就因判，不涉果报，所以判为生死凡夫。就经意来论，善导的判位是非常精准的，故被尊为楷古定今之判。净土宗的往生理论就是顺着善导九品判位来讲的（见表5）。

① （唐）迦才：《净土论》卷上，《大正藏》第 47 册，第 88 页中。
② （唐）善导：《观经疏》卷 1，《大正藏》第 37 册，第 249 页中。
③ （唐）善导：《观经疏》卷 1，《大正藏》第 37 册，第 251 页上。
④ （唐）善导：《观经疏》卷 1，《大正藏》第 37 册，第 249 页中。
⑤ （唐）善导：《往生礼赞》，《大正藏》第 47 册，第 446 页中。

表5 诸师九品判位

九品		《观经》		判摄		
		生因	果报	净影慧远	迦才	善导
上品	上生	具诸戒行，读诵大乘，修行六念，回向往生	闻法即悟无生法忍，于佛前受记，得无量百签陀罗尼门	四地至六地（顺忍）	十住	大乘上善凡夫
	中生	善解义趣，深信因果，不谤大乘，回向往生	闻法经七日得不退转，经一小劫得无生法忍，现前受记	初地至三地（信忍）	十信	大乘次善凡夫
	下生	亦信因果，不谤大乘，但发菩提心，回向往生	经三七日闻法，经三小劫得百法明，住欢喜地	三贤位（伏忍）	趣善凡夫	大乘下善凡夫
中品	上生	修行诸戒，无众过恶，回向往生	闻法即得阿罗汉	前三果	七方便之后四方便	小乘上善凡夫
	中生	一日一夜受持八戒斋、沙弥戒、具足戒，回向往生	经七日闻法，得须陀洹，经半劫得阿罗汉	内外二凡	七方便之前三方便	小乘次善凡夫
	下生	孝养父母，行世仁义，临终闻法	经七日闻法，得须陀洹，经半劫得阿罗汉	世俗凡夫	受五戒之趣善凡夫	世福上善凡夫
下品	上生	作众恶业，无有忏悔，但不谤大乘，临终闻法称佛名	经七七日闻法，即发无上道心，经十小劫，具百法明门，得入初地	有三品无道位	起恶凡夫	十恶轻罪凡夫
	中生	毁犯诸戒，偷盗僧物，不净说法，无有忏悔，临终闻法	经六劫闻法，即发无上道心			破戒重罪凡夫
	下生	五逆十恶，具诸不善，临终闻法称佛，具足十念	经十二劫闻法，即发无上道心			五逆十恶凡夫

思考与练习题

1. 慧远如何判位西方净土？

2. 智颛如何判位西方净土？

3. 迦才如何判摄西方净土？

4. 唯识家如何判定净土？为什么求生兜率净土？

5. 善导的为什么主张凡夫往生说？

第八章 净土教的指方立相义

三昧修证，须系心一处。《佛遗教经》云："制之一处，无事不办。"① 念佛法兴起以后，就将心系于佛上。随着极乐净土信仰的盛行，系心法转入西方阿弥陀佛上，由此指方立相成为净土教的根本教义。中国佛教对此借用传统文化方位说，进行了种种创造性的解释，极大地丰富了指方立相义的思想内涵。但随着佛教思想的发展，这一重要理论被唯心净土论所消解，以致被净土宗渐渐忽视和淡化。

第一节 指方立相义

所谓"指"是指示，"方"是方处，"指方"即指示西方极乐世界；"立"是辨立，"相"是相状，即辨立阿弥陀佛的相状。此"指方立相"之说源自净土宗的根本经典。《阿弥陀经》云："从是西方过十万亿佛土，有世界名曰极乐。其土有佛，号阿弥陀，今现在说法。"② 由于阿弥陀佛在西方，所以净土教主张应向西方作礼观念。《大阿弥陀经》云，佛告阿难，"西向拜，当日所没处，为阿弥陀佛作礼"③。《观经》云：

> 佛告韦提希："汝及众生，应当专心系念一处，想于西方。云何作想？凡作想者，一切众生，自非生盲，有目之徒，皆见日没，当起想念，正坐西向，谛观于日欲没之处，令心坚住，专想不移，见日欲没，状如悬鼓，

---

① （后秦）罗什译《遗教经》，《大正藏》第 12 册，第 1111 页上。
② （后秦）罗什译《阿弥陀经》，《大正藏》第 12 册，第 346 页下。
③ （三国）支谦译《大阿弥陀经》卷下，《大正藏》第 12 册，第 316 页中。

既见日已，闭目开目，皆令明了，是为日想，名曰初观。"①

《观经》之十六观法，前十三观，即是从日观始，次第西向观佛。善导首次将此概要为"指方立相"。

> 今此观门等，唯指方立相住心而取境，总不明无相离念也。如来悬知末代罪浊凡夫，立相住心尚不能得，何况离相而求事者？如是无术通人居空立舍也。②
>
> 诸佛境界，唯佛能知，国土精华，非凡所测。三身化用，皆立净土，以导群生，法体无殊，有识归之得悟。但为凡夫乱想寄托无由故，使释迦诸佛不舍慈悲，直指西方十万亿刹。③

诸佛之净土是无为法性之涅槃境界，是离言绝相之无漏真实，此绝非凡夫之臆想分别所能知。善导认为，净土兴宗之意，本为凡夫，不为圣人。凡夫离相求事，犹如居空立舍，唯有立相以住心，以住心而取境，以取境而得他力之接引。所以如来别指西方极乐胜妙庄严，以为末世凡夫得乐之依止。清通润《法华大㲼》云，"佛无定方，而必定方所者，为众生而各王一方也。又见佛身无在，而无乎不在也"④。

> 圣道门之诸家以之为对于一往劣机之方便说，其究竟说谓心外无法，故心外无净土，实相无相，故佛身无相。然净土门本为凡夫之宗，故以此指方立相为宗之极致，不取己心之净土，无相之理佛也。⑤

指方立相是正对凡夫所说的极理之谈，有着独特的宗教用意和思想价值，所以净土教以此为根本教理。对十方佛的信仰，是大乘佛教的显著特征。大乘经中说，诸种三昧的修持须"制心一处，随佛方所"，思维系念。佛在何方，即于此方立相，系念此佛。净土教于十方诸佛中独尊阿弥陀佛，所以要向西立

---

① （刘宋）畺良耶舍译《观无量寿佛经》，《大正藏》第 12 册，第 341 页至第 342 页上。
② （唐）善导：《观经疏》卷 3，《大正藏》第 37 册，第 267 页中。
③ （唐）善导：《净土法事赞》卷上，《大正藏》第 47 册，第 425 页下。
④ （清）通润：《法华大㲼》卷 3，《卍新纂续藏经》第 31 册，第 756 页上。
⑤ 丁福保：《佛学大辞典》，宗教文化出版社，2017，第 1660 页。

相而系念于佛。

在印度佛教中，以往生的"因易缘强"和念佛的"专心有在"二义作为指方立相的最基本理据。所谓往生"因易"者，只要能至心念佛，乃至一念，即使具诸不善者，临终具足十念，亦得往生；所谓往生"缘强"者，有阿弥陀佛的他力本愿接引，此是余佛所不及，所以大乘诸经胜赞弥陀。所谓专心有在者，《随愿往生经》云：

> 娑婆世界，人多贪浊，信向者少，习邪者多，不信正法，不能专一，心乱无志，实无差别，令诸众生，专心有在。①

所以净土教主张偏指西方，令众生系心专注。中国净土家也是以此来解释指方立相的。② 但印度佛教并没有解释阿弥陀佛为何在西方的问题，而中国佛教却有创造性的诠释。

第二节　中国化的创造性诠释

指方立相是净土宗最重要的修法规式，弘通净土者对此多有解说，如：题名智顗《净土十疑论》、道绰《安乐集》、善导《观经疏》、迦才《净土论》、怀感《释净土群疑论》、题名窥基《弥陀经疏》《弥陀通赞疏》《西方要决释疑通规》、飞锡《念佛三昧宝王论》、李通玄《华严合论》、普度《莲宗宝鉴》、大佑《净土指归》、济能《角虎集》、莲池《弥陀疏钞》、李贽《净土决》、袁

---

① （东晋）帛尸梨蜜多罗译《随愿往生经》卷11，《大正藏》第21册，第529页下。
② （唐）湛然《法华文句记》卷10："教说多故，由物机故，是摄生故，令专注故，宿缘厚故，约多分故。"《大正藏》第34册，第355页中。（唐）湛然《摩诃止观辅行传弘决》卷2曰："随一佛方面等者，随向之方必须正西；若障起，念佛所向便故。经虽不局令向西方，障起既令专称一佛。诸教所赞，多在弥陀，故以西方而为一准。"《大正藏》第46册，第182页下。题名（唐）窥基的《阿弥陀经通赞疏》卷中曰："西方净土，主胜愿强，偏劝往生，疾成圣果，所偏指也。"《大正藏》第37册，第338页。（宋）子璇《起信论疏笔削记》卷20曰："因易缘强，胜于余方故。因易者，十念为因，缘强者，彼佛愿力故，以彼佛因中有四十八种广大誓愿。"《大正藏》第44册，第407页上。（明）莲池《弥陀疏钞》卷2云："偏指西方者，定趋向故。西方偏指极乐者，如后文无苦有乐，及《往生经》中说。恐有难言，十方世界皆有净土，何为独示西方，教生彼国。良由道以多歧亡羊，射以专注中鹄，心无二用，功戒杂施。上都仪云，归命三宝，要指方立相，住心取境，以凡夫系心，尚乃不得，况离相耶。……又《随愿往生经》言：佛国无量，专求极乐者何？一以因胜，十念为因，即得往生故。二以缘胜，四十八愿普度众生故。"《卍新纂续藏经》第22册，第634页中至下。

宏道《西方合论》、蕅益《弥陀要解》等。其中的解说在"因易缘强"和"专心有在"二义的基础上，积极地借用了中国人固有的传统文化意识，广泛地援引了五行八卦等理论，提出了一些新的解说，极大地丰富了指方立相的思想内涵。这种创造性的诠释，同样也是佛教中国化的重要组成部分。

纯中国化的比附性解说也是格义佛教的一部分，体现了中国人理解佛教的一种思维方式。以外典内书，递互讲说，是中国佛教诠释学的显著特点。这种思维方式贯穿于整个中国佛教。如智颉常用外书之五星、五岳、五脏、五行、五帝、五德、五色、五常等来配释五戒。按大乘佛教来说，十方各有佛，智颉的著述中曾援引各种理论诠释了某佛之所以在某方的问题。如智颉在《金光明经文句》中解释"四方四佛护持"时说：

> 观心解者，四方是四谛，四佛是四谛智。东是方首，如集是苦因。又东甲乙是春生，生即集谛也。从东次南，亦犹生而有长，先春次夏故。南方是苦谛也，长后秋收。又白帝属金，金能决断，西方即道谛也。从秋收至东藏，众事都息，北方如灭谛也。苦集因果皆谢无用也。观此四谛生眼智明觉，持理不失，护倒不起，故名护持也。又观四方是四德。观东方常为破无常，观无常为破常，观非常非无常破常无常，乃至观北方无我为破我亦如是。此观持德，不失护倒不起，故名护持也。观东方集谛常非常非无常，不动故名阿閦。观南方苦谛乐无去无来，法性实相，实相尊贵故名宝相。观西方道谛毕竟清净，法性寿命与虚空等，故名无量寿。观北方灭谛永寂，为我入秘密藏，秘密藏故名微妙声。①

西方白帝属金，金能决断，故是四谛中之道谛。道谛毕竟清净，法性寿量犹若虚空，故名无量寿。智颉诠释理论说明了方位与佛之间的内在逻辑关系。

首先对指方立相义做出创造性诠释的是道绰。道绰先是引用《华严经》来论安乐世界为净土之初门，是承昙鸾以来的北地师的说法。次又引《正法念处经》来论娑婆世界为秽土之末处。《安乐集》曰：

---

① （隋）智颉：《金光明经文句》卷1，《大正藏》第39册，第49页下至第50页上。

十方净土虽皆是净，而深浅难知，弥陀净国乃是净土之初门。何以得知？依《华严经》云："娑婆世界一劫当极乐世界一日一夜，极乐世界一劫当袈裟幢世界一日一夜"。如是优劣相望，乃有十阿僧祇，故知为净土初门，是故诸佛偏劝也，余方佛国都不如此丁宁。是故有信之徒多愿往生也。①

弥陀净国既是净土初门，娑婆世界即是秽土末处。何以得知？如《正法念经》云："从此东北有一世界，名曰斯诃，土田唯有三角沙石。一年三雨，一雨湿润不过五寸。其土众生唯食果子，树皮为衣，求生不得，求死不得。复有一世界，一切虎狼禽兽乃至蛇蝎，悉皆有翅飞行，逢者相敢，不简善恶"。此岂不名秽土始处？然娑婆依报乃与贤圣同流，唯此乃是秽土终处。安乐世界既是净土初门，即与此方境次相接，往生甚便，何不去也？②

从时空的判摄上而言，安乐世界为净土之初门，娑婆世界为秽土之终处，始终二处，境次相接，二处接壤，距离最近，往生甚为方便，所以弥陀"于此众生偏是有缘，故释迦处处叹归"。所以在此意义上来说，"诸净土中安乐世界最胜也"③。道绰又进一步解释了安乐世界在西方的问题。《安乐集》云：

问曰："何故要须面向西，坐礼念观者？"答曰："以阎浮提云，日出处名生，没处名死，藉于死地，神明趣入，其相助便，是故法藏菩萨，愿成佛在西，悲接众生。由坐观礼念等，面向佛者，是随世礼仪。若是圣人，得飞报自在，不辨方所。但凡夫之人，身心相处，若向余方，西往必难。……《须弥四域经》云：天地初开之时，未有日月星辰，纵有天人来下，但用项光照用。尔时人民多生苦恼，于是阿弥陀佛遣二菩萨，一名宝应声，二名宝吉祥，即伏羲女娲是。此二菩萨，共相筹议，向第七梵天上取其七宝，来至此界造日月星辰，二十八宿，以照天下，定其四时，春秋冬夏。时二菩萨共相谓言，所以日月星辰，二十八宿西行者，一切诸天人

---

① （唐）道绰：《安乐集》卷上，《大正藏》第47册，第9页下。
② （唐）道绰：《安乐集》卷上，《大正藏》第47册，第9页下至第10页上。
③ （唐）道绰：《安乐集》卷下，《大正藏》第47册，第18页上。

民，尽共稽首阿弥陀佛。是以日月星辰，皆悉倾心向彼，故西流也。"①

　　中国古时把天区分为二十八宿，又按四方、四季等配之。东方配以春，春天是万物生长，草木萌芽之时，故日出之东方代表着生之气象；西方配以秋，秋天是众芳摇落，草木凋零之时，故日落之西方代表着死之肃杀。所以就中国人之特殊意识来说，东方象征着生，西方象征着死。道绰说，西方是死地，是神明趣入之地，为方便接引众生，故阿弥陀佛在西方。日月星辰是西向运行的，对这一天象道绰引《须弥四域经》说，二十八宿是阿弥陀佛所遣的两大菩萨所造，为使一切诸天人民西向稽首阿弥陀佛。从天象的运行规律上，再次来明阿弥陀佛正在西方，所以要随世礼仪，坐观礼念，面向西方。此指方立相是就凡夫来说，若就圣人来讲，飞报自在，无所谓东西之辨。这种解释全然以中国人固有的传统思想和文化意识来解说。

　　道绰力图从固有的传统文化中寻求指方立相的内在思想资源，援五行、八卦等理论来解释阿弥陀佛正在西方。按五行说，西方属金，色白。按二十八宿论，西方是白虎。按八卦说，西方为兑，兑为泽、为少女、为巫、为口舌、为毁折、为附决，其于地也，为刚卤，为妾、为羊。李通玄就援引了此说去解释佛教的菩萨方位说。《新华严经论》中说："西方金，为白虎，为杀害，为昏暗，为不祥，为苦谛。"② 西方是白虎，表凶煞、昏暗、不祥等，故佛号灭暗智，能破自他暗故。正因为西方是灾害凶煞苦难之地，表苦义，故须佛菩萨之大悲救济。《新华严经论》云：

　　　　观音为悲首，位在西方，住金刚山之西阿说《慈悲经》。西为酉位，酉为兑卦，兑为金，为白虎，为凶危，为秋杀故。以慈悲观音主之，于不善处行慈，是观音也。③

　　观音"为大悲之首，治凶危为上将"④，又观音是阿弥陀佛的上首菩萨，阿弥陀佛正在西方，所以李通玄以观音位在西方。李通玄以后，净土宗就将指方

---

　　①　（唐）道绰：《安乐集》卷下，《大正藏》第 47 册，第 18 页中。
　　②　（唐）李通玄：《新华严经论》卷 15，《大正藏》第 36 册，第 815 页中。
　　③　（唐）李通玄：《新华严经论》卷 3，《大正藏》第 36 册，第 739 页中。
　　④　（唐）李通玄：《新华严经论》卷 4，《大正藏》第 36 册，第 745 页中。

立相义与八卦五行等理论紧密地联系在了一起（见表6）。

表6　指方立相义与八卦五行理论

作者	原文	出处
宋·戒环	西方兑，为毁折。阿弥陀云无量寿，世间苦恼即生死无常也。此佛于毁折之际示无量寿，则了无生死，以救度世间生死苦恼	《法华要解》卷3，《卍新纂续藏经》卷30，第315页上
明·李贽	西方，金方也。金至刚，能催坏万物，而物不能坏之。佛性坚刚不坏，亦如是故，以为喻也。故以金刚名经，又以西方名佛也	《净土决》，《卍新纂续藏经》卷61，第502页上至中
明·莲池	称理，则自性坚固清净，是西方义。……坚固者，西属金体，有坚实义，即自性真常不易，万古如如故。清净者，复有二义。西当肃气，有澄清义，即自性诸妄本空，体露金风故。西当白色，有洁净义，即自性诸染不生，本来一色故	《弥陀疏钞》卷2，《卍新纂续藏经》卷22，第635页上
明·古德	西属金体者，以五行配之，则西方庚辛金。西当肃气者，以四时配之，西为秋，有肃杀之气故。西当白色者，以五色配之，西为白也	《弥陀疏钞演义》卷2，《卍新纂续藏经》卷22，第749页中
明·通润	西，兑方也，兑为泽，悦万物者，莫悦乎泽。佛名阿弥陀，此云无量寿，慧泽无穷故。又名度一切世界苦恼者，以慧泽及人，令人除热恼，而得清凉故	《法华大窾》卷3，《卍新纂续藏经》卷31，第756页上。又见清·智祥《法华授手》卷5
清·续法	西，迁也。西乃改变之先，万物皆迁落焉。秋，白，庚辛，金，商，义，利，兑之渐异者	《弥陀略注》，《卍新纂续藏经》卷22，第894页上
清·了根	净光者，智光清净。譬如镜体能鉴形也。又云西方兑卦，属金，为秋，良以真如本体，湛若虚空，绝点纯清。乃云佛灭多时，古佛瑞现	《弥陀直解正行》，《卍新纂续藏经》卷22，第931页中
清·通理	西方者，属兑位，为毁折。佛证真常之理，当毁折而不变，故名阿弥陀。弥陀此云无量寿，度苦恼者，体经毁折不变，用能应物随缘，佛证此理，自他苦恼俱度故	《法华指掌》卷3，《卍新纂续藏经》卷33，第595页上

清云顶济能则综合前人的解说，结合佛教义理，多角度地加以诠释，极大地丰富了指方立相的思想内涵。《角虎集》云，"言西方者，具有八义。"即：

　　以五色论之，西方为白色，无诸染污，此洁白之象也。修净土者，以一句弥陀，涤身口意三业，此净其因也，因净则果亦净。故念佛者，临终生西方，正因果相符也。

以四季论之，东方为生长之地，春象也；西方为生熟之地，秋象也。犹如凡夫发心于东方，从念佛中往生，乃成熟道果于西方耳。

以五行论之，东方属木，西方属金。木遇斧斤刳削，转顽木为栋梁。凡夫犹如顽木，肯一心系念西方佛号，俨然受斧斤雕琢，自能转凡成圣，而道德完备矣。

以八卦论之，东方为震，震，动象也。动则生诸苦恼，故娑婆世界，谓之苦海。西方为兑，兑，豫悦之象也，故西方名安养世界，又名极乐土也。

以二曜论之，日为阳，天象也。月为阴，地象也。此二者，皆升于东没于西，故人宜则之。勤修净业，求归西方，是即天地人三才一贯之道。

东方人与木相似，逢春则抽牙发干，逢秋则叶落枝凋，此荣枯盛衰。犹如众生则娑婆苦海中，受生死成败得失之累。若西方则与金相似，金则历万劫而不坏，处垢秽而不变，入水火而不移。以故生西方者，称为极乐，超生死脱三界也。

东方有为之国也，若衣若食，若宫室，若器用等，皆须人力营办，始得成就。又欲乐之乡也，凡居此者，皆贪五欲之乐，迷失本来清净面目。若西方无为之国也，思衣衣至，思食食来，种种天然受用，不烦力作。又性乐之乡也。生净土者，享称性之乐，照见五蕴皆空。①

此等诠释在方法上援引外书，以配内典，其目的是借事明理，以生圣解。此等策略除了弘法的客观需要，和推广净土的普世性外，更欲建构佛教与中国传统文化的某种程度的内在关联性。戒环《法华要解》云：

天地设位，道运乎其中，圣人法之，以开物成务，冒天下之道，故八方之佛，各依一方，而示一德，所以开物，所以成务，原始要终，则天下之道无不冒矣。……或曰八卦乃中夏之书，引配竺教，岂佛意耶？李长者用释《华严》，吕观文用释此章，或者非之，子复蹈袭何也？曰：竺夏一天下耳！疆畿所及，方位所同，而卦乃天地自然之理，独不同哉？伏羲画之以示人，吾佛象之以设法，各默得其同耳。今经虽无八卦之文，显有八

---

① （清）济能：《角虎集》卷上，《卍新纂续藏经》第62册，第199页上至中。

方之象，借事明理，乌乎不可，而必拘墟诋毁非达士也。昔五百应真，各解佛言，而问谁当佛意。佛言："皆非我意。"众曰："不当佛意，将无得罪。"佛言虽非我意，各顺正理，堪为圣教，有福无罪，吾唯守此，以当或者之非。①

戒环引《周易·系辞》解释说，天地确立了上下之位次，大道便运行其中，圣人效法天地之道，通晓万物之理，并按此行之而取得成功。故八方之佛依于一方，而示一德，以之悲化有情，救度众生，探求万物之生灭，则天下之道无不概括殆尽。所以伏羲画八卦以示人，佛现象一方以立法。借事以明其理，顺理即入圣教。智祥《法华经授手》在引戒环之说后云：

> 借事明理，则可；谓吾佛象之，则不可也。况经明言于十方国土现在说法。今以八卦论方，解家意也，非佛定以八方，象八卦而示人也。若以伏羲示之，如来象之，则如来所象，返出伏羲之下，岂理也哉？如来妙德广大无比，非思量分别所能知，安得定以八卦示如来用耶？以所居之方，遇便说之，斯亦不妨，幸毋定言佛意如是。②

真谛门中论之，佛无性相，安论方所。从俗谛门言之，所谓五色、四季、五行、八卦、二曜等诠释指方立相皆是借事明理，以求圆融。纵观诸家的诠释，实现了净土教指方立相义与传统文化的有机融合，有力地推动了佛教的中国化进程。

第三节　唯心净土论的消解

种种创造性诠释的更深层次动因之一则是挽救唯心净土对他方净土的消解。唯心净土论者主张自性即是弥陀，此心即是净土。而他方净土论认为，净土虽是如来真心所凝结，若只论唯心，不涉他方，则有抹杀他力救度之嫌；而他力信仰是净土宗显著的思想标志。所以指方立相被看作是净土教理之极致之

---

① （宋）戒环：《法华要解》卷9，《卍新纂续藏经》第30册，第771页中至第772页上。
② （清）智祥：《法华授手》卷5，《卍新纂续藏经》第32册，第731页中。

谈，也是种种创造性诠释思想层面使然。

《观经》主张西向观佛，同时又云"是心是佛，是心作佛"①。对此，隋唐诸师解说为自性清净心观，而善导则解释为凡夫的他力观，即一为理观，一为事观。"天台等诸师是以自性清净心为基础的理观，这是后来唯心净土、自性弥陀的渊源；而善导则以凡夫入报土论为基础的事观，这是后来指方立相的渊源。"② 善导之后，净土宗的他力观受到清净心观的影响，出现了唯心净土论的倾向，如三祖承远、四祖法照、六祖延寿等。

昙鸾、道绰等人都从般若实相义上讲，净土往生是因缘生、假名生，是无生之生，在心佛关系上主张不一不异。这就带有了唯心义。善导之后，净土宗人受禅宗的影响，在净土的诠释上带有明显的唯心义。如承远以禅者的立场专修般舟三昧，持戒念佛。法照虽对禅者的空见予以批评，但其所修的般舟三昧是一种以观心为本的念佛三昧。《法事仪赞》云："念佛三昧是真无上深妙禅门。"③《净土法身赞》云：

> 人今专念佛，念者入深禅；初夜端心坐，西方在目前。
>
> 念即知无念，无念是真如；若了此中意，名为法性珠。
>
> 净土在心头，愚人向外求；心中有宝镜，不识一生休。④

法照的般舟三昧带有观想、观像、观心等内容。由于法照重视观心，心明者境自然而现，所以就带有唯心净土论的倾向。《维摩赞》云："佛国净土从心现，种种庄严心里生。"⑤《六根赞》云，"莫谓西方远，唯须十念心"；"在兹心若净，谁见有西东"。⑥ 法照积极地吸收禅宗的唯心净土，将禅宗与净土宗所说的相与无相、念与无念、无生与往生有效地通摄于念佛三昧中，在一定程度上化解了禅宗与净土宗的纷争，促进了禅、净的融合。⑦

---

① （刘宋）畺良耶舍译《观无量寿佛经》，《大正藏》第 12 册，第 343 页上。
② 圣凯：《晋唐弥陀净土教的思想与信仰》，第 33 页、第 35 页。
③ （唐）法照：《念佛略法事仪赞》，《大正藏》第 47 册，第 474 页下。
④ （唐）法照：《念佛诵经观行仪》卷下，《大正藏》第 85 册，第 1264 页下至第 1265 页上。
⑤ （唐）法照：《念佛诵经观行仪》卷中，《大正藏》第 85 册，第 1246 页上。
⑥ （唐）法照：《念佛诵经观行仪》卷中，《大正藏》第 85 册，第 1249 页上。
⑦ 存德编著《净土宗教理史要》，第 183 页。如《念佛略法事仪赞》云："持戒坐禅名正法（正法乐），念佛成佛是真宗（正法乐）。"《大正藏》第 47 册，第 479 页下。《念佛诵经观行仪》卷下云："如来说法元无二，只是众生心不平。修禅志发禅心净，念佛唯求化佛迎。"《大正藏》第 85 册，第 1259 页下。

延寿以"一心为宗",主理事圆融,万善同归,将禅、净有效地融为一体,既倡唯心,又求生他方。"真实心为体,缘虑心为用";"心空则一道清净,心有则万境纵横"。① 约理言,以真实心为体,故唯心;约事论,以缘虑心为用,故有他方。心生万法,万法唯心,故净土亦唯心所显。"唯心念佛,以唯心观,遍该万法,既了境唯心,了心即佛,故随所念,无非佛矣。"②

> 唯心佛土者,了心方生。《如来不思议境界经》云:三世一切诸佛,皆无所有,唯依自心。菩萨若能了知诸佛及一切法皆唯心量,得随顺忍,或入初地,舍身速生妙喜世界,或生极乐净佛土中。故知识心方生,唯心净土,著境只堕所缘境中。③

延寿虽主唯心净土,但不废西方,众生观浅心浮,境强习重,故须以仗胜缘,往生西方,行菩萨道。延寿从禅者的立场,极大地消解了净土的他方实有性,进一步促进了禅、净的融合,奠定了宋以后中国佛教的发展格局。

宋以来弘扬净土最卓力者当属禅宗和天台宗,禅宗是从当体上来论,主张唯心净土,自性弥陀。天台宗从性具上来讲,主张虽然我心本具,但东西宛尔,此二宗均倡唯心净土论。明清时,被后世尊为净土宗八祖、九祖的莲池和蕅益,皆带有唯心净土论的倾向。莲池尊华严,主张禅、净一元论,蕅益崇天台,倡导三学同归论。二人从理事、真俗等范畴上用唯心净土论对指方立相说进行了消解,直接决定了指方立相义的命运。在某种层面上,指方立相被看作是方便之谈,而非真实了义之教。

莲池在《弥陀疏钞》中解释说,"佛虽无土,为化众生,不妨说土","心包法界,何近而非远,法界唯心,何远而非近"。故所谓西方之远近者,皆是不可思议。"极乐净土,超出常情,非方不方,无在不在"。④ 西方净土自性坚固清净,离障绝非,横该竖彻。西属金体,西当肃气,西当白色,故坚固清净。

> 离障绝非者,自性本无烦恼,如十苦十恶,十缠十使等,并超越之,

---

① (五代)延寿:《万善同归集》卷下,《大正藏》第48册,第991页上。
② (五代)延寿:《万善同归集》卷上,《大正藏》第48册,第967页上。
③ (五代)延寿:《万善同归集》卷上,《大正藏》第48册,第966页中至下。
④ (明)袾宏:《弥陀疏钞》卷2,《卍新纂续藏经》第22册,第633页下、第634页下。

有远过义，是知坚净为西，方尽西矣，岂必专标日落。迥绝为过，无弗过矣，谁能更计途程。横亘十方，竖穷三际，非近非远，绝中绝边，则从是过不可说不可说微尘佛土，无世界不名极乐，何但有世界名为极乐也。①

问："或云，西乃天倾物老之方，人死念绝，乃得生彼。又云，天倾之处，地为有余，有余则能广容往生之众。又云，庚辛属金，金不变坏，以示不退转之义。又云，万物以西而成，百果皆实于秋，行人东方行因，西方证果。窃为往生乃是生机，何不入东方生物之府，而反入肃杀之地？若标第一义谛，何不直于中央摄入耶？无乃但论一时当机，所谓西者，无所取义欤？"

答："如来一语，多义攸含。但邪正殊途，理应拣择。若云念绝，则念绝谁生？若云地容，则地容有限。金性不变，秋位司成，二义为近。据实而论，亦不尽然。盖虚空无尽，世界何穷？今此极乐之邦，东观则西，西观则东。南北二方，亦复类是。释迦劝往，故说西方；别佛赞生，必标他向；哪得执西立，胶固不融？不然，童子遍参，何复南为正位？药师示现，乃令东亦净方，但归心一处，专念斯成已耳。"②

莲池认为，所谓西方是表坚固清净义，知此义者当体即是西方，无世界不名极乐，何必专标日落？佛教以心为宗，此心遍摄法界，横竖无际，故全心即是土，全土即是心；心外无别有土，土外无别有心。东西之别乃佛之示现，但为令众生归心一处，成就专念之功，所以"释迦劝往，故说西方；别佛赞生，必标他向"。今极乐世界，东观则西，西观则东，心净即土净，何必胶固不融，执着西方？这是对禅、净二家净土论的一种融汇。

蕅益在《弥陀要解》亦解释说，就事言，西方实有阿弥陀佛净土；就理论，西方净土实不出现前一念之心。一念回心，即是西方弥陀。自性中有真实弥陀如来，唯心中实有极乐世界。又云：

问："何故极乐定在西方？"答："此非善问。假使极乐在东，汝又须问，何故在东？岂非戏论？况自娑婆视之则极乐在西，倘自十一万亿佛土

---

① （明）袾宏：《弥陀疏钞》卷2，《卍新纂续藏经》第22册，第635页上。

② （明）袾宏：《答净土四十八问》，《卍新纂续藏经》第61册，第508页下。

视之，则极乐又在东矣，何足致疑？"①

这是沿袭了天台宗的一贯立场。

善导是净土宗建宗立派的关键性人物，主张凡夫直入报土，其最重要的念佛法规便是指方立相。随着唯心净土论对此不断地消解，从而瓦解了净土教指方立相义的真实意趣，进而使得净土立教的极致之谈和最重要的念佛法规渐趋被法门所遗忘。

思考与练习题

1. 什么是指方立相义？

2. 净土宗为何以指方立相为重要教理？

3. 道绰如何来诠释指方立相？

4. 中国化的创造性诠释有哪些意义？

5. 唯心净土论如何来消解指方立相义？

---

① （明）蕅益：《弥陀要解》，《大正藏》第 37 册，第 366 下至第 367 页上。

第九章　净土宗的判教观

判教，又称教判或教相判释，是中国佛教显著的理论特色和思想特征之一，是支撑中国佛教最基本的理论基石和最核心的思想观念。随着佛教的弘传，经论繁多，义理纷呈，圣意幽隐，异说并兴，判教也应运而起。教相判释是精准理解宗派佛教的关键，更是准确把握中国佛教特质的要点。在中国佛教的判教思想中，求其广大精微者，莫过于天台宗和华严宗，求其简显扼要者，则莫过于净土宗。净土宗的判教肇始于龙树，构建于昙鸾，大成于道绰和善导，其后诸家之判说，虽带有各自宗派学的特点，但其整体思想不外是判教理论的继承和发展而已。

第一节　昙鸾的二道二力说

昙鸾在龙树难易二道的基础上，进一步分疏了自他二力之优劣性，极力阐明了他力本愿的重要性。《往生论注》云：

> 求阿毗跋致有二种道：一者难行道，二者易行道。难行道者，谓于五浊之世，于无佛时，求阿毗跋致为难。……譬如陆路，步行则苦。易行道者，谓但以信佛因缘，愿生净土，乘佛愿力，便得往生彼（阿弥陀佛）清净土。佛力住持，即入大乘正定之聚，正定即阿毗跋致。譬如水路，乘船则乐。①

五浊恶世于无佛时，以自力很难获得不退转，而以信佛因缘，乘佛本愿

---

① （北魏）昙鸾：《往生论注》卷上，《大正藏》第 40 册，第 826 页上至中。

力，则可往生佛土，易得不退转。相较而言，昙鸾的论说很有新意。第一，龙树认为，行难易二道均可在此世疾得不退转；而昙鸾则认为于此土得不退转为难行道，念佛往生净土得不退转为易行道。也就是说，难行道是就五浊恶世来说，易行道是就往生净土而说，并非就此土此世而论。第二，龙树所说的易行道是就十方佛来论，其中特别提到了阿弥陀佛；而昙鸾只就阿弥陀佛一佛来说，其五念门就是一心专念作观于阿弥陀佛的。第三，龙树所说的易行道并非念佛一法，还包括恭敬、礼拜、赞叹、忏悔、劝请、随喜、回向等内容；而昙鸾则单就念佛一门来论。第四，龙树是从众生的根性上来说；而昙鸾则从自他二力上来论。这是很大的不同。并且龙树以易行道为"怯弱下劣"者而言的方便法门，昙鸾则以其为真实教说。《往生论注》云：

> 阿弥陀如来自在神力，愿以成力，力以就愿。愿不徒然，力不虚设，力愿相符，毕竟不差，故曰成就。……凡是生彼净土，及彼菩萨人天所起诸行，皆缘阿弥陀如来本愿力故。何以言之，若非佛力，四十八愿便是徒设。①

阿弥陀佛力愿相符，毕竟不差，故凡往生者，皆缘于弥陀之本愿力。这就直接将易行道归入他力本愿上，极大地张扬了他力本愿思想，真正地发挥了弥陀信仰的内在价值和净土立教的宗义。他力本愿说，经道绰、善导的阐发，成为净土宗的最基本、最核心的教义。净土法门的简易便捷、圆顿广溥之特点也正在于此。

第二节　道绰的圣净二门判

道绰在昙鸾基础上，结合末法思想判一代时教为圣道门与净土门。道绰在《安乐集》中指出：于娑婆世界，断惑证真，入圣得果，为圣道门；称佛名号，乘佛本愿，往生净土，为净土门。今值末法，去圣遥远，无佛可恃，甚难得不退转，唯有净土门可入。故应舍圣道，专宗净土。

---

① （北魏）昙鸾：《往生论注》卷上，《大正藏》第40册，第840页上至第844页上。

其圣道一种今时难证，一由去大圣遥远；二由理深解微。是故《大集月藏经》云："我末法时中，亿亿众生起行修道，未有一人得者"。当今末法，现是五浊恶世，唯有净土一门，可通入路。是故《大经》云："若有众生，纵令一生造恶，临命终时，十念相续，称我名字，若不生者，不取正觉"。①

圣道有大小二乘之别。小乘者次第断惑证阿罗汉果，大乘者悟真如实相空理，然此理洪深，故圣道门绝非末法钝根众生所能修。

此难乃有多途，略述有五。何者？一者外道相善，乱菩萨法；二者声闻自利，障大慈悲；三者无顾恶人，破他胜德；四者所有人天颠倒善果，坏人梵行；五者唯有自力，无他力持。②

道绰的判教紧扣末法思想与众生根机之主题，主张入圣得果应时机相应，否则，断惑证真实在不易。"若教赴时机，易修易悟，若机教时乖，难修难入。"③而净土门中，即使一生造恶，临命终时十念相续，乘佛本愿决定可得往生。

道绰的判教重在"教赴时机"上，所以道绰又广引经言，论证了净土门为末法时期的唯一通路。《安乐集》云：

《大集月藏经》云："佛灭后第一五百年，我诸弟子学慧得坚固；第二五百年，学定得坚固，第三五百年，多闻读诵得坚固；第四五百年，建立塔寺、修福忏悔得坚固；第五五百年，白法隐滞，多有诤讼，微有善法得坚固。"④

故今值末法去圣遥远，众生机解暗钝，唯有净土门可得救度。道绰的判教附以末法思想，并强调了时教相应的重要性，一方面强化了末法时期往生净土

---

① （唐）道绰：《安乐集》卷上，《大正藏》第 47 册，第 13 页下。
② （唐）道绰：《安乐集》卷上，《大正藏》第 47 册，第 12 页中。
③ （唐）道绰：《安乐集》卷上，《大正藏》第 47 册，第 14 页上。
④ （唐）道绰：《安乐集》卷上，《大正藏》第 47 册，第 4 页中。

的必要性，另一方面则为念佛往生注入了更为强劲的活力，① 极大地彰显了净土宗的判教价值，可谓妙契时弊，深谙机根。受隋唐佛教宗派意识的激发，道绰的判教有强烈的开宗立派的意图。净土宗之所以成为法门之显学，也正得力于这一判教。

第三节　善导的要弘二门说

善导判净土经为"菩萨藏收，顿教摄"②，此为净影慧远以来的说法。善导指出，净土门是佛为末世凡夫特开之法门。为了进一步彰显净土的立教本意，善导又从净土门开为要门、弘愿门。《观经疏》云：

> 娑婆化主因其请故，即广开净土之要门；安乐能人，显彰别意之弘愿。其要门者，即此《观经》定、散二门是也。定即息虑以凝心，散即废恶以修善，回斯二行，求愿往生也。言弘愿者，如《大经》说："一切善恶凡夫得生者，莫不皆乘阿弥陀佛大愿业力为增上缘也。"③

要门为释迦因请而开，是定善和散善之回向往生。弘愿者弥陀别意所显，是仗佛本愿。净土要门讲废恶修善，回向往生，然望佛本愿，意在唯标称名念佛，其回向往生的关键正是借专念名号而感得弥陀他力本愿。而弘愿门所说的他力本愿之所以受接引而往生，其关键是悲应众生的专念名号。善导认为，"净土三经"的根本宗意唯标专念名号，专念即顺弥陀本愿，所以《观经》所讲的要门即摄弘愿门，《大经》所言的弘愿门亦摄要门，二者是净土门的一体两面。善导云：

> 惭愧释迦大悲主，十方恒沙诸世尊，
> 不舍慈悲巧方便，共赞弥陀弘誓门。④
> 种种思量巧方便（愿往生），选得弥陀弘誓门（无量乐）；

① 参见魏磊《净土宗教程》，宗教文化出版社，1998，第16页。
② （唐）善导：《观经疏》卷1，《大正藏》第37册，第247页上。
③ （唐）善导：《观经疏》卷1，《大正藏》第37册，第246页中。
④ （唐）善导：《往生净土法事赞》卷上，《大正藏》第47册，第427页下。

一切善业回生利（愿往生），不如专念弥陀号（无量乐）。①

在净土要门中，一切善业回向是善巧方便，方便即是专念名号，而专念名号正顺应弘誓门的本愿。要门虽然众多，但精在专念；弘愿门虽然重言本愿，但落于专念名号，因为专念名号即感弥陀本愿之应。所以要门相即于弘誓门，弘誓门亦相即于要门。《观经疏》云：“今乘二尊教，广开净土门。”② 善导并没有舍要门而独尊弘誓门的意思，这是需要特别加以注意的。善导之所以从净土门开要、弘二门，其本意是进一步开显弥陀他力在净土法门中的决定性。善导反复说，凡往生者皆是弥陀的本愿力，而仗佛本愿正在持名，所以善导将弥陀的大愿业力特别地楷为“别意之弘愿”。

第四节　莲池、蕅益的圆教说

莲池崇《华严》，从华严宗的判教来说，佛说法有小、始、终、顿、圆五时。《弥陀疏钞》云：“此经者，顿教所摄，亦复兼通前后二教。”③ 持名念佛，疾超速证，既往生已，即得不退，弹指圆成，一生取办，不历阶级，无有渐教之迂曲，故属顿教。华严之顿教本是指禅宗，“顿教一念不生即名为佛”。而净土念佛则不以有心念，不以无心念，不以亦有亦无心念，不以非有非无心念，“虽名念佛，盖无念之念也。念而无念，是名一心”，“以一心不乱，正谓无念，但得一心，何法不寂？”④ 可见净土之一心不乱不同于禅宗之一念不生，故属顿教，即是莲池的禅、净一元论。

又从华严宗的四法界论，其中事法界、理法界、事理无碍法界为诸教所有，而事事无碍法界唯《华严经》有之，故《华严经》为别教一乘。“拣乎同教一乘，故名为别，非藏通别圆之别也。”圆教的秘密精髓，《华严经》全圆，而《阿弥陀经》得少分，故分摄圆教，为小本《华严》。“此分摄圆，得圆少分，分属圆教。”⑤ 莲池从十个方面论述了华严境界与西方净土的圆融玄境，认

---

① （唐）善导：《般舟三昧往生赞》，《大正藏》第 47 册，第 452 页中。
② （唐）善导：《观经疏》卷 1，《大正藏》第 37 册，第 246 页上。
③ （明）袾宏：《弥陀疏钞》卷 1，《卍新纂续藏经》第 22 册，第 613 页上。
④ （明）袾宏：《弥陀疏钞》卷 1，《卍新纂续藏经》第 22 册，第 613 页下至第 614 页上。
⑤ （明）袾宏：《弥陀疏钞》卷 1，《卍新纂续藏经》第 22 册，第 614 页上。

为华严十玄门的重重无尽性海，亦体现在大小本《阿弥陀经》中，故分摄圆教。终教开显中道妙义，以一切众生念佛，定当成佛，即定性阐提皆作佛故，此亦即是净土妙义，故通前终教。所以净土法门摄终分圆，含摄一大藏教之精蕴，"赅罗八教，圆摄五宗"①，是不可思议之大总持法门。

蕅益认为，净土经以"实相为正体"，"举体作依、作正、作法、作报、作自、作他，乃至能说所说、能度所度、能信所信、能愿所愿、能持所持、能生所生、能赞所赞，无非实相正印之所印"②。佛法不外律、教、禅、密、净五门，禅教律三学一源，同归净土。"净土者，三德秘藏，常乐我净，究竟安隐之处。"③禅教律所修，皆是净土之因，所证皆净土之果，故三学不外念佛一门。故"五门收之，罄无不尽"。《弥陀要解》云：

> 此是大乘菩萨藏摄，又是无问自说，彻底大慈之所加持，能令末法多障有情依斯径登不退。故虽经法灭尽之后，仍以悲心弘愿特留此经住世百年，广度含识。譬如阿伽陀药万病总持，绝待圆融不可思议。《华严》奥藏，《法华》秘髓，一切诸佛之心要，菩萨万行之司南，皆不出于此矣。④

从修持上讲，净土以持名为正行，持名一法，"收机最广，下手最易"，所持之名，当体无非一境三谛；能持之心，当体无非一心三观，故"最顿最圆"⑤，是"救世神宝，圆顿上乘"⑥。持名一法，普被三根，"摄事理以无遗，统宗教而无外"，是"方便中之第一方便，了义中无上了义，圆顿中最极圆顿"⑦。故"念佛法门，至圆至顿，高超一切禅教律，统摄一切禅教律"⑧。

蕅益尊天台，天台的五时八教论，净土属方等时；从化法之藏、通、别、圆四教言，净土是圆教，从化仪顿、渐、秘密、不定四教言，净土属顿教。故

---

① （明）智旭：《灵峰宗论》卷4，《嘉兴藏》第36册，第321页下。
② （明）智旭：《弥陀要解》，《大正藏》第37册，第364页中。
③ （明）智旭：《灵峰宗论》卷6，《嘉兴藏》第36册，第370页上。
④ （明）智旭：《弥陀要解》，《大正藏》第37册，第365页中。《净土十要》卷1云："释迦一代时教，唯《华严》明一生圆满。而一生圆满之因，则末后《普贤行愿品》中十大愿王导归安养，且以此劝进华藏海众。嗟乎凡夫例登补处，奇倡极谈不可测度。《华严》所禀却在此经。"《卍新纂续藏经》第61册，第653页上。
⑤ （明）智旭：《灵峰宗论》卷4，《嘉兴藏》第36册，第322页中。
⑥ （明）智旭：《阅藏知津》卷3，《嘉兴藏》第31册，第809页上。
⑦ （明）智旭：《弥陀要解》，《大正藏》第37册，第363页下、第365页上。
⑧ （明）智旭：《灵峰宗论》卷6，《嘉兴藏》第36册，第365页下。

净土法门"横该八教，竖彻五时"，念佛三昧"始自《华严》，终至《法华》"。① 这是天台学的体现。蕅益受莲池之影响，以净土法门总摄三藏十二部，为法门之归宗结顶之法，其判教思想极大地影响了后来的印光。

第五节　印光的特别法门论

印光的判说大体上来自蕅益。《印光文钞》中云，就天台判教的五时说，净土经"说时虽在方等，教义实属《华严》"②。溯其缘起，实在于华严末会；而《华严经》之归宿则在《行愿品》。故"无隐谓《华严》即广本《弥陀》，《弥陀》即略本《华严》"③。"《华严》大经，王于三藏，末后一著，归重愿王。《法华》奥典，妙冠群经，闻即往生，位齐等觉。"故一代时教"皆念佛法门之注脚也"④。净土法门全事即理，全修即性，因该果海，果彻因源，"统摄律、教、禅、密之宗，贯通权、实、顿、渐之教"⑤，所以是"一大藏教之本源，一切法门之归宿"⑥。

> 净土法门，乃一切诸法归宗结顶之法。下手易而成功高，用力少而得效速。为如来普度众生之无上妙道，实凡圣同登觉岸之特别法门。⑦
>
> 净土法门，其大无外。三根普被，利钝全收。九界众生，舍此则上无以圆成佛道。十方诸佛，离此则下无以普度群萌。一切法门，无不从此法界流。一切行门，无不还归此法界。⑧

净土法门"高超一切禅教律，统摄一切禅教律"，是究竟畅佛本怀之法；是上成佛道，下化众生，成始成终之总持法门；是圣教之本源，法门之归宿。这是承袭蕅益的说法。

从佛教义理上讲，五时说法，综其所说，厥有五宗。五宗若以修持论，可

---

① （明）智旭：《阅藏知津》卷3，《嘉兴藏》第36册，第366页中。
② 印光：《印光文钞》卷8，宗教文化出版社，2000，第1322页。
③ 印光：《印光文钞》卷1，第65页。
④ 印光：《印光文钞》卷1，第11页。
⑤ 印光：《印光文钞》卷8，第1321~1322页。
⑥ 印光：《印光文钞》卷8，第1350页。
⑦ 印光：《印光文钞》卷9，第1497页。
⑧ 印光：《印光文钞》卷8，第1247页。

判摄为禅、净二门。

> 佛教大纲不外五宗，五宗者即律教禅密净也。律为佛法根本，严持净戒，以期三业清净，一性圆明，五蕴皆空，诸苦皆度耳。教乃依教修观，离指见月，彻悟当人本具佛性，见性成佛耳。然此但指其见自性天真之佛为成佛，非即成证菩提道之佛也。密以三密加持，转识成智，名为即身成佛。此亦但取即身了生死为成佛，非成福慧圆满之佛也。此三宗，均可摄之于禅，以其气分相同也。以故佛法修持之要，不过禅净二门。禅则专仗自力，非宿根成熟者，不能得其实益。净则兼仗佛力，凡具真信愿行者，皆可带业往生。其间难易，相去天渊。①

专仗自力以禅宗最具代表性，故律、教、密三宗可摄于禅门，而净土则全仗佛力，从自他二力为思想基点论，五宗可摄为禅、净二门。二门相较，其难易迟速，"奚啻天渊悬殊"；有如"萤火之与杲日，蚁垤之与泰山"。② 二者完全不可同日而语，有结构性的天壤之别。

印光对禅、净二门的另一表述是通途法门与特别法门，③ 二者的思想内涵是相同的，只不过判摄的意趣不同。他判摄禅、净二门主要是针对禅宗而说。唐宋以后，禅、净二宗变为中国佛教之主流宗派，将中国佛教摄为禅、净二门，是印光针对中国佛教的历史现状而做出的整体性判摄。言通途法门与特别法门是对整个一代时教的价值判断，更能体现印光的净土思想。佛教内部质疑净土门的根本原因，"便是以通途教理对净土法门提出种种辩难"，而印光特别法门的判摄与阐释，"一语道破，发前人所未发，实为净土教理一大贡献"④。

印光的判教观将净土诸祖的末法意识、自他二力、他力本愿等思想融为一体，发挥了净土宗的往生理论。其判教虽广摄佛教各宗各派，但最主要的还是针对禅、密二宗。民国年间，禅、密泛滥，坏灭教法，欲振兴佛教，必须对禅、密做出有力的回应。印光深刻地意识到，要维护佛教的正法信仰，必须从

① 印光：《印光文钞》卷 10，第 1712～1713 页。
② 印光：《印光文钞》卷 1，第 83 页。
③ 印光《印光文钞》卷 9 云："以一代时教，皆仗自力，以出生死。净土法门，未断惑者，仗佛慈力，即可带业往生，已断惑者，仗佛慈力，遂得速登上地。乃一代时教中之特别法门，不可以常途教道，相为并论也。"第 1411 页。
④ 赖永海编《中国佛教通史》卷 15，江苏人民出版社，2010，第 279 页。

根本上清除这些邪见谬论，阐明佛法之宗要。于是，印光着眼时势，统揽全局，以净土为归，从理上分判佛法为五宗，从事上判时教为禅、净二门，是对民国时期佛教现状自觉的反省与深刻的认识。[①]

思考与练习题

1. 昙鸾的判教说与龙树有哪些显著的不同？

2. 道绰为什么判净土是圣道门？

3. 善导为什么要将净土门开为要门与弘愿门？

4. 莲池、蕅益为什么判净土为圆教？

5. 印光的判教说有哪些特点？

---

① 存德：《印光法师佛学思想研究》，第 552 页。

第十章　诸宗的念佛方法论

念佛是大乘佛教的思想精华，大乘经论中皆倡导念佛，其方法虽异，但根本思想是一致的，中国佛教亦然。中国佛教就念佛的方法来说，以净土宗、禅宗及天台宗最具代表性，其中净土宗的称名念佛法影响最大，对后来中国佛教的影响也最为深远。随着诸宗融合的发展，特别是禅宗和天台宗积极汲取称名念佛，并予以一些新的诠释，如知礼之约心观佛，仁岳之理事二持，择瑛的横竖二出、惟则的带业往生，等等，极大地丰富了念佛法门的教理。

第一节　净土宗的称名念佛论

庐山慧远建斋立誓，结社念佛，尊号如来，共期西方，并以"功高易进，念佛为先"，首次赋予念佛至上地位，念佛从此滥觞于中国佛教。在此意义上，慧远是净土信仰的先发之人。慧远的念佛法主要是依《般舟三昧经》来讲。《般舟三昧经》"倡言由精神专注于忆念阿弥陀佛而达到定中见佛，这在劝说口称念佛的《观无量寿经》尚未译出的三国两晋时代，此经所说定中见佛之教成为净土教的中心思想"①。其后，智颛、善导、慧日、承远、法照等皆修此般舟三昧。《念佛三昧诗集序》云：

> 三昧者何？专思寂想之谓。思专则志一不分，想寂则气虚神朗；气虚则智恬其照，神朗则无幽不彻，斯二乃是自然之玄符，会一而致用也。……又诸三昧，其名甚众，功高易进，念佛为先。何者？穷玄极寂，尊号如来，体神合变，应不以方。故令入斯定者，昧然忘知，即所缘以成

---

① 〔日〕藤吉慈海：《慧远的净土教思想》，转引自曹虹《慧远评传》，南京大学出版社，2002，第168页。

鉴，明则内照交映，而万象生焉。非耳目之所至，而闻见行焉，于是睹夫渊凝虚镜之体，则悟灵根湛一，清明自然。察夫玄音之叩心听，则尘累每消，滞情融朗。①

专思寂想即能气虚神朗。气虚就能智慧观照，神朗则能洞彻万物。这是自然的玄妙特征，会归一心会有微妙的功用。在诸三昧中，以念佛三昧功德高盛，最易进持。入此三昧，全然忘却知虑，以所念之佛为镜，镜体明亮则向内洞照心体，内外交映而产生万象，不用耳目就能听闻觉知。于是见到渊深凝成的虚镜之体（佛身），而体悟心灵的根源湛然清明，与佛体合一。以此观照佛国净土，以心听之，则烦恼顿消，滞情俱融。这是对《般舟三昧经》的定中见佛和《无量寿经》的称号念佛的融合。而三昧的智慧观照，必以般若为力。慧远的《禅经统序》曰：

> 三业之兴，以禅智为宗。……禅非智，无以穷其寂；智非禅，无以深其照。然则禅智之要，照寂之谓，其相济也，照不离寂，寂不离照。②

慧远将般若的寂照之功导归于念佛往生上。由此可见，慧远的念佛法融合禅观和般若，是一种以般舟三昧为本的观想念佛法。虽然慧远判其"功高易进"，但这种念佛法和善导的称名念佛法相比，还是较为高峻。迦才在《净土论序》中云："虽以金期西境，终是独善一身；后之学者，无所承习。"③但慧远神机独拔，"于教典未备之时，根机未熟之际"能结社念佛，"诚为划时代的革命性壮举"。④慧远由此被楷为念佛法门的"精神领袖"和莲社初祖。

慧远在禅观念佛中提出了"尊号如来"，昙鸾在此基础上提出称名念佛，将其独立出来，并与实相念佛、观想念佛相提并论。《往生论注》曰："忆念阿弥陀佛，若总相，若别相，随所观缘，心无他想，十念相续，名为十念；但称名号，亦复如是。"⑤《安乐净土义》亦曰：

① （唐）道宣：《广弘明集》卷30，《大正藏》第52册，第351页中。
② （梁）僧祐：《出三藏记集》卷9，《大正藏》第55册，第65页中。
③ （唐）迦才：《净土论序》，《大正藏》第47册，第83页中。
④ 〔日〕中村元等：《中国佛教发展史》卷上，余万居译，天华出版公司，1993，第97页。
⑤ （北魏）昙鸾：《往生论注》卷上，《大正藏》第40册，第834页下。

若念佛名字，若念佛相好，若念佛光明，若念佛神力，若念佛功德，若念佛智慧，若念佛本愿，无他心间杂，心心相续，乃至十念，名为十念相续。①

若忆念，若称名，即与如来名号相应。昙鸾基于《往生论》之赞叹门，把心念与口念等同起来，就直接赋予口念重要性。昙鸾云"无量寿佛庄严功德，即以佛名号为经体"②，彼国以"名字为佛事"③，就给予了称名念佛特殊性。昙鸾解释云，"阿弥陀佛"四字是"方便庄严、真实清净、无量功德名号"④。此名即法，而非异法。《往生论注》云：

诸法万差，不可一概。有名即法，有名异法。名即法者，诸佛菩萨名号，般若波罗蜜，及陀罗尼章句，禁咒音辞等也。如《禁肿辞》云："日出东方，乍赤乍黄"等句。假使酉亥行禁不关日出而肿得差。亦如行师对阵，但一切齿中诵："临兵斗者，皆陈列在前"，行诵此九字，五兵之所不中。《抱朴子》谓之要道者也。又苦转筋者，以木瓜对火熨之则愈；复有人但呼木瓜名亦愈，吾身得其效也。如斯近事，世间共知，况不可思议境界者乎。灭除药涂鼓之喻，复是一事。有名异法者，如指指月等名也。⑤

譬如净摩尼珠置之浊水，水即清净。若人虽有无量生死之罪浊，闻彼阿弥陀如来至极无生清净宝珠名号，投之浊心，念念之中，罪灭心净，即得往生。又是摩尼珠以玄黄帛裹，投之于水，水即玄黄，一如色物。彼清净佛土有阿弥陀如来无上宝珠，以无量庄严成就帛裹，投之于所往生者心水，岂不能转生见为无生智乎？又如冰上燃火，火猛则冰解，冰解则火灭，彼下品人虽不知法性无生，但以称佛名力，作往生意，愿生彼土，彼土是无生界，见生之火自然而灭。⑥

昙鸾广引众喻，以明阿弥陀佛名号的不可思议神力，虽然阐明了"是名即

① （北魏）昙鸾：《略论安乐净土义》，《大正藏》第 47 册，第 3 页下。
② （北魏）昙鸾：《往生论注》卷上，《大正藏》第 40 册，第 826 页中。
③ （北魏）昙鸾：《往生论注》卷下，《大正藏》第 40 册，第 838 页上。
④ （北魏）昙鸾：《往生论注》卷上，《大正藏》第 40 册，第 834 页下。
⑤ （北魏）昙鸾：《往生论注》卷下，《大正藏》第 40 册，第 835 页下。
⑥ （北魏）昙鸾：《往生论注》卷下，《大正藏》第 40 册，第 839 页上—中。

法，而非异法"之理，但在昙鸾的净土思想中，"称名只是引发往生之意愿，它本身不足以往生"①，往生的前提是"罪灭心净"。所谓经中的十念者，首先具足三信心。

> 信心不淳，若存若亡故；信心不一，无决定故，信心不相续，余念间故。此三句展转相成，以信心不淳故，无决定；无决定故，念不相续，亦可念不相续故，不得决定信；不得决定信故，心不淳。②

十念得以往生者，"在心、在缘、在决定"③，故称名仅仅是外缘，而无间心生才是决定，和昙鸾所主张的初地往生说是相一致的。世亲从五念门中开出的口念，虽然在昙鸾这里还没有达到一种决定性的高度，和世亲一样，口念最终还是被心念所收摄，但昙鸾极大地丰富了念佛的内容，有效地夯实了其作为一种法门应具有的理论基础，对称名念佛做出了极有意义的阐发。

昙鸾首倡称名，标志着净土念佛法从观想到称名的思想转变。此法后经道绰、善导之阐发，变成净土念佛法的正行正业之法。今时值末法，正是称名念佛时。道绰《安乐集》云：

> （《大集月藏经》）云："诸佛出世，有四种法度众生。何等为四？一者口说十二部经，即是法施度众生；二者诸佛如来有无量光明、相好，一切众生但能系心观察，无不获益，是即身业度众生；三者有无量德用、神通、道力，种种变化，即是神通力度众生；四者诸佛、如来有无量名号，若总若别，其有众生系心称念，莫不除障获益，皆生佛前，即是名号度众生。"……若去圣近，即前者修定、修慧是其正学，后者是兼。如去圣已远，则后者称名是正，前者是兼。何意然者，实由众生去圣遥远，机解浮前暗钝故也。④

道绰在昙鸾的基础上，结合教、时、机，以称名念佛法为正学，正式地给予了口念历史地位，意义非同寻常。善导则结合道绰的正学，进一步将此楷为

① 〔美〕肯尼斯·k·田中：《中国净土思想的黎明》，冯焕珍、宋婕译，第78页。
② （北魏）昙鸾：《往生论注》卷下，《大正藏》第40册，第835页中。
③ （北魏）昙鸾：《往生论注》卷上，《大正藏》第40册，第834页中。
④ （唐）道绰：《安乐集》卷上，《大正藏》第47册，第4页中。

"正行正业",分明拣别了正行与杂行、正业与助业的关系,突显了口念与其他一切行法的高低优劣不同。

善导以念佛法含摄安心和起行二门。安心者,具足《观经》中的至诚心、深心、回向发愿心。所谓至诚心,即真实心,不得外现贤善,内怀虚伪,是承《维摩经》之"直心之道场、直心是菩萨净土"而来。深心者,深信之心。一者信机,即决定深信自身现是罪恶生死凡夫;二者信法,就人立信,即决定深信净土法门,就行立信,行有正杂二行,专依正行,称名为要。信机是信法之入道方便,"机法一体",不可分离,是对道绰"教赴时机"的发展。回向发愿心者,承昙鸾的往相、还相二义。《往生礼赞》曰:"具此三心,必得往生;若少一心,即不得生。"① 《观经疏》曰:"三心既具,无行不成;愿行既成,若不生者,无有是处。"②

净土行有正杂二行,所谓正行者,"专依往生经行行者是名正行",③ 即一心读诵、观察、礼拜、称名、赞叹阿弥陀佛等事。此五正行者,称名为正定之业,余四为助行。其余诸善,是名杂行(见图3)。

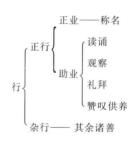

图3 净土行

《往生礼赞》曰,专修者,念念相续,毕命为期,"十即十生,百即百生"。因"无外杂缘得正念故,与佛本愿相应故,不违教故,随顺佛语故"。而杂修者,疏杂之行,虽可回向往生,但"百时希得一二,千时希得三五";若杂不至心者,"千中无一"④,即为杂毒之行,因杂行有十三失。⑤ 众行虽能回

---

① (唐)善导:《往生礼赞》,《大正藏》第47册,第438页下。

② (唐)善导:《观经疏》卷4,《大正藏》第37册,第273页中。

③ (唐)善导:《观经疏》卷4,《大正藏》第37册,第272页中。

④ (唐)善导:《往生礼赞》,《大正藏》第47册,第439页中、下。

⑤ (唐)善导《往生礼赞》云:"杂缘乱动失正念故;与佛本愿不相应故;与教相违故;不顺佛语故;系念不相续故;忆想间断故;回愿不殷重真实故;贪瞋诸见烦恼来间断故;无有惭愧忏悔心故……不相续念报佛恩故;心生轻慢,虽作业行,常与名利相应故;人我自覆,不亲近同行善知识故;乐近杂缘,自障障他往生正行故。"《大正藏》第47册,第439页中。

向往生，但与念佛全非比较也，而正行之正定之业正是称名念佛。

为了让称名念佛有经典的圣神性依据，善导直接将经典中的"十念往生"引申为"十声往生"。如《往生礼赞》云：

弥陀本弘誓愿，及称名号，下至十声一声等，定得往生。①

弥陀世尊本发深重誓愿，以光明名号摄化十方，但使信心求念，上尽一形，下至十声、一声等，以佛愿力易得往生。②

若有众生称念阿弥陀佛，若七日及一日，下至十声，乃至一声、一念等，必得往生。③

善导以《往生论》五念门之礼拜、赞叹、观察外加读诵、称名而五正行。读诵、称名本属五念门之口业赞叹门，但善导将此别开出来，可见其用意。五念门中的作愿、回向则摄于安心门。昙鸾虽然讲到了三信心，但设定心、行具足之方规，则为善导的创见。④ 善导进一步摄诸行于称名，望佛之本愿，意在称名。所以他将十念引申为十声，将心念全然收摄到口念上，以口念为佛的别意法门，对念佛法的发展来说是革命性的改变。

世亲虽然提出了口念的问题，但没有给予口念重要地位。昙鸾虽然直接把心念与口念等同起来，赋予了口念重要性，但口念最终还是被心念所收摄。道绰虽然倡口念为正学，但仍给予了兼学较高地位，主张"正兼双行"。而善导以杂行为"杂毒之行"，就念佛行法而论，拣除了杂行的必要性，更楷定口业上的称名为"正行正业"，主张"乃至一声，决定往生"，将称名发扬到了极致。它标志着口念的正式完成和心念历史地位的正式终结，后世"禅净异流"的源头其实在善导这里。此后称名念佛成为净土宗的最核心理论，也成为净土宗最显著的标志。

净土宗的念佛论滥觞于东晋的慧远，成于北魏的昙鸾，极盛于唐代的善导。后世净土宗的念佛论基本上是顺着善导来讲的，虽然在理论上有所发展，但实质上不异于善导的称名念佛说。

---

① （唐）善导：《往生礼赞》，《大正藏》第 47 册，第 438 页下。
② （唐）善导：《往生礼赞》，《大正藏》第 47 册，第 439 页中。
③ （唐）善导：《往生礼赞》，《大正藏》第 47 册，第 448 页上。
④ 〔日〕望月信亨：《中国净土教理史》，印海译，第 99 页。

第二节　天台宗的约心观佛论

天台宗的念佛法始于智顗，智顗的念佛法承续于庐山慧远的禅观念佛。智顗之学以止观为本，以行仪为辅。《摩诃止观》中提出了四种三昧行仪，即常坐、常行、半行半坐、非行非坐。其中常行三昧出自《般舟三昧经》，是一种以念佛而达到见佛的修行法门。智顗从身、口、意三方面来述此三昧法。《摩诃止观》云：

> 九十日身常行无休息，九十日口常唱阿弥陀佛名无休息，九十日心常念阿弥陀佛无休息。或唱念俱运，或先念后唱，或先唱后念，唱念相继，无休息时。若唱弥陀即是唱十方佛功德等，但专以弥陀为法门主。举要言之，步步、声声、念念唯在阿弥陀佛。意论止观者，念西方阿弥陀佛，去此十万亿佛刹，在宝地宝池宝树宝堂，众菩萨中央坐说经，三月常念佛。云何念？念三十二相。……令我亦逮是相。又念我当从心得佛，从身得佛。佛不用心得，不用身得，不用心得佛色，不用色得佛心。何以故？心者佛无心，色者佛无色，故不用色心得三菩提。……不用身口得佛，不用智慧得佛。何以故？智慧索不可得，自索我了不可得，亦无所见，一切法本无所有，坏本绝本。……自念一切所有法皆如梦，当如是念佛，数数念莫得休息。用是念当生阿弥陀佛国，是名如相念。……自念佛从何所来，我亦无所至，我所念即见。心作佛，心自见，心见佛心，是佛心是我身。心见佛，心不自知心，心不自见心；心有想为痴，心无想是泥洹。[1]

般舟三昧专重观想念佛法，常行三昧则为其注入了持名念佛，以口业之持名入手，进而意念佛身，观佛身是我心，从心见佛，后观一切皆空，心不自见，心不自知，即为涅槃。此为即空、即假、即中之观。故"常行三昧于诸功德最为第一，此三昧是诸佛母，佛眼佛父无生大悲母"[2]。这就是智顗的观心念佛法。般舟三昧自慧远以来，成为净土教的一大主流，智顗对其进行改造，将

---

① （隋）智顗：《摩诃止观》卷2，《大正藏》第46册，第12页中至下。
② （隋）智顗：《摩诃止观》卷2，《大正藏》第46册，第13页上。

其变成了天台宗的念佛法。

智颉的念佛法是一种观心法,是将他方的佛摄于自心,在自心上用观,而达一心三观。在此,念佛是方便,止观是根本。善导的念佛法是一种观佛法,是将自心摄于他方的佛,在他佛上用观,而达观佛三昧。善导的称名念佛兴起后,对各家之念佛产生了极大的影响。知礼以天台的立场,将智颉的观心法和善导的观佛法予以融合,提出了约心观佛说,并称其为圆顿妙观。它"不直观心故不同于天台之一心三观;不直观佛故不同于善导之观佛三昧"①。

知礼指出,《观经》以观佛为题目,智颉的《观经疏》以心观为宗。此二无殊,方是今观,即约心观佛。所谓约心而观佛者,"托彼安养依正之境,用微妙观,专就弥陀,显真佛体,虽托彼境,须知依正同居一心"。心性周遍,无法不造,无法不具,据此"心性而观彼依正,依正可彰;托彼依正,观于心性,心性易发"②。心性造具一切法,故心即是法,而能造所造当处全是心性,约此心性上起观,直现西方。《妙宗钞》云:

> 知我一心具诸佛性,托境修观,佛相乃彰。今观弥陀依正为缘,熏乎心性,心性所具极乐依正,由熏发生,心具而生,岂离心性。全心是佛,全佛是心;终日观心,终日观佛。是故《经》目与《疏》立宗,语虽不同,其义无别。又应须了,若观佛者,必须照心;若观心者,未必托佛。如一行三昧直观一念,不托他佛而为所缘。若彼般舟及此观法,发轸即观安养依正,而观依正不离心性,故曰心观。须知此观,不专观心。内外分之,此当外观,以由托彼依正观故,是以经题称为观佛。③

约心观佛者,于观佛时,先照其心,明了佛不离心,非但观佛,乃据心观,是以观佛之境,托之以显本具之心性。若心外观佛,但见偏真,而约心以观佛,显发中道实相之体。实相之体者,即是常寂光土,亦是念佛者之觉体。此念佛法中,能观皆是一心三观,所观皆是三谛一境,知果佛圆明之体是我凡夫本具性德,极乐依正之境皆我心本具所造,如此则是心是佛,是心作佛;全心是佛,全佛是心。

---

① 〔日〕望月信亨:《中国净土教理史》,印海译,第181页。
② (宋)知礼:《观经疏妙宗钞》卷1,《大正藏》第37册,第195页中。
③ (宋)知礼:《观经疏妙宗钞》卷1,《大正藏》第37册,第197页下。

知礼指出，一切行法无不显此觉体而已。《摩诃止观》四种三昧，虽通名念佛，俱是通途显诸佛体，而《观经》的观法及般舟三昧，是托极乐依正之境，用微妙观，专就弥陀显真佛体。虽托彼境，但极乐依正同居一心，是为特别法门，是"至极之道，要妙之术"，是不思议的圆教念佛法。① 蕅益的自他俱念即来自知礼的约心观佛。

对于《观经》的念佛原理，知礼解释说，约感应道交义言，佛为能应，众生为能感，佛应众生心净而感现其身，始本即冥，冥合佛体。约解入相应义说，佛是法界身，无所不遍，想佛而得观解，今得观解，契合佛体。以感应道交义成托他佛显乎本性，以解入相应义知本性明而成立唯心观。净心能感他方佛应，三昧能成己之佛，故名"是心作佛"。心外无佛，心即应佛，佛体无相，心感故有，故名"是心是佛"。"是心作佛"是从观义说，显性德自然有佛，无别有佛。"是心是佛"是从本具义说，显非修德因缘成佛。"即是而作，故全性成修，则泯一切自然之性；即作而是，故全修即性，则灭一切因缘之性。"② 若此然者，绝思绝议，进显三观，见弥陀体。《妙宗钞》云：

> 既以作是，绝乎思议，复以作是，显于三观。以若破若立，皆名为作，空假二观也。不破不立，名之为是，中道观也。全是而作，则三谛俱破。三谛俱立，名一空一切空，名一假一切假。全作而是，则于三谛俱非破非立，名一中一切中也。即中之空假名作，能破三惑，能立三法，故感他佛，三身圆应，能成我心，三身当果。即空假之中名是，则全感即智，全障即德，故心是应佛，心是果佛。故知作是一心修者，乃不思议三观。③

如此观者，知心即是佛而观阿弥陀佛，以圆教三观照三谛一境。佛有三号，正遍知即般若，是为真谛；应供即解脱，是为俗谛，如来是法身，是为中谛。三号召三德，以三德为三谛，三一圆融，不一不异。三号显于三谛，妙观

---

① 对于知礼约心观佛，其门人净觉仁岳以"摄佛归心"名为观佛，广智尚贤则以"摄心归佛"名为观佛。知礼以其均非约心观佛义。（元）怀则在《净土境界要门》中批评仁岳之摄佛归心，有滥直观心之嫌。尚贤之摄心归佛，与智颛的"心观为宗"义相违。二人的直观心、直观佛，均非知礼之约心观佛。
② （宋）知礼：《观经疏妙宗钞》卷4，《大正藏》第37册，第220页中。
③ （宋）知礼：《观经疏妙宗钞》卷4，《大正藏》第37册，第220页中至下。

既立，佛境即现，念佛三昧即成。尘境粗强，修观不易，故须外加事忏称名，内勤理观，妙观为正，净业为助，正助双行，加愿要制，即得往生。

知礼在智颛的观心基础上所提出的约心观佛说，为天台宗建立了有别于净土宗的念佛法，丰富了念佛法门的教理，极大地促进了台、净融合。这也是天台宗兴盛的一个重要因素。

智颛确立观心念佛法，并以观心为宗。知礼虽然融合了净土宗的观佛，但其主张还是体现了天台宗的本色。可是约心观佛说深妙玄奥难于把握，随着遵式天台忏仪的流行和台、净融合的发展，以及天台宗结社念佛的流行，天台宗的念佛法逐渐向净土宗靠拢，最终使得净土宗的称名念佛法渐渐取代了天台宗的观心观佛。称名念佛由此而成为天台宗最主要的念佛法。如择瑛、元照、蕅益等天台宗人皆以称名念佛为圆妙法门。

第三节　禅宗的观心念佛论

禅宗自达摩以来就确立了观心法门，道信结合《楞伽经》的"诸佛心第一"和《文殊般若经》的"一行三昧"①，提出心外无佛，佛外无心，念佛即是念心。道信云：

> 《大品经》云："无所念者，是名念佛"。何等名无所念，即念佛心名无所念。离心无别有佛，离佛无别有心，念佛即是念心，求心即是求佛。②

从般若言，诸法无相，平等无二。如是安心，常忆念佛，攀缘不起，则泯然无相，平等不二。如是念心，即是念佛。道信又在般若空义上结合如来藏清净心来讲念心，所念之心者乃如来藏清净心。

> 即看此等心，即是如来真实法性之身，亦名正法，亦名佛性，亦名诸

---

① （梁）曼陀罗仙译《文殊般若经》卷下云："法界一相，系缘法界，是名一行三昧。……若善男子、善女人，欲入一行三昧，应处空闲，舍诸乱意，不取相貌，系心一佛，专称名字。随佛方所，端身正向，能于一佛念念相续，即是念中，能见过去未来现在诸佛。何以故？念一佛功德无量无边，亦与无量诸佛功德无二，不思议佛法等无分别，皆乘一如，成最正觉，悉具无量功德、无量辩才。"《大正藏》第 8 册，第 731 页上。这是般若与念佛的合一，而道信则将此引申到禅宗的观心上。
② （唐）净觉：《楞伽师资记》，《大正藏》第 85 册，第 1287 页上。

法实性实际，亦名净土，亦名菩提金刚三昧本觉等，亦名涅槃界般若等。名虽无量，皆同一体。①

禅宗由此建立了自己的摄心念佛观，从而将达摩以来的观心法明确地与净土宗的称名念佛法区别开来，显示了禅宗的根本宗义。

道信认为，心是真实心，即是佛净土，所以念佛法门只是一安心入道之方便而已。

> 云何能得悟解法相，心得明净？信曰："亦不念佛，亦不捉心，亦不看心，亦不计心，亦不思惟，亦不观行，亦不散乱。直任运，亦不令去，亦不令住，独一清净，究竟处心自明净。或可谛看，心即得明净。"②
>
> 问："临时作若为观行？"信曰："直须任运。"又曰："用向西方不？"信曰："若知心本来不生不灭，究竟清净，即是净佛国土，更不须向西方。《华严经》云：无量劫一念，一念无量劫。须知一方无量方，无量方一方。佛为钝根众生，今向西方，不为利根人说也。"③

道信还引用了《涅槃经》《普贤观经》《维摩经》《观无量寿经》等，阐述了他的唯心净土念佛说。在道信这里，此心具足净土，在观行上可任运而去，不求生向西方。此又开禅宗的平常心是道，影响甚远，意义重大。

弘忍在道信的基础上，提出守心是禅宗的第一要道。《最上乘论》云：

> 修道之本体，须识当身心本来清净，不生不灭，无有分别，自性圆满，清净之心。此是本师，乃胜念十方诸佛。④
>
> 行知法要，守心第一。此守心者，乃是涅槃之根本，入道之要门，十二部经之宗，三世诸佛之祖。⑤

此心清净圆满，与究竟果体平等无二，故是诸佛本师。如此凝然守心，涅

---

① （唐）净觉：《楞伽师资记》，《大正藏》第85册，第1287页上。
② （唐）净觉：《楞伽师资记》，《大正藏》第85册，第1287页中。
③ （唐）净觉：《楞伽师资记》，《大正藏》第85册，第1287页下。
④ （唐）弘忍：《最上乘论》，《大正藏》第48册，第377页上。
⑤ （唐）弘忍：《最上乘论》，《大正藏》第48册，第377页下。

槃自现，"常念彼佛不免生死，守我本心则到彼岸"，故"守本真心，胜念他佛"。道信所说的"心"，有当下自然之心的特点，故"更不须向西方"。但弘忍明确地指出禅宗的守心之心是"真心"。弘忍引《华严》《涅槃》《十地》等经中的真心论，论述了万法不出一心，心是万法之本的理论。即生佛皆于此真心当中。故守本真心，即到彼岸。他还引用了《观经》的念佛法，教人通过念佛来摄心不乱，保持清净状态，念念不离真心，进而体悟经中的"十方国土，皆如虚空，三界虚幻，唯是一心"①。这和道信的无念而念心是不同的。弘忍比较重视《观经》中的观想念佛法，然念佛只是进一步守心的方便而已。

神秀依《起信论》的思想，从体用相即出发，融合了发愿、忏悔、受戒、念佛等重要的有相行法，以此作为"住心看净"的手段，将念佛与观心有机地统一起来。《观心论》云，念佛者正念为正，正念必得往生净国。

> 佛者觉也，所为觉察心源勿令起恶。念者忆也，谓坚持戒行不忘精勤了如来义，名为正念，故知念在于心，不在于言。既称念佛，云名须行念佛之体。若心无实，口诵空言，徒念虚功，有何成益。且如诵之与念，名义悬殊。在口曰诵，在心曰念。故知念从心起，名为觉行之门。诵在口中，即是音声之相，执相求福，终无是乎。②

佛为觉，念佛即是使觉心初起。心为善恶之源，出世解脱户津，故念佛即在念心净心。"一切佛法，自心本有；将心外求，舍父逃走。"③在摄心上弘忍重视有相门之渐修，特别是口诵有净心之方便。

> 问："佛子，心湛然不动是没？"言："净。佛子，诸佛如来有入道大方便，一念净心，顿超佛地。"和尚击木，一时念佛。④

杜胐《传法宝纪》云："忍、如、大通之世，则法门大启，根机不择，齐

---

① （唐）弘忍：《最上乘论》，《大正藏》第 48 册，第 378 页中。
② （唐）神秀：《观心论》，《大正藏》第 85 册，第 1273 页上。
③ （宋）道原：《景德传灯录》卷 4，《大正藏》第 51 册，第 231 页中。
④ （唐）神秀：《大乘无生方便门》，《大正藏》第 85 册，第 1273 页下。

速念佛名，令净心。"① 忍即弘忍，如即法如，大通即神秀。由此可见，弘忍门下非常重视念佛名，② 念佛不再是为下根人说，而是观心的重要手段。其念佛方法是引声念佛，如净众宗和宣什宗等。

禅宗念佛禅自弘忍开始渐趋向称名发展，由此引起禅宗内部的不满。神秀的弟子杜朏《传法宝纪》中就批评此为"委巷之谈"，失去了达摩禅法的真正精神。慧能以"无念为宗，无相为体，无住为本"③，而大唱唯心净土论，彻底否定净土的他方性。由此导致禅宗的呵佛骂祖，反对权威，打破偶像崇拜等极端行为。随着净土宗的批判和禅宗的自我反省，禅、净合一成为中国佛教的发展大势。持名念佛也随即成为禅宗比较重要的修学法门。

五代禅僧延寿以理事圆融、万善同归等积极提倡称名念佛，且日课十万声，发愿求生西方。《万善同归集》云："声为众义之府，言皆解脱之门，一切趣声，声为法界。"④ 所以延寿特重高声念佛。延寿指出，修持必须有净土，但可以无禅；若禅、净双修，则为无上之修持法门。如《永明料简》云：

> 有禅无净土，十人九蹉路；阴境若现前，瞥尔随他去。
>
> 无禅有净土，万修万人去；但得见弥陀，何愁不开悟。
>
> 有禅有净土，犹如戴角虎；现世为人师，来生作佛祖。
>
> 无禅无净土，铁床并铜柱；万劫与千生，没个人依怙。⑤

延寿之后，禅僧可谓无不提倡念佛者，均提倡禅是净土之禅，净是禅之净土，"念佛不碍参禅，参禅不碍念佛"⑥，其念佛的方法是以智彻提出的参究念佛法为本。莲池《弥陀疏钞》云，念佛有事持和理持。

忆念无间是谓事持，体究无间是谓理持。忆念者闻佛名号，常忆常

---

① 韩传强：《禅宗北宗敦煌文献录校与研究》，江苏人民出版社，2018，第50页。

② 据（宋）戒珠的《净土往生录》卷中云，弘忍的弟子法持"持于净土，以系于念，凡九年，俯仰进止，必资观想"。《大正藏》第51册，第120页上。早期禅宗的《达摩禅师观门》中积极地肯定了念佛法门的价值。文云："大声念佛得十种功德：一者不闻恶声，二者念佛不散，三者排去睡眠，四者勇猛精进，五者诸天欢喜，六者魔军怖畏，七者声振十方，八者三途息苦，九者三昧现前，十者往生净土。"《大正藏》第85册，第1270页下。

③ （唐）法海集：《六祖坛经》，《大正藏》第48册，第338页下。

④ （五代）延寿：《万善同归集》卷上，《大正藏》第48册，第962页中。

⑤ （五代）延寿著、张家成整理《永明延寿禅师文集》，浙江人民出版社，2014，第469页。

⑥ （宋）宗镜：《金刚科仪解》，《卍新纂续藏经》第24册，第724页上。

念，以心缘历，字字分明，前句后句，相续不断，行住坐卧，惟此一念，无第二念，不为贪嗔烦恼诸念之所杂乱。体究者，闻佛名号，不惟忆念，即念反观，观察究审，鞫其根源，体究之极，于自本心，忽然契合。①

事依理起，理得事彰，事理交资，不可偏废。无论事持、理持，执持至极，"摄心体心，两种念佛，事理互通，本不二故"②。念至极处，即是一心不乱，其中亦有事一心和理一心之别。事一心属定门摄，理一心属慧门摄。道霈《净土旨诀》云：

> 事念者，惟一心念去，务使字字分明，句句相续，盖不分明即是昏，不相续即是散，不昏不散，一句佛号，历历现前，久之自然，成就念佛三昧也。理念者，达得现前能念之心，所念之佛，因缘合成，本无所有，当体性空，是念而无念也。虽然性空而能念之心，所念之佛历历现前，是无念而念也。③

事念者当属净土宗的念佛法，理念者是禅宗自道信以来的念佛法。禅宗的念佛法大体上是以此来讲的。禅、净二宗都讲禅、净合一，但禅宗的基本态度则是摄净入禅，是以净土的事念为方便而入禅宗的理念，并以理念为无上法门，是禅宗念佛观的主调。

禅宗自道信开始就比较重视念佛，特别是神秀。这是受到了净土宗流行的影响。后来虽然慧能以禅本位的立场，极力反对净土念佛论，但无相行所引起法门行持上的流弊，受到了净土宗方面慧日、法照、飞锡等人的激烈批评，引起了禅宗本身的反省，促进了禅、净融合。这一融合的暗流在延寿那里就明确地显示出来了。从此大体上可了解和把握禅宗净土念佛观的源流及其发展。

第四节　华严宗的圆融念佛论

华严宗自智俨始就比较重视净土念佛，虽是承摄论师法常之说，但也有华

---

① （明）袾宏：《弥陀疏钞》卷3，《卍新纂续藏经》第22册，第659页下。
② （明）袾宏：《弥陀疏钞》卷3，《卍新纂续藏经》第22册，第664页中。
③ （清）道霈：《净土旨诀》，《卍新纂续藏经》第62册，第24页下至第25页上。

严宗圆融的特色。李通玄在《新华严经论》中综合经论，提出了十种净土，以华藏净土为上。其后澄观提出二十一种念佛三昧门，约能念之心言，不外五门。《华严经疏》认为：

1. 缘境念佛门。念真念应，若正若依，设但称名，亦是境故。

2. 摄境唯心念佛门。总相唯心，是心是佛，是心作佛；别相虽随我心，心业多种，见佛优劣故。

3. 心境俱泯门。远离能念之心，及所观之境，心境俱泯，犹如虚空。

4. 心境无碍门。双照事理，存泯无碍，心境融通，无碍普照。

5. 重重无尽门。观一即一切，一切即一，相即相入，重重无尽。

就华严五教来说，其中第一、二门为始教，第三门为顿教，第四门为终教，第五门为圆教。《华严演义钞》云：

> 古人已有五门云：第一称名往生念佛门，第二观像灭罪念佛门，第三摄境唯心念佛门，第四心境无碍念佛门，第五缘起圆通念佛门。此之五门初二名局，又但称名，亦阙念义。第五一门，名则尽善，及其释义，但事理无碍，故今改之。故初一门兼摄前二，此中第五是性起圆通，事事无碍义故。①

澄观的五门念佛是在《五方便念佛门》②的基础上形成的，名目虽略同，但其用意则有差别，凸显了华严念佛的圆融特色。

其后宗密加以凝结，概括为四种念佛法，即称名念佛、观像念佛、观想念

---

① （唐）澄观：《华严随疏演义钞》卷85，《大正藏》第36册，第667页中至下。
② 题名（隋）智颙《五方便念佛》应属唐人作品。论中提出了念佛由浅至深的五种禅：凝心禅、制心禅、体真禅、方便随缘禅、息二边分别禅；五门念佛：称名往生念佛三昧门、观相灭罪念佛三昧门、诸境唯心念佛三昧门、心境俱离念佛三昧门、性起圆通念佛三昧门。众生根性不一，诸佛以众生乐称诸佛名生彼国者，则示以称名往生门。众生有乐睹诸佛身俱障不见者，则示以观相灭罪门。众生有迷心执境者，则示以诸境唯心门。众生有计实有者，则示以心境俱离门。众生乐深寂定趣无生灭者，则示以性起圆通门。从次第言之，假如行人，口称南无阿弥陀佛时，心必愿生彼国土，即是称名往生门。行者想象佛身，专注不已，遂得见佛，光明赫奕，照触者，尔时所有罪障皆悉消灭，即是观相灭罪门。又观此佛，从自心起，无别境界，即是诸境唯心门。又观此心，亦无自相可得，即是心境俱离门。趣深寂定，放舍一切心意识，将入涅槃，缘诸佛加被护念，兴起智门，于一念顷，净佛国土，成就众生，即是性起圆通门。此论中说，前四门功德百千万分不及性起圆通门念佛之一，因此门"无功用位，能以一身为无量身，任运修习故，佛观护故，诸佛法源尽穷底故，普贤愿因悉圆满故，本愿力故"。《大正藏》第47册，第82页中。即以称名念佛为浅，以性起圆通念佛为深。参见存德编著《净土宗教理史要》，第218~219页。

佛、实相念佛。称名念佛是以《文殊般若经》的"一行三昧"来讲的。观像念佛源自《宝积经》的观如来塑画等像。观想念佛以《观佛三昧海经》《坐禅三昧经》讲定中观佛相好。实相念佛者，亦名念佛法身，观自身及一切法之真实自性。"《大经》云，一切诸佛身，唯是一法身，念一佛时，即一切佛。"①此四门念佛法，各随根器，从浅至深，最后为妙。即以前三种念佛为浅，实相念佛为深妙。此与澄观的五门念佛相比，有异曲同工之处。据此可知，宗密的四门念佛法亦源于《五方便念佛门》，体现了宗密的禅教一致论和华严念佛的圆融特色。

华严宗以《华严经》为根本宗经，《华严经》所明之净土乃重重无尽，圆融无碍之华藏净土为最胜，但在《行愿品》中则有普贤以十大愿王导归极乐，往生极乐即可随意入华藏净土。由于《华严经》与普贤行愿之关涉，故《华严经》频说弥陀净土之往生。所以华严诸家亦以往生极乐为要。澄观《行愿品疏》云："不生华藏，而生极乐，略有四义。一有缘故；二欲使众生归凭情一故；三不离华藏故；四即本师故。"②《疏钞》解释云：

> 一、弥陀愿重，偏接娑婆人。二、但闻十方皆妙，此彼融通，初心忙忙，无所依托，故方便引之。三、极乐去此，但有十万亿佛土，华藏中所有佛刹皆微尘数，故不离也。……一一刹各有十刹微尘之刹而为围绕，各摄眷属，横竖交络，一一相当，递相连接，成世界网，故知阿弥陀佛国不离华藏界中也。四……或有见佛无量寿、观自在等共围绕，乃至贤首如来、阿閦、释迦等彼并判云，赞本尊遮那之德也。③

净土宗之独尊弥陀，重在佛力本愿，而澄观及其弟子宗密的解释则重在法界缘起上。华严行法注重于自力智证，以心智所发之妙用而入佛境界，但澄观的重视《普贤行愿品》，使华严的行法带上了他力本愿的色彩。华严宗由此在念佛法上渐渐地趋向于净土宗的念佛法。

唐时的华严诸家所论的念佛论，虽然关注到了他力的重要性，但仍是从华严的自力智证理入上来讲的。如澄观以性起圆通，事事无碍义的重重无尽念佛

---

① （唐）澄观疏、宗密钞《华严经行愿品疏钞》卷4，《卍新纂续藏经》第5册，第281页上。
② （唐）澄观：《华严经行愿品疏》卷10，《卍新纂续藏经》第5册，第198页上。
③ （唐）澄观疏、宗密钞《华严经行愿品疏钞》卷6，《卍新纂续藏经》第5册，第322页中至下。

门为华严的圆教念佛三昧；宗密则以念佛法身之实相念佛为最妙。宋以后，华严诸家则完全吸收了净土宗的念佛论。如子璿《起信论笔削记》、义和《华严念佛三昧无尽灯》、彭际清《华严念佛三昧论》等，已经从华严的智证理入上过渡到了净土宗的他力本愿上，极大地促进了贤净融合，丰富了净土念佛的思想内涵。

 思考与练习题

1. 慧远念佛论的思想及其特点是什么？

2. 昙鸾为称名念佛赋予了哪些重要思想内容？

3. 善导是如何将"十念"转化为"十声"的？

4. 智礼约心观佛的基本原理是什么？

5. 禅宗观心与净土宗观佛的基本分歧点是什么？

第十一章　持名念佛的方法

念佛的本意是一心系念于佛，由于各宗的根本教理有差别，念佛论的建构亦各不相同，其影响最大者当是净土宗的称名念佛。在持佛名号上有随息念、记数念、摄心念、参究念、高声念、低声念、默念、定念、散念、慢声念、快声念、坐念、绕念、立念等种种不同。

第一节　五会念佛法

五会念佛法由唐代法照所提倡。唐代的声乐艺术很发达，影响到了佛教，称名念佛亦被配上声律音乐，并在内容上有一些创造性的诠释。这种新的诠释与运用在口念佛号与传统文化间建立了某种程度的内在关联性，从而使念佛法门进一步本土化。道绰在玄中寺率众念佛，"人各掐珠，口同佛号，每时散席，响弥林谷"[①]。将佛号与数珠结合起来为口念提供了一种新的具体操作方法，对后世影响很大。其后善导将口念佛号融入净土忏仪中，并将佛号的唱诵与俗讲和变文结合起来，形成了以念佛为中心的通俗说唱文学，如《宝鸟赞》《相好赞》《往生乐愿赞》《愿往生赞》《阿弥陀经赞》《观经赞》《般若赞》等，皆以每句唱偈后附以阿弥陀佛的名号。特别是法照，不仅新作各种赞偈加以提倡，[②] 还依《无量寿经》中的五音声而配以一定的韵律，从而形成了"五会念佛"。《净土法事仪赞》云：

---

① （唐）道宣：《续高僧传》卷 20《道绰传》，《大正藏》第 50 册，第 593 页下。
② 如《新无量观经赞》云："释迦住在灵鹫山（阿弥陀佛），为化娑婆出世间（南无阿弥陀佛）。菩萨声闻无量众（阿弥陀佛），初欲闻经意未闲（南无阿弥陀佛）。"《新阿弥陀经赞》云："释迦悲智广无边（阿弥陀佛），先开净教利人天（南无阿弥陀佛，南无阿弥陀佛），菩萨声闻无量众（阿弥陀佛），其时听在给孤园（南无阿弥陀佛，南无阿弥陀佛）。"《大正藏》第 47 册，第 486 页中。

五者会是数，会者集会。彼五种音声，从缓至急，唯念佛法僧，更无杂念。……此五会念佛声，势点大尽，长者即是缓念，点小渐短者，即是渐急念。

　　第一会，平声缓念：南无阿弥陀佛；

　　第二会，平上声缓念：南无阿弥陀佛；

　　第三会，非缓非急：南无阿弥陀佛；

　　第四会，渐急念：南无阿弥陀佛；

　　第五会，四字转急念：阿弥陀佛。①

　　法照《五会赞》云："第一会时平声入，第二极妙演清音，第三盘旋如奏乐，第四要期用力吟，第五高声唯速念。"② 对于其殊胜的功效，《净土五会赞》云："第一会时除乱意，第二高声遍有缘，第三响飏能哀雅，第四和鸣真可怜，第五震动天魔散，能令念者入深禅。"③ 修此五会念佛者，即能"离五浊烦恼，除五苦断五盖，截五趣净五眼，具五根成五力，得菩提具五解脱，速能成就五分法身"④。法照不但为声念配以优美的韵律，使其高度地本土化、艺术化，而且还对高声念进行全新的诠释。怀感依《大集日藏分》"大念见大佛，小念见小佛"⑤，而提倡高声励念，法照则总结说高声念有十益。《高声念赞》云：

　　　　　　第一能排除睡障，意令诸子离重昏；

　　　　　　障灭身心亦清净，更见西方百宝门。

　　　　　　第二动振天魔界，令遣心归念佛门；

　　　　　　但使魔宫闻一念，因兹永劫奉慈尊。

　　　　　　第三声遍十方界，为令恶取苦皆停；

　　　　　　一一能闻无量寿，咸登净国住经行。

　　　　　　第四三途幽苦息，须臾变作宝莲成；

①　（唐）法照：《净土法事仪赞》，《大正藏》第 47 册，第 476 页中至下。
②　（唐）法照：《净土法事仪赞》，《大正藏》第 47 册，第 477 页上。
③　（唐）法照：《净土观行仪》卷下，《大正藏》第 85 册，第 1257 页中。
④　（唐）法照：《净土法事仪赞》，《大正藏》第 47 册，第 475 页中。
⑤　（唐）怀感：《释净土群疑论》卷 7，《大正藏》第 47 册，第 76 页下。

罪人尽处花间坐，登时闻法悟无生。

　　第五无令外声入，心心直往法王家；

　　光明长照琉璃殿，化生同子散金花。

　　第六妄念心无散，弥陀净刹想中成；

　　宝树林间宣妙法，声声唯赞大乘经。

　　第七勇猛勤精进，无明尘埃自消除；

　　念念常观极乐国，弥陀慈主赠明珠。

　　第八诸佛皆欢喜，当来护念信心人；

　　一一咸令不退转，临终证得紫金身。

　　第九能入深三昧，寂灭无为□漏禅；

　　念时无念见诸佛，永超生死离人天。

　　第十由具诸功德，恒沙福智果圆明；

　　临终净国莲花坐，弥陀圣众自亲迎。[①]

　　这就极大地丰富了声念的思想内容，促进了高声口念的流行与传播。

第二节　引声念佛法

　　禅宗主张心念。随着净土宗声念的流行，禅宗在弘忍时就汲取了声念法，其门下的净众宗和宣什宗明确地提倡"引声念佛"。净众宗是弘忍弟子智诜的法脉，智诜有弟子处寂，处寂有弟子金和尚无相。据《历代法宝记》曰：

　　　　金和上每年十二月、正月，与四众百千万人受缘，严设道场处，高座说法。先教引声念佛，尽一气念，绝声停念讫，云：无忆、无念、莫妄。无忆是戒，无念是定，莫妄是惠。此三句语即是总持门。[②]

　　无相有法兄承远，曾传授念佛三昧。承远弟子法照创"五会念佛"，则与弘忍门下的引声念佛必当有关系。由此可见早期禅宗"念佛禅"是普遍存在

①　（唐）法照：《净土观行仪》卷下，《大正藏》第85册，第1259页下。

②　《历代法宝记》，《大正藏》第51册，第185页上。

的。《圆觉经疏钞》记载：

> 初集众，礼忏等仪式，如金和上门下。……言存佛者，正授法时，先说法门道理，修行意趣。然后令一字念佛。初引声由念，后渐渐没声，微声，乃至无声。送佛至意，意念犹粗，又送至心，念念存想，有佛恒在心中，乃至无想盉得道。[①]

净众宗之念佛是尽一口气念，念绝而声停。宣什宗之念佛先长声念一字佛，渐渐低声，而至无声，达到心念，念念存想佛在心中，进而摄心入定。这就有机地将净土念佛与禅之净心统一起来。从口念而至心念，念而无念，究竟至一心不乱，体现了禅宗的观心本色。后来智彻提出的参究念佛法即源于此。参究念佛法是倡导口念佛时，单一句弥陀佛号，念到不念自念，参念佛声从何而起，进参念佛者是谁。如憨山明确反对禅僧薄净土而不念佛，他本人掩关念佛昼夜六万声，主张以参究心念佛。

总之，禅宗在念佛法的汲取上，在方法上是以口念为方便，在宗义上则是摄净归禅，以有念为下，无念为上，以一心不乱为极要。

第三节　随息十念法

随息法为唐代的飞锡首倡导，宋代的遵式则将此与"十念"结合起来，提出随息十念法。净土经典中有令声不绝，"具足十念"，"乃至一念"之称名十念说，关于此十念古来诸师有不同的说法。昙鸾以"百一生灭名一刹那，六十刹那名为一念"，十念相续名为十念。"十念者，明业事成辨耳，不必须知头数也。"[②] 念佛心无他想，凝思相续至十，名为十念。新罗义寂则谓每念佛一遍为一念，十遍即十念。善导则将十念解释为十声。

飞锡在《念佛三昧宝王论》中提出了随息念佛法。论云：

> 夫含齿戴发，死生交际，未有无出入息焉。又一息不还，即属后世

---

① （唐）宗密：《圆觉经大疏钞》卷3，《卍新纂续藏经》第9册，第534页下至第535页上。
② （北魏）昙鸾：《往生论注》卷上，《大正藏》第40册，第834页下。

者。……世上之人，多以宝玉、水精、金刚、菩提木患，为数珠矣。吾则以出入息，为念珠焉。称佛名号，随之于息，有大恃怙，安惧于息不还属后世者哉。余行住坐卧，常用此珠，纵今昏寐，含佛而寝，觉即续之，必于梦中，得见彼佛。如钻燧烟飞火之前相。梦之不已，三昧成焉，面睹玉毫，亲蒙授记，则万无一失也。①

飞锡将佛号运用于气息的出入，而达到一种摄身心之念佛，是结合了小乘的数息和大乘的念佛而成。遵式将此与十念结合起来。《净土决疑门》云：

十念门者，每日清晨服饰已后，面西正立合掌，连声称阿弥陀佛，尽一气为一念，如是十气，名为十念。但随气长短，不限佛数，惟长惟久，气极为度。其佛声不高不低，不缓不急，调停得中。如此十气，连属不断，意在令心不散，专精为功故，名此为十念者，显是借气束心也。②

此法是以一口气连称佛名为一念，念十口气即是十念。这是为政事多端而无暇专修的国王大臣所设。相对来说，遵式的随息十念法较飞锡的随息法方便易持。印光指出，此二法虽有摄心之用，但多则伤气，为害不小。

如此念时，借气摄心，心自不散。然须随气长短，不可强使多念，强则伤气。又止可十念，不可二十三十，多亦伤气。以散心念佛，难得往生。③

修持者应斟酌而行，所以印光在此基础上，提出了十念记数法。

第四节 十念记数法

鉴于飞锡和遵式的随息法今人不宜修持，于是印光对此加以修订，提出十

---

① （唐）飞锡：《念佛三昧宝王论》卷中，《大正藏》第47册，第138页下。
② （宋）遵式：《往生净土决疑行愿二门》，《大正藏》第47册，第147页上。宋昙秀在《人天宝鉴》中说"数出入息，从一数至十，从十数至百，数至数百"。《卍新纂续藏经》第87册，第15页下。后来元普度在《莲宗宝鉴》卷2《念佛正教说》中云："宝鉴云……数出入息，从一数至十，从十数至百，百数至千万。"《大正藏》第47册，第312页上。对其数目有增加。小乘之数息观是以计数出入息之次数，而收摄心于一境，记数是从一至十，由十复一。
③ 印光：《印光文钞》卷1，第44页。

念记数法。

> 所谓十念记数者，当念佛时，从一句至十句，须念得分明，仍须记得分明。至十句已，又须从一句至十句念，不可二十三十。随念随记，不可掐珠，唯凭心记。若十句直记为难，或分为两气，则从一至五，从六至十。若又费力，当从一至三，从四至六，从七至十，作三气念。念得清楚，记得清楚，听得清楚，妄念无处着脚，一心不乱，久当自得耳。①

十念记数法所念数以十为准，从一至十，还复入一，可随气之长短而念，必须每句念得清楚，记得清楚，听得清楚。虽然一至十，同于数息，但十念记数，不是数息法。相比较而言，"摄妄则同，用功大异"。此法可于一切时、一切处而念，易记易持，故在养神安心上具有很大的优越性。

> 从朝至暮，从暮至朝，行住坐卧，语默动静，穿衣吃饭，大小便利，一切时，一切处，令此一句洪名圣号，不离心口。若盥漱清净，衣冠整齐，及地方清洁，则或声或默，皆无不可。若睡眠及裸露澡浴大小便时，及至秽污不洁之处，只可默念，不宜出声。默念功德一样，出声便不恭敬。勿谓此等时处，念不得佛。须知此等时处，出不得声耳。又睡若出声，非唯不恭，且致伤气，不可不知。②

修此法时，应以十为准，不可念至二十或三十等，否则，在记数上有困难，会影响摄心之效果。蕅益曾说："念佛之法虽多，持名最为简便；持名之法亦多，记数尤为稳当。"③ 又曰：

> 记数之法，普被三根：上根不碍记，下根必须记。故总以数期之，俾利者即此打成一片，而钝者亦不失缘因善根。倘托言事理一如，不须记数，恐上智少，下愚多，不至忘失者，几希矣！④

---

① 印光：《印光文钞》卷1，第38~9页。
② 印光：《印光文钞》卷1，第39页。
③ （明）蕅益：《灵峰宗论》卷2，《嘉兴藏》第36册，第289页上。
④ （明）蕅益：《灵峰宗论》卷3，《嘉兴藏》第36册，第304页下。

次则，唯以心记，不可掐珠等，掐珠记数，则难养心，不能安神，影响摄心。印光的十念记数法，为末世念佛者构建了一条更为简便易持的念佛方法，是对摄心念佛法的凝练，更是对净土念佛的一大法门和创见。

第五节　摄心念佛法

念佛重在摄心，但绝不是仅在口头上的唱诵，而是通过唱念名号以体会佛的功德实相，将之牢记于心，以实现念佛的本意。随着天台的止观和禅宗的心观流行，口称念佛被注入了禅观的内容，但念佛的基本原则是摄禅入净，与禅宗的念佛有根本性的不同。若摄净入禅，则违背了净土宗最根本的教义，即他力本愿。摄心念佛法最具代表性的人物当是印光。

印光结合《楞严经》中大势至菩萨的"念佛圆通"法和观世音菩萨的"耳根圆通"法，提出摄心念佛法。在印光看来，念佛圆通重在"都摄六根，净念相继"①，耳根圆通重在"摄耳谛听，反闻闻自性"。

印光以大势至菩萨的"念佛圆通"为念佛法门的最切要之法，无上之大教，最妙之开示。"净土法门，大纲在信愿行三。修持之要，在都摄六根，净念相继。"②

> 念佛用功最妙的方法，是都摄六根，净念相继。都摄六根者，即是念佛之心，专注于佛名号，即摄意根。口须念得清清楚楚，即摄舌根。耳须听得清清楚楚，即摄耳根。③

都摄六根中，以摄意口耳三根为要。此三根——摄于佛号摄，眼鼻决不至向外驰求，身亦不至懒惰懈怠、倨傲放肆。六根既摄，自无妄念，故名净念。净念常常相继不断，故名净念相继。能净念相继，无有间断，久而久之，浅之则得一心不乱，深之则得念佛三昧。故"都摄六根，净念相继，为得三昧之第

---

① （唐）般剌蜜谛译《楞严经》卷 5 云，大势至菩萨曰："十方如来，怜念众生，如母忆子，……若众生心，忆佛念佛，现前当来，必定见佛，去佛不远。不假方便，自得心开。……佛问圆通，我无选择。都摄六根，净念相继，得三摩地，斯为第一。"《大正藏》第 19 册，第 128 页上至中。
② 印光：《印光文钞》卷 3，第 278 页。
③ 印光：《印光文钞》卷 3，第 259 页。

一妙法"。①

　　都摄六根，净念相继，注重在听，所以摄耳根是要中之要，是摄六根的下手处。娑婆世界以音声作佛事，听之一法，实念佛之要法；心中起念，即有声相；耳听心声，明了清楚，六根通归于一。所以摄耳谛听一法，实念佛最妙之法。

　　　　念佛必须摄心，念从心起，声从口出，皆须字字句句，分明了了。又须摄耳谛听，字字句句，纳于心中。耳根一摄，诸根无由外驰，庶可速至一心不乱。大势至所谓"都摄六根，净念相继，得三摩地，斯为第一"者，即此是也。文殊所谓"反闻闻自性，性成无上道"者，亦即此是也。②

　　都摄六根，净念相继，即是势至反念念自性（念佛圆通），即是观音反闻闻自性（耳根圆通）。反闻闻自性，③即是念自佛，亦是实相念佛，是一种观心法。印光将其融入都摄六根之中，以摄耳谛听为要，就简化了都摄六根的修持难度，有利于念佛之修持。所以印光晚年坚定地说，"今人若不都摄六根，净念相继念佛，绝无实证之希望"④。印光的摄心称名念佛法有力地矫正了后世唯口是念的流弊，重塑了净土念佛法门的实意，对净土宗的近现代弘扬做了一个很好的范式。

思考与练习题

　　1. 法照五会念佛是如何形成的？有哪些重要意义？

　　2. 禅宗引声念佛的本色是什么？

　　3. 遵式随息十念法由哪些要素所构成？

　　4. 印光十念记数法与随息法有什么不同？

　　5. 印光的摄心念佛法为什么重在摄耳谛听？

---

① 印光：《印光文钞》卷3，第452页。

② 印光：《印光文钞》卷1，第84页。

③ （唐）般剌蜜谛译《楞严经》卷6记载："彼佛教我从闻思修入三摩地。初于闻中，入流亡所；所入既寂，动静二相，了然不生。如是渐增，闻所闻尽。尽闻不住，觉所觉空。空觉极圆，空所空灭。生灭既灭，寂灭现前。忽然超越世出世间，十方圆明。"文殊菩萨赞曰："此方真教体，清净在音闻；欲取三摩提，实以闻中入。……将闻持佛佛，何不自闻闻？闻非自然生，因声有名字；旋闻与声脱，能脱欲谁名？一根既返源，六根成解脱。……反闻闻自性，性成无上道。……成就涅槃心，观世音为最。但以此根修，圆通超余者。"《大正藏》第19册，第128页中至第130页中。

④ 印光：《印光文钞》卷4，第544页。

第十二章　净土教理中的几个关键问题

净土法门是圆顿深妙法门，且简易方便，被各宗各派所吸收，但其中几个关键核心教义与其他佛教宗派存在较大差异，如自力解脱与他力本愿、难行道与易行道、一心不乱与带业往生、唯心净土与他方净土、女人二乘恶人往生等，掌握了这几个问题，就能准确地了解净土教与其他佛教宗派的分歧点。

第一节　自力解脱与他力本愿

佛教是典型的自力型宗教，主张依靠自力的发愿、努力，以显现内在潜伏的成佛势能。在早期佛教中，众生解脱的可能性不是源自外在的宽宥与仁慈，而是来自自身的潜能和力量，应当说是早期佛教的根本精神。然大乘佛教兴起以后，比较注重他力的救度作用，特别是净土信仰中的阿弥陀佛本愿力。大乘的兴起确实受到了外学思想的激发，但从佛教自身的教义结构来看，此他力信仰亦有其合理性。

一　佛教的自力

自力解脱是佛教最为显著的特征。《法句经》说，"人应当自作皈依，还有谁可以作他的皈依呢？""任何人不能使别人清净。""工作须你们自己去做，因为如来只能教你们该走的路"。① 《亲友书》曰："生天及解脱，自力不由他。"② 《相应部》曰："真正修行者，不是靠他人求清净。"《长阿含经》云：

---

① 转引自罗睺罗·化普乐《佛陀的启示》，顾法严译，慧炬出版社，1972，第 2~3 页。
② 印顺：《净土与禅》，第 22 页。

"当自归依，归依于法，勿他归依。"①《宝积经》云：

> 汝莫信我，莫随我欲，莫依我语，莫观我相，莫随沙门所以见解，莫于沙门而生恭敬。莫作是语，"沙门乔答摩是我大师"。然而但可于我自证所得之法，独在静处思量观察，常多修习，随于用心所观之法，即于彼法观想成就正念而住。自为洲渚，自为归处；法为洲渚，法为归处；无别洲渚，无别归处。②

于自身随观而得正念正解，观于苦集灭道，于此世间知无可取，无依而住，进而调伏恚恼，获得解脱。在自力型的修习体系中，他力是没有地位的。佛教虽是一种自力型的宗教，但佛教亦承认他力的重要性。

念佛是早期佛教重要的修法之一。《杂阿含经》云："汝等于旷野中，有恐怖者，当念如来事、法事、僧事"；"如是念者，恐怖即除"。③ 修习念佛，可"净诸众生，离诸恼苦，忧悲悉灭，得真如法"④。《增一阿含经》云，念于三宝，"所有恐怖，便自消灭"⑤。专精一心念佛，可使人"增寿益算，颜色光润，气力炽盛，快乐无极，音声和雅"⑥。《中阿含经》总结说，念佛可得增上心，"现法乐居"⑦。在早期佛教中，念佛即是一种很常见的禅法修行。它是一心系念佛的相好光明、智慧功德，通过自我心理方面的调适，以策励身心，祛除修行过程中的怖畏恐惧等心理障缘。总之，早期的念佛是作为入道的一种调心或安心的方便法门，是以念佛而解除恐怖等。首先，它是对他者（佛）的系念，以佛作为助缘，外在的佛在这里起到的则是一种对自我内在心理的调适作用。其次，则是通过自我内心的调适作用进而达到心的安隐状态，于是便可除恐怖，离诸忧恼，尽断爱欲，"现法乐居"等，但修学最终的目标还是要以禅观的功夫来完成。

念佛不仅仅如此，还有无量的功德。如律典中多有比丘以念佛而除疾病

---

① （东晋）佛陀耶舍译《长阿含经》卷 2，《大正藏》第 1 册，第 15 页中。
② （唐）菩提流志译《大宝积经》卷 57，《大正藏》第 11 册，第 333 页下至第 334 页上。
③ （刘宋）求那跋陀罗译《杂阿含经》卷 35，《大正藏》第 2 册，第 254 页下至 255 页上。
④ （刘宋）求那跋陀罗译《杂阿含经》卷 20，《大正藏》第 2 册，第 143 页中。
⑤ （东晋）僧伽提婆译《增一阿含经》卷 14，《大正藏》第 2 册，第 615 页上。
⑥ （东晋）僧伽提婆译《增一阿含经》卷 4，《大正藏》第 2 册，第 566 页上。
⑦ （东晋）僧伽提婆译《中阿含经》卷 30，《大正藏》第 1 册，第 616 页下。

者。《增一阿含经》记，有事奉五道大神的毗舍罗不种善根，无戒无信，邪见于佛法。后受五道大神之逼迫而供养佛，于是命终生于天界，"六十劫不堕恶趣"，最后得人身，出家学道，成辟支佛。《杂阿含经》说，向佛行一步，也有无量功德。

> 善良马百匹，黄金满百斤，骡车及马车，各各有百乘，种种诸珍奇，重宝载其上，宿命种善根，得如此福报。若人宗重心，向佛行一步，十六分之一，过前福之上。……金菩阁国女，其数有百人，种种众妙宝，璎珞具庄严，以是持施与，不及行向佛，一步之功德，十六分之一。①

又念天可生天上。《增一阿含经》云：

> 当广布一法；已修行一法，便有名誉，成大果报，诸善普至，得甘露味，至无为处，便成神通，除诸乱想，逮沙门果，自致涅槃。云何为一法？所谓念佛。②

此外，在《百缘经》《贤愚经》《大事记》《大智度论》等中都有入海遇灾难，以称念"南无佛"而得救的传说。在危难中称念佛名，祈愿得到救度，在早期佛教中是很普遍的做法。可见以称念佛名而得救在小乘法亦有之，不过小乘念"南无佛"，大乘后来则念"南无某某佛"，但在佛力的救护上则是相同的。那么，以念佛可除疾病、生天善处、不堕恶趣乃至得涅槃等殊胜的果报是如何成立的呢？《杂阿含经》云，应依"四不坏净"来修习六念。"四不坏净"，即佛不坏净、法不坏净、僧不坏净、圣戒成就。此四法是以信为前提，故又称"四不坏信"。《杂阿含经》云：

> 当勤修六法。何等为六？正信为本，戒、施、闻、空、慧以为根本，非不智慧，是故摩诃男，依此六法已，于上增修六随念，念如来事，乃至念天。③

---

① （刘宋）求那跋陀罗译《杂阿含经》卷22，《大正藏》第2册，第157页下至第158页上。
② （东晋）僧伽提婆译《增一阿含经》卷2，《大正藏》第2册，第554页上。
③ （刘宋）求那跋陀罗译《杂阿含经》卷33，《大正藏》第2册，第238页下。

"六随念"的修习要依"六法",此六法中信为本。修行的第一要务当是确立"于佛一向净信"。净信的确立可不起三毒,为正念所熏习,升进涅槃。《杂阿含经》就解释了这一修证过程。

> 圣弟子念如来事……圣弟子如是念时,不起贪欲缠,不起瞋恚、愚痴心,其心正直。得如来义,得如来正法,于如来正法、于如来所得随喜心;随喜心已,欢悦;欢悦已,身猗息;身猗息已,觉受乐;觉受乐已,其心定;心定已,彼圣弟子于凶崄众生中无诸挂阂,入法流水,乃至涅槃。①

念佛所得的无量功德,仍然是依念得定,依定发慧,依慧得解脱来实现的。可见念佛除恐怖乃至得涅槃等殊胜的果报,是和佛教的自力型修学宗旨——戒定慧三学是相一致的。不过这里注入了信的范畴,并扩大了信的作用,将信放在修学佛法的首要位置。信由此成为五根、五力之一。

所谓信,即是一种自力范畴上信念的力量。这种信力的产生来自于对佛(他者)的仰慕。所以信之中亦隐含着他力。佛有无量之威德。所谓的净信于佛就是在佛力的感摄下,有一种对他力救济的依赖感。于是信佛者就能得欢喜心。有欢喜心可除烦恼,降怖畏,从而巩固清净心的增长。清净心的增长本身就是一种功德。《大智度论》云:"心大欢喜,因欢喜故,得大福德。"②《悲华经》云:

> 汝今称南无佛、南无法、南无僧,以是缘故常得快乐。是诸众生长跪叉手前受佛教,而作是言:"南无佛、南无法、南无僧。"是诸众生以是善根因缘故,于此命终,或生天上,或生人中。③

因信而念佛,因念佛而欢喜,因清净的欢喜心而获大福德,或消灾免难,或生善处,这些都源自对佛的信仰。所以有部解释说信证净通无漏法。以信之功德可生天上,天国属于五乘共土,这本身就是一种净土往生思想。大乘佛教

---

① (东晋)求那跋陀罗译《杂阿含经》卷33,《大正藏》第2册,第237页下。
② (后秦)罗什译《大智度论》卷9,《大正藏》第25册,第123页中。
③ (北凉)昙无谶译《悲华经》卷1,《大正藏》第3册,第174页中。

开出他方净土以后，净信念佛，以往生他方净土就随之而成立。

《阿含经》中就含有他力救济的思想，所以《那先比丘经》中进一步云：

王又问那先：卿曹沙门言：人在世间作恶至百岁，临欲死时念佛，死后者皆生天上，我不信是语。那先问王：如人持小石置水上，石浮耶没耶？王言：其石没。那先言：如令持百枚大石置船上，其船宁没不？王言：不没。那先言：船中百枚大石，因船故不得没。人虽有本恶，一时念佛，用是不入泥犁中，便生天上。①

又，就佛教的缘起法来说，器世间是众生的共业所感，依此此界众生，能互相增上，彼此损益。众生决无专赖自力而生存，亦需他力的救助。小乘重自力，但亦借助他力。如皈依三宝而得其加持，修学需长者的引导，受戒要经三师七证，三白羯磨，戒体才能成就。若犯戒，则须于二十清净僧前至心忏悔，才能灭罪。那么佛与众生也有增上摄益的作用，菩萨以度化众生而成佛，众生亦仰承佛力而解脱。"佛有净土，摄化众生，众生仰承佛力而往生净土，即不是不合理的。"②

二　佛教的他力

佛的本愿思想在《阿含经》中亦有描述。菩萨发大誓愿，成就自己，度化众生，其无量之誓愿力必然是针对众生的，那么众生仰承他力也是自然就可成立的。圣严指出："净土救济思想，实是从佛的本怀中流出。……净土的他力救济，虽早存于原始圣典，但在未遇外缘的激发之先，尚不受人重视。一旦接受到来自希腊、波斯等北方民族的宗教信仰时，为了接引异教回入佛教，对异教的思想便不能不考虑其价值。他力救济的祈祷崇拜，乃是神教的通性，佛教不信有神，但佛的本愿力中，确含有他力救济的功能。"③

他力救济思想在早期佛教中并未受到重视，后来在神教他力思想的影响下而被激发出来，渐有重他力的倾向。净土教虽偏重于他力，但功德的成就还须自力来完成。这是佛教自力解脱论的要旨。"一种自力型宗教所致力寻求的目

---

① 《那先比丘经》卷下，《大正藏》第 32 册，第 701 页下。
② 印顺：《净土与禅》，第 23 页。
③ 圣严：《印度佛教史》，福建莆田广化寺印，第 153～154 页。

标，即便是被其信徒理解成未来的完美自我，就其作为一个超越性的和未完成的概念而言，此类完美自我概念的真实意义毋宁说倒类似于某种形式的他力更准确一些。此外，在寻找自我完美和生命提升的过程中，除信徒自身的努力之外，还往往需要借助其他力量的帮助，这些也都可归属于他力的范畴。由此可见，一种典型的自力型的宗教也完全可能包含有他力信仰的成分。……（他力）是对自力解脱提供了一种补充，最终的解脱仍旧只能靠每一生命个体自身的努力才能实现，但他力的帮助可以极大地提供方便以推进这一过程。……佛教净土信仰的教义并非是在自力原则之外又确立了一种他力原则，而只是对自力解脱提供了一种有力的补充，完全没有理由仅以佛教的自力特征即怀疑其中他力信仰的异质性，同时，佛教中的他力信仰也并不影响其总体上和本质上的自力型宗教特征。"① 原始佛教偏于自力解脱，亦含有他力救济，这里的他力是对自力的一种补充。大乘佛教虽然偏于他力，但并不忽视自力，自力可以说是对他力的一种完善。在佛法中可以说没有纯粹的自力，亦没有纯粹的他力，随着时势的发展而侧重点不同而已。强调自他二力的辗转增上，是佛教他力思想的显著特点。《十住毗婆沙论》云：

闻佛名得往生者，若人信解力多，诸善根成就，业障碍已尽，如是之人得闻佛名。又是诸佛本愿因缘，便得往生。②

所以我们并不能将自信自力与他信他力完全泾渭分明地区别开来，从而将净土教的他力论和神教的他力论混为一谈，进而怀疑净土信仰的异质性。

第二节　难行道与易行道

菩萨行法以发菩提心为本，菩提心者上求佛道，下化众生之心，故一切菩萨行者未来均可成就佛道。随着佛弟子对释迦佛的仰慕和崇拜，释迦因地的伟大行持，绝非佛弟子可为。这就引出了二乘思想来，即佛是出于二乘之外的。声闻人认为佛果之崇高和伟大绝非短期可得，是在历劫生死中所修积而成。对

---

① 吴可为：《自信自力与他信他力》，《浙江佛教》2005 年第 4 期，第 167~168 页。
② （后秦）罗什译《十住毗婆沙论》卷 3，《大正藏》第 26 册，第 33 页上。

· 184 ·

佛的因地本生行的歌颂和赞扬,一方面是宣扬佛果的无上性,另一方面则是阐述如何才能修行成佛。这就形成了菩萨的本生故事。所以声闻法中认为只有成佛前的释迦才能称为菩萨,其他人绝不能称为菩萨。可是这种菩萨行对于一般人来说就是难行法了,于是适合一般人的易行法思想就慢慢地发展起来。"如果自力之行修起来很困难的话,普通的人们也就不可能再去修了。果真这样,我们就能很容易地想象得到:人们宁愿一心归依佛陀,借助其大慈大悲之心来使自己得救(不再去修那难修之行了)。尤其对于印度佛教的修行而言,从小乘到大乘变得愈来愈困难,如果没有精进和勇猛之心,最终是不可能实现其修行的目的的。因此之故,龙树在其《十住毗婆沙论》里也说修大乘之行比举起三千大千世界还沉重。如果修大乘之行真的这么困难的话,普通的人们是一定都要修易行之道了。作为其当然的结果,除了修行易行之道外再也没有什么更好的寻求解脱之道了。就这样,他力净土的思想开始弥漫于一代人中间了。"①

一 难易之辨

龙树在《十住毗婆沙论》中提出了难易二道说,难行道以"勤行精进"为务,如陆道步行则苦。易行道以"信方便"为本,如水道乘船则乐。虽然易行道(忆念、称名、礼敬、忏悔、劝请、随喜、回向)是对下劣者(不能持戒修禅定)的方便说,但仍然可疾至不退转,这是龙树对两种菩萨行的总结。《大智度论》云:

> 菩萨有二种,一者有慈悲心,多为众生。二者多集诸佛功德,乐多集诸佛功德者,至一乘清净无量寿世界,好多为众生者,至无佛法众处,赞叹三宝之音。②

一者是大悲利生之苦行,从悲心出发,即难行道;一者则多集佛果之乐行,从信愿出发,即易行道。两种菩萨行皆为了成就众生,是菩萨成佛的福德资粮。《佛本行集经》云:

> 弥勒菩萨身作转轮圣王……见彼(善思)如来,具足三十二大人相、

---

① 〔日〕松本文三郎:《弥勒净土论》,张元林译,第150页。
② (后秦)罗什译《大智度论》卷38,《大正藏》第25册,第342页中。

八十种好，及声闻众，佛刹庄严，寿命岁数，即发道心，自口称言："希有世尊！愿我当来得作于佛，十号具足，还如今日善思如来，为于大众声闻人天恭敬围绕，听佛说法信受奉行，一种无异。"弥勒又言："愿我当来为多众生作诸利益，施与安乐，怜愍一切天人世间。"……（释迦）发广大誓愿："愿于当来得作佛时，有诸众生……无一法行，唯行贪欲嗔恚愚痴，具足十恶，唯造杂业，无一善事，愿我于彼世界之中，当得阿耨多罗三藐三菩提，怜愍彼等诸众生故，说法教化，作多利益，救护众生，慈悲拔济，令离诸苦，安置乐中，为彼天人广说于法。"诸佛如来有是苦行希有之事，为诸众生。①

释迦愿在秽土中成佛"慈悲拔济"，弥勒则愿在净土中成佛而"施与安乐"。二者在成佛和度众生的态度上是相同的，但其因行则有差别。《弥勒所问经》云：

佛告阿难，菩萨有二种庄严，二种摄取。所谓摄取众生，庄严众生；摄取佛国，庄严佛国。弥勒于过去世修菩萨行，常乐摄取佛国，庄严佛国。我于往昔修菩萨行，常乐摄取众生，庄严众生。然彼弥勒修菩萨行经四十劫。我时乃发阿耨多罗三藐三菩提心，由我勇猛精进力故，便超九劫，于贤劫中得阿耨多罗三藐三菩提。②

释迦以难行苦行法而成佛，"弥勒菩萨往昔行菩萨道时，不能舍施手足头目，但以善巧方便安乐之道，积集无上正等菩提"③。释迦发心在秽土中成佛，摄取众生，庄严众生，是人间行；弥勒发心在净土中成佛，摄取佛国，庄严佛国，是净土行。人间行须发心猛利，勤行精进，故释迦超九劫而先于弥勒成佛。释迦佛出于人间，宣扬人间佛教，在初期大乘经中还是比较流行的。《无量寿经》云：

汝等于是广殖德本，布恩施慧，勿犯道禁，忍辱、精进、一心、智慧转相教化。为德立善，正心正意，斋戒清净一日一夜，胜在无量寿国为善

---

① （隋）阇那崛多译《佛本行集经》卷1，《大正藏》第3册，第656页中至下。
② （唐）菩提流志译《大宝积经》卷111，《大正藏》第11册，第629页下。
③ （唐）菩提流志译《大宝积经》卷111，《大正藏》第11册，第630页上。

百岁。所以者何？彼佛国土无为自然，皆积众善，无毛发之恶。于此修善十日十夜，胜于他方诸佛国中为善千岁。所以者何？他方佛国为善者多、为恶者少，福德自然，无造恶之地。唯此间多恶，无有自然，勤苦求欲，转相欺殆，心劳形困，饮苦食毒，如是匆务，未尝宁息。①

《维摩经》云，"娑婆世界有十事善法，诸余净土之所无有"，所以于"娑婆一世饶益众生，多于彼国百千劫行"。②又如《思益梵天所问经》《文殊三昧经》《大宝积经》《阿惟越致遮经》《宝雨经》中皆云秽土修行胜于净土修行。《大智度论》中则解释云：

是娑婆世界中，是乐因缘少，有三恶道、老病死，土地自活法难，以是故，易得厌心。见老病死至，心大厌患；见贫穷人，知先世因缘所致，心生大厌，以是故智慧根利。彼间菩萨，七宝世界，种种宝树，心念饮食，应意即得，如是生厌心难，是故智慧不能大利。譬如利刀，着好饮食中，刀便生垢，饮食虽好而与刀不相宜；若以石磨之，脂灰莹治，垢除刀利。是菩萨亦如是，生杂世界中，利智难近。如人少小勤苦，多有所能，亦多有所堪；又如养马不乘，则无所任。③

秽土中易得厌心，故智慧根利；净土中难生厌心，故智慧根钝。但行难行道者，要信愿具足，智慧力猛，犹如释迦，否则易生退堕。这是对《阿含经》中"诸佛皆在人间成佛"说的承绪。《大智度论》云：

成就众生者有二种：有先自成功德，然后度众生者；有先成就众生，后自成功德者。如宝华佛欲涅槃时，观二菩萨心，所谓弥勒、释迦文菩萨。弥勒菩萨自功德成就，弟子未成就；释迦文菩萨弟子成就，自身未成就。成就多人难，自成则易。作是念已，入雪山谷宝窟中，身放光明。是时释迦文菩萨见佛，其心清净，一足立，七日七夜，以一偈赞佛；以是因缘故，超越九劫。④

① （曹魏）康僧铠译《无量寿经》卷下，《大正藏》第 12 册，第 277 页下。
② （后秦）罗什译《维摩经》卷下，《大正藏》第 14 册，第 553 页上。
③ （后秦）罗什译《大智度论》卷 10，《大正藏》第 25 册，第 130 页上。
④ （后秦）罗什译《大智度论》卷 40，《大正藏》第 25 册，第 350 页上。

《大智度论》亦云，据经中言，弗沙佛观释迦是"心未纯淑，而弟子纯淑"，弥勒是"自心纯淑，而弟子未纯淑"。论中解释道："释迦牟尼菩萨饶益众生心多，自为身少故；弥勒菩萨多为己身，少为众生故。"由于"一人之心易可速化，众人之心难可疾治"。故弗沙佛选择了先度化释迦。弗沙佛欲使释迦疾得成佛，至雪山入定放光。于是释迦见后"欢喜信敬"，以"天上天下无如佛，十方世界亦无比，世界所有我尽见，一切无有如佛者"一偈赞佛，七日七夜，便超弥勒九劫而成佛。① 成佛要功德圆满才行，释迦虽利他功德圆满，但自利功德不足；弥勒虽自利功德圆满，但利他功德不足。相比较而言，度化释迦容易，度化弥勒则难，因大乘菩萨以成就众生为本，释迦弟子已纯淑，只释迦一人未成就，弥勒自己一人成就，而有众多弟子未纯淑。所以弗沙佛（宝华佛）选择了先度化释迦。释迦是难行道的代表，弥勒则是易行道的代表。说明在成佛的道路上，行难行道要比行易行道猛利一些。这是早期佛教比较流行的说法。

《大智度论》中说，释迦受到了弗沙佛的光明加持而欢喜信敬，以清净心赞佛的功德来弥补自身成佛的不足，而超弥勒九劫成佛。其中的信敬、赞佛是望于佛果的功德来修的，正是易行道。此中再次证明了易行道的绝胜之处。就经论所说，虽然难行道先于成就，但难行道难于行持，且路途险恶，绝非下劣者可修。《十住毗婆沙论》云：

> 至阿惟越致地者，行诸难行久乃可得，或堕声闻辟支佛地，若尔者是大衰患。如助道法中说。若堕声闻地，及辟支佛地，是名菩萨死，则失一切利。……若堕二乘地，毕竟遮佛道。②

堕于二乘地，则绝于佛道。对于一般的菩萨行人，难行道易堕入声闻辟支佛地，失于大乘法，所以大乘法中还开许出了信方便的易行道可疾至不退转。随着去佛之遥远和末法思想的萌芽，成就佛道对众生来说，感觉越来越不容易，于是易行道的思想便渐渐地发展起来。如经中云，信敬大乘可得不退转、听闻正法可得法眼净、称名念佛可即生净土，这些都是难行道所不可企及的。再加上在大乘净土观的影响下，易行道的殊胜之处得到了进一步的发扬。

---

① （后秦）罗什译《大智度论》卷4，《大正藏》第25册，第87页中至下。
② （后秦）罗什译《十住毗婆沙论》卷5，《大正藏》第26册，第41页上。

经云，众生所处的世界是秽恶的，障缘重重，且其根性赢劣，无法即得成就佛道，于是净土教就将菩萨的修习集中到易行道上。首先，往生可得不退转；其次，将来在理想的国土中修行安全可靠，无半点风险，可毕竟成佛。那么，求生净土对于修学菩萨来说就再理想不过了，如大乘经云，菩萨修学要发愿往生净土，庄严国土，摄取庄严，成就净土。菩萨以成就众生为其要务，有众生必有其所依之国土，净土的建立无疑是众生成就佛道的最佳场所，所以大乘佛教将菩萨行法的要点结为净佛国土行。净土教之所以青睐易行法门，宣说自己是横出三界的特别法门，倡导净土行是最易成就佛道就是从这一点上来论说的。若以"难行道易成佛，易行道难成佛"来评论净土教，显然并不符合净土教的立教基点和根本用意。因为净土教所宣说的念佛往生，是从往生而得不退转来论的，并非从即得成佛上来讲，至于往生净土后，何时才能得以成佛，那就不是净土教所宣说的重点了。

二　易行道与慧解脱

弥勒之所以能作为未来佛，正是其所代表的易行法门的殊胜性。在早期佛典中，弥勒比丘并不是释迦佛比较优秀的弟子，曾受到释迦佛的呵斥。《中阿含经》云，阿夷哆发愿作转轮王，"世尊呵尊者阿夷哆曰：汝愚痴人，应更一死，而求再终"[1]。《弥勒上生经》云：

> 世尊往昔于毗尼中及诸经藏说阿逸多次当作佛，此阿逸多具凡夫身，未断诸漏……其人今者虽复出家，不修禅定，不断烦恼，佛记此人成佛无疑。[2]

在释迦的弟子中，弥勒并非和诸大弟子一样，是位精进刻苦行道的圣僧，而是未证圣果的凡夫僧。由此可见，大乘经中说弥勒"贪著名利"，"好游族姓"，[3]还是有来历的。如果释迦佛以修行的精进度来授记当来成佛者，此人绝非弥勒，但恰恰就是这位具凡夫身的弥勒被佛教视为未来佛，而非释迦佛最杰出的弟子迦叶、阿难等。弥勒之所以能从诸大阿罗汉中脱颖而出，成为释迦佛的继

---

① （东晋）僧伽提婆译《中阿含经》卷13，《大正藏》第1册，第510页上。
② （北凉）沮渠京声译《弥勒上生经》，《大正藏》第14册，第418页下。
③ （后秦）罗什译《法华经》卷1云，弥勒的前身"心常怀懈怠，贪著于名利，求名利无厌，多游族姓家"。《大正藏》第9册，第5页中。（唐）般剌蜜谛译《楞严经》卷5亦云："心重世名，好游族姓。"《大正藏》第19册，第128页上。这为我们暗示了弥勒的大悲利他精神。

位者，其关键就是原始佛教中的弥勒是位大乘菩萨行者。所以后来的佛教推举弥勒为释迦佛的继位者。《说本经》中云：当释迦佛说未来有佛名为弥勒，其智慧、说法、度众等犹如释迦佛无异时，弥勒于是发愿将来成佛，如今世尊，自知自觉，具足清净，善妙说法，流布梵行。

> 世尊叹弥勒曰："善哉，善哉！弥勒！汝发心极妙，谓领大众。"世尊回顾告曰："阿难！汝取金缕织成衣来，我今欲与弥勒比丘。"于是，世尊从尊者阿难受此金缕织成衣已，告曰："弥勒！汝从如来取此金缕织成之衣，施佛、法、众。所以者何？弥勒！诸如来、无所著、等正觉，为世间护，求义及饶益，求安隐快乐。"①

弥勒以发"上求佛道，下化众生"之大菩提心而得到了释迦佛的赞叹，于是释迦佛为将来成佛的弥勒授衣。成就无上菩提是大乘佛教最基本的理念，但在佛教的发展过程中，随着对佛的崇拜，有人主张成佛的路途具有无比艰难性，进而将佛果的伟大束之高阁，取而代之的则是声闻人的涅槃说。在声闻人看来，菩萨是伟大的行者，他将来是要指向无上菩提的，当下只有释迦一人成佛，而别人却不能成佛，所以只有释迦的本地才能称得上菩萨，即本地的释迦是唯一的菩萨，而别人只能是声闻和缘觉。这一见地被大乘人斥为"焦芽败种"②，认为其完全背离了释迦佛的初衷和本怀。在部分人看来，释迦佛教法的要旨当是悲智二行，既然身为释迦佛的弟子，就应效法释迦佛，以大智而成就无上菩提，以大悲而摄化众生。这部分人就是大乘佛教的先驱者。他们高扬弥勒的悲智大行，认为弥勒才是伟大的菩萨行者。所以大乘人推举弥勒为未来佛。顺此推论，确立弥勒为未来佛者，当是大乘人，而非小乘人。③

大乘菩萨行的特征是悲智双运，而弥勒正是这一大乘精神的最早典范，所以弥勒当是释迦弟子中最重要的大乘行者。弥勒意译为"慈氏"，其基本特性

---

① （东晋）僧伽提婆译《中阿含经》卷 13，《大正藏》第 1 册，第 510 页下至第 511 页上。
② 二乘人不能发无上道心，如草芽之枯焦、种子之腐败。（东晋）法众译《方等陀罗尼经》卷 2 云，文殊语舍利弗云："如燋谷种更生芽不？"《大正藏》第 21 册，第 649 页下。（后秦）罗什译《维摩经》卷中云，迦叶语舍利弗云：我等人"永绝其根，于此大乘，已如败种"。《大正藏》第 14 册，第 547 页上。后来连用，贬称小乘人为"焦芽败种"。
③ 弥勒的未来佛信仰究竟肇始于小乘还是大乘，学术界并未有一致的看法，从思想史上来看，弥勒的未来佛特性，绝非源自小乘人，此说以松本文三郎的《弥勒净土论》为代表。

是四无量心之首的慈心。

> 慈是与乐，观想众生得到安乐；悲是拔苦，想众生远离苦恼；喜是想
> 众生离苦得乐而心生喜悦；舍是冤亲平等，一视同仁。分别的说，这四心
> 的观行是各不相同的；如综合起来说，这才是慈心的全貌。……经说慈
> 心，是译者的简略，实际是慈悲喜舍四心。……无量心解脱，包含了适应
> 世俗，佛法不共二类。一般声闻学者，都以为：四无量心缘广大无量的众
> 生，无量是众多难以数计，是胜解——假想观，所以是世间定。但量是依
> 局限性而来的，如观一切众生而超越限量心，不起自他的分别，就与无我
> 我所的空慧相应。质多罗长者以为：无量心解脱中最上的，是空于贪嗔痴
> 的不动心解脱，空就是无量。这一意义，在大乘所说的无缘慈中，才再度
> 的表达出来。①

弥勒是以慈心来摄化众生。早期的《弥勒下生经》中就有关于慈心的内
容。《弥勒成佛经》末云，此法之要，亦名"慈心不杀，不食肉经"②，可见其
经文之意涵。《不食肉经》中云，弥勒曾发愿，"愿我世世不起杀想，恒不啖
肉，入白光明慈三昧，乃至成佛制断肉戒"③。这也是大乘不食肉戒形成的重要
源头之一。弥勒"多游族姓"，善于入世，也是慈悲心的体现。大慈悲心正是
大乘菩萨的显著特征。小乘人虽也有慈悲心，但没有大乘人深切。所以随着大
乘菩萨思想的进一步发展，慈悲心的地位不断被提高，甚至超过了般若智慧，
而成为菩提心的代名词。《华严经》云："诸佛如来以大悲心而为体故。因于众
生而起大悲，因于大悲生菩提心，因菩提心成等正觉。"④ 这也正是在大乘佛教
的发展中，众生对菩萨的信仰渐渐超过对佛的信仰的最主要原因。

弥勒"不修禅定，不断烦恼"，正是大乘智证的体现。《贤愚经》云：弥勒
的舅舅波婆梨"聪明高博，智达殊才"，见弥勒"学既不久，通达诸书，欲为作
会显扬其美"⑤。《弥勒下生经》云，弥勒的父亲善净"四明皆晓达，多闻为国

---

① 印顺：《空之探究》，中华书局，2011，第21～23页。
② （后秦）罗什译《弥勒大成佛经》，《大正藏》第14册，第434页中。
③ 《慈心因缘不食肉经》，《大正藏》第3册，第458页下。
④ （后秦）般若译《华严经》卷40，《大正藏》第10册，第846页上。
⑤ （北魏）慧觉译《贤愚经》卷12，《大正藏》第4册，第432页下。

师；博通诸杂论，善教有闻持；训解及声明，莫不咸究了"①。《不食肉经》云，宿世的弥勒"聪慧多智，广博众经；世间技艺，六十四能，无不综练"②。这亦是对弥勒善于慧解方便的反映。弥勒不修四禅八定，亦不疾断烦恼，不追求个人的解脱，而是以慈悲心来修持"善权方便安乐之行"。善巧方便即是般若智慧之力用。《无垢称经》云："慧度菩萨母，善方便为父，世间真导师，无不由此生。"③诸佛皆从般若和方便中出。

小乘人恐惧生死，故沉寂滞空不能开出方便；大乘人则以般若智慧观于法的空性，发现生死与涅槃的不二性。故大乘主张以积极的心态来入于生死，以方便法门度化众生，其中的关键之处就是大乘人具有般若智慧。《大智度论》云：

菩萨摩诃萨求是道品实智时，以般若波罗蜜力故，能转世间为道果涅槃。……声闻辟支佛法中，不说世间即是涅槃。何以故？智慧不深入诸法故。菩萨法中，说世间即是涅槃，智慧深入诸法故。④

《法集经》云：

菩萨不应畏诸烦恼。何以故？以有烦恼，随何处有烦恼，彼处有菩提，断烦恼者则无菩提。世尊，空及一切烦恼，此二即一，无差别。世尊，菩提及一切烦恼、一切众生，此等诸法亦即是一，无有差别，但诸毛头凡夫堕颠倒心，分别我染、我净。世尊！正行菩萨不断烦恼，不取净法，而是菩萨观诸烦恼门，得诸三昧及诸陀罗尼门。⑤

众生生于世间。不能一味地批判世间，厌弃世间，因为最终还是要生活在这个世间。大乘佛教就入于世间，以世间为解脱道场。菩萨以般若智慧观世出世间一切法皆悉平等，皆具真如实相，所以菩萨应随于众生，于世间中成就大慈悲，证无上菩提；若菩萨厌畏世间，则退于无上菩提。大乘法中的"烦恼即

---

① （唐）义净译《弥勒下生经》，《大正藏》第14册，第426页中。
② 《慈心因缘不食肉经》，《大正藏》第3册，第458页上。
③ （唐）玄奘译《说无垢称经》卷4，《大正藏》第14册，第576页上。
④ （后秦）罗什译《大智度论》卷19，《大正藏》第25册，第197页下至第198页上。
⑤ （北魏）菩提流支译《法集经》卷6，《大正藏》第17册，第643页中。

菩提"，"世间即涅槃"，"不厌世间，不乐涅槃"，① 可以说就是对弥勒"不修禅定，不断烦恼"的进一步解说。《寂调音所问经》云："以断烦恼习调伏声闻，以不断烦恼习调伏菩萨。"② 弥勒的"不修禅定，不断烦恼"正是大乘智证佛道的体现。

佛法的殊胜处和不共处正在于其慧学。《增一阿含经》云：

> 戒律之法者，世俗常数；三昧成就者，亦是世俗常数；神足飞行者，亦是世俗常数；智慧成就者，此是第一之义。③

戒律、三昧、神通皆是世俗之法，唯有智慧才是第一义谛，是佛教的别异之处。解脱之根本要以慧解为本。佛教"为要安立解脱涅槃，必然要说空；就是经说缘起，在'此生故彼生，此有故彼有'的流转律后，还要归结到'此灭故彼灭，此无故彼无'一切归空的还灭律。由是可见一切空在解脱道中，是必然的归趣点"④。对空义的觉了就是靠慧解来获得的，所以《阿含经》中有"慧解脱"一说。所谓的慧解脱是指由无漏之智慧力断除烦恼障而得解脱，与俱解脱（心与慧）相对。各《阿含经》均云：

> 舍有漏成无漏，心解脱、慧解脱，于现法中自身作证：生死已尽，梵行已立，所作已办，更不受有。⑤

"慧解脱阿罗汉，不得四禅，也没有（五）神通，是以法住智通达缘起而得解脱的。俱解脱得四禅、无色定、灭尽定，依禅而引发神通，见法涅槃。如从离烦恼，得漏尽智而解脱来说，慧解脱与俱解脱，是平等而没有差别的。"⑥

---

① （后秦）罗什译《中论》卷4云："涅槃与世间，无有少分别；世间与涅槃，亦无少分别。"《大正藏》第30册，第36页上。《金刚仙论》卷10云："诸佛如来见世间即涅槃故，不同二乘厌背生死、乐住涅槃、不化众生。"《大正藏》第25册，第873页中。（隋）达摩笈多译《摄大乘释论》卷10云："烦恼即菩提，生死寂灭体。"《大正藏》第31册，第316页上。（唐）玄奘译《大般若经》卷572云："菩萨摩诃萨具方便力久住生死，得见无量无边如来，听受无量无边正法，化导无量无边有情，是故菩萨为如是事不厌生死、不乐涅槃。"《大正藏》第7册，第953页中。
② （刘宋）法海译《寂调音所问经》，《大正藏》第24册，第1083页中。
③ （东晋）僧伽提婆译《增一阿含经》卷38，《大正藏》第2册，第759页下。
④ 印顺：《性空学探源》，中华书局，2012，第78页。
⑤ （东晋）佛陀耶舍译《长阿含经》卷5，《大正藏》第1册，第34页上。
⑥ 印顺：《方便之道》，《华雨集》（二），第21~22页。

慧解脱是顿断横出的，顿断根本烦恼，横出生死，这是由于般若智慧的觉解，而以禅定来解脱生死，则是竖出。《大智度论》云，禅定之竖出"譬如尺蠖，屈安后足，然后进前足；所缘尽，无复进处而还"[1]。厌此欣彼的禅定竖出行，譬如尺蠖，还回人间，是不能解脱生死的。佛法的修学当以慧学为本，正如经论中云："般若为主，五度为伴；若无般若，五度如盲。"弥勒不以禅定来疾断烦恼，正是大乘慧学智证法门的体现，也正是大乘佛教最显著的特征之一。大乘人推举弥勒为未来佛，诸多大乘经最后咐嘱者也是弥勒，是对易行法门的推崇，也是易行道胜于难行道的明证。

第三节 一心不乱与带业往生

净土立教的本义是为凡夫，凡夫信愿具足，即得往生。这是阿弥陀佛经典的共说。如《无量寿经》的"十方众生"及"狐疑者"，《观经》的"韦提希及五百侍女"及"恶人"，《法华经》中的龙女，等等，皆是以凡夫身闻名发愿，受持佛法而往生净土的。凡夫往生净土，并不是罪灭心净，[2] 而是仗佛愿力带业往生。所带之业当然是指分断生死之因的见思惑（界内），不涉菩萨所断的无明惑（界外）。这一思想蕴含在净土经典当中。元代惟则以《那先比丘经》中的"石船喻"第一次将此总结为"带业往生"。《净土或问》曰：

> 问曰："五浊恶世人皆有罪，纵未造五逆重罪，其余罪业孰能无之，苟不忏悔消灭，但只临终念佛能往生乎。"答曰："亦得生也。此乃全借弥陀不思议之大愿力也。《那先经》云：如持百枚太石置于船上，借船力故，石不没水。若无其船，小石亦没。喻彼世人，一生造恶，临终念佛，不入泥犁。若非念佛，虽作小恶，亦入泥犁，况大恶乎。船喻佛力，石喻恶业，故昔人有带业而生之说"。[3]

---

① （后秦）罗什译《大智度论》卷18，《大正藏》第25册，第192页上。
② 若以罪灭心净来论往生，显然不符合净土立教的原意。净土教是偏于他力来论，若罪灭心净者，凭借自力自可往生净土，他力本愿的思想价值则无法得到体现。如大乘经论中云，初地以上的菩萨可随意往生十方佛国。
③ （元）惟则：《净土或问》，《大正藏》第47册，第299页中。

惟则带业往生论的提出，后经莲池、蕅益、印光等祖德的发挥渐渐成为净土教的重要教理，也成了净土教最为显著的标志。所谓带业往生，《佛光大辞典》解释说：

> 谓命终之后，带着宿业，往生他道。业，即吾人之身、语、意等一切之身心活动，具有力量可影响未来。往生，即死此生彼之意。就广义可言，通指受生三界六道及诸佛净土，然主要指受生极乐。吾人漂流于六道轮回中，一生所造之善恶业为数甚多，有生天业、做人业，或堕三恶道业。然命终后仅能受一种果报；依佛法揭示，凡所作业都可能感果，但非一定感果，须视时节因缘而定。若一生中造三种业，却不能同时生三道；若生一道，其他二道之业即为其所带，然因缘条件不足，故无润生之可能。此种往生即称带业往生。修念佛法门者，若因缘条件具足，于命终时，得往生净土，其宿昔所造之恶业、不净业无法现行，此即所谓带业往生。一般凡夫，由于真智慧未现前，即使得以往生，亦仅能带业往生，而带去之业力亦因"缘"不具足而无感果之可能，此即属于"非择灭"。反之，若为大智慧之圣者，因已断离烦恼系缚，证得真谛，永不再受轮回，故其感生死苦果之业力亦已消灭，此即属于"择灭"，系圣道所得。[①]

带业往生，广义言，是带善恶业而生他道；狭义而说，是专指净土教的往生极乐。仗佛本愿往生净土后，恶业、不净业无法现行，即名带业往生。印顺指出："念（称名念、观想念）佛求生净土的，只要净业成就，就能往生净土；无边生死业，都带到净土去了。业与烦恼，在净土中是一样的。一般（除得无生忍的上上品）往生净土的没有断烦恼，烦恼却不会生起；带有无边的生死罪业，业却不会感苦报。"[②] 往生者之恶业功能减弱，因缘不具，不能再感生死苦报，恶业自然而渐消，即将恶业带到了净土去。

蕅益《弥陀要解》中用智颙的四土说进行解释，认为带业往生是将见思惑

---

① 慈怡编《佛光大辞典》，书目文献出版社，1989，第 4521 页。〔印〕龙树《十住毗婆沙论》卷 6 云："我不言忏悔则罪业灭尽，无有报果；我言忏悔罪则轻薄，于少时受。是故忏悔偈中说：若应堕三恶道，愿人身中受。……又如阿阇世害得道父王，以佛及文殊师利因缘故，重罪轻受。"《大正藏》第 26 册，第 48 页下。忏悔不能使得罪业消灭，只是重罪轻受而已。所谓将恶业带到净土中而不现行，当是顺着龙树之说来讲的。

② 印顺：《中国佛教琐谈》，《华雨集》（四），第 119 页。

带到凡圣同居土,一生净土,则不退转。《弥陀要解》云:

> 不退有四义:一、念不退。破无明,显佛性,径生实报,分证寂光。二、行不退。见思既落,尘沙亦破,生方便土,进趋极果。三、位不退。带业往生,在同居土,莲华托质,永离退缘。四、毕竟不退。不论至心散心,有心无心,或解不解,但弥陀名号,或六方佛名,此经名字,一经于耳,假使千万劫后,毕竟因斯度脱。……复次只带业生同居净证位不退者,皆于补处具,亦皆一生必补佛位。夫上善一处,是生同居,即已横生上三土。一生补佛,是位不退,即已圆证三不退。[①]
>
> 阿鞞跋致,此云不退。一位不退,入圣流不堕凡地。二行不退,恒度生不堕二乘地。三念不退,心心流入萨婆若海。若约此土藏初果,通见地,别七住,圆初信,名位不退。通菩萨别十行,圆十信,名行不退。别初地,圆初住,名念不退。今净土中则虽五逆十恶,十念成就,带业往生居下下品者,皆得三不退。然据教道,若是凡夫,则非初果等。若是二乘,则非菩萨等。若是异生,则非同生性等。又念不退,非复异生。行不退,非仅见道。位不退,非是人民。蹑等则成大妄,进步则舍故称。唯极乐同居,一切俱非,一切俱是。十方佛土无此名相,无此阶位,无此法门。非心性之极致,持名之奇勋,弥陀之大愿,何以有此![②]

蕅益指出,佛土有四,各分净秽,极乐世界,正指同居净土,亦即横具上三净土。极乐净土之所以最胜,是因为不在上三土,而在同居土。约上言,极乐净土"圆净四土,圆受诸乐"。约下言,娑婆秽土亦属同居土(秽土)。而带业往生之土,正是凡圣同居土(净),众生以信愿持名,仗佛慈力,即得往生而得位不退,莲华托质,永离退缘,即已横生上三土,圆证三不退。所以带业往生的着力处是就四土中之凡圣同居土及四不退的位不退来说。也就是说,只有在凡圣同居土中,带业往生之理才能成立。

在智颛四土说那里,弥陀土正是凡圣同居土,是净土中之最下土。蕅益虽然用天台的性具义解说,不断见思而生凡圣同居土,极乐正是同居净土,而横具上三土,以此论极乐在十方净土中的殊胜性。可是从净土经典来说,极乐净

---

① (明)蕅益:《净土十要》卷1,《卍新纂续藏经》第61册,第645页下。
② (明)蕅益:《净土十要》卷1,《卍新纂续藏经》第61册,第652页下。

土是以其清净庄严程度绝胜十方而雄居第一的。又极乐世界在三界外，是不容有业的。若有恶业，就不名为净土，故经云彼国无三恶道，更无恶道之名。所以带业往生绝非将业带到西方去，以恶业带至净土不现行来解释带业往生还是和净土经典本身有一定距离的。如果说弥陀土正在凡圣同居土，与上三土只是相即相摄之关系，就抹杀了极乐世界的殊胜性，不合净土教之宗义。①

带业往生是净土思想中的一个重要概念，在印光看来，净土法门之所以特别就在于仗佛力而带业往生。印光的解释虽然也用天台的四土说，但印光以极乐具四种净土，是和智顗、蕅益不同的。未断见思，生凡圣同居土；断见思惑者，居方便有余土；破无明者，居实报庄严土；无明净尽者，居常寂光土。带业往生只就凡圣同居土来论，不涉上三土。四土之差别，是约凡夫及三乘来说，约佛来论，四土全体是常寂光土。

> 以凡圣同居，方便有余二土，乃约带业往生之凡夫，与断见思惑之小圣而立，不可约佛而论。若约佛论，非但西方四土，全体寂光。即此五浊恶世，三途恶道，自佛视之，何一不是寂光。②

实报无障碍土与常寂光，本为一土，以分证有别。此二土是法身大士才能证得，而方便有余土，是三乘圣人才能证得。故此三土是绝非凡夫所能往生。凡夫以未断见思惑，只能是带业往生，只能是往生凡圣同居土。由此可知，带业往生只是就凡夫往生凡圣同居土来说，不是从余三土来论；所带之业当独指凡夫之见思惑，不包括三乘之尘沙惑和无明惑。生方便有余土者，虽断见思，但仍有余惑；也可说是带无明惑而往生，但不可说是带业往生。③ 对于此点，印光说得很明确。

> 极乐四土，带业往生者，居同居；断见思惑者，居方便；破无明者，

---

① 存德：《印光法师佛学思想研究》，第655~656页。
② 印光：《印光文钞》卷1，第72页。
③ 印光反复地说："俾未断惑者，仗佛慈力，带业往生；已断惑者，仗佛慈力，速证法身。"印光：《印光文钞》卷8，第1154页。带业往生只对未断惑者来说，而已断惑者，则仅言仗佛慈力，不名带业往生。即仗佛慈力不能和带业往生等同。印光说的仗佛慈力是对所有未成佛者来说，已断未断，皆是仗佛慈力。"法身菩萨未成佛前，皆须仗佛威力。"《印光文钞》卷1，第3页。而带业往生，只就凡夫来说，是须加注意的。

居实报；无明净尽者，居寂光。……同居虽具三土，而未断惑者，止受用同居之境耳。虽属带业往生之人，不可以凡夫定名之。以皆得三种不退，此乃以常途教理，与极乐往生所证者相比较。①

带业往生者，只能居凡圣同居土。虽具余三土，但只能受用凡圣同居土；虽是带业往生，但已得三不退；虽未能如佛菩萨所见所受用之殊妙，但其气类相同，故不可以凡夫而论，即使是下品下生之人。此同于蕅益所说的"横生上三土，圆证三不退"。

印光云，带业往生"虽未断烦惑，而烦惑不复用事"②，故得往生最极清净同居土。一生西方，则无业可得，并非是将业带到西方。

带业往生，约在此界，尚未断惑业。若生西方，则无业可得，非将业带到西方去。③

若在此间，未断见思，仗佛慈力，带业往生之人，则生凡圣同居净土。一生彼土，则见思二惑，彻底消灭。喻如洪炉片雪，未至而化。德人觌面，鄙念全消。④

首先，印光的解释有个时、处上的彼此关系。约此处、此时说，尚未断惑；约彼土、彼时言，则彻底消灭。即往生者带见思惑而生，但一往生净土后，则惑业自消，无业可得，并非是说将业带到西方去了。正如僧肇所言："观方知彼去，去者不至方。"⑤ 否则即与净土义不合。⑥ 其次，印光在诠释带业往生时，又言灭罪往生、业障消除、断尽烦惑、彻底消灭等消业灭罪之说，但带业往生非同消业往生，不管业消尽消不尽，均可往生，而消业往生只有业尽情空才可以。带业往生重在信愿上，而消业往生重在消业上。如果将带业往

---

① 印光：《印光文钞》卷2，第204页。
② 印光：《印光文钞》卷4，第475页。
③ 印光：《印光文钞》卷4，第575~576页。
④ 印光：《印光文钞》卷9，第1382页。
⑤ （后秦）僧肇：《肇论》，《大正藏》第45册，第151页上。
⑥ 印光对带业往生的诠释有不圆之处。带业往生是就凡圣同居土来论，可所带之惑业约彼净土来说，未至即灭。从四土的判摄上来说，见思已断则生方便有余土，那么凡圣同居土的建立则就无法成立。印光在解释时是援引了智颛的四土论，就四土论来说，凡圣同居土就是有惑业的，而印光则解释带业往生并不是将业带至西方去。如果印光不用天台的四土说，直接以善导的西方报土论来解说带业往生的话就能克服诠释上的理论困境。

生说成是消业往生，就将往生的条件落在消业上，而不是信愿上，就抹杀了净土法门的根本宗旨，有悖于净土法门之特别教理。这是尤须加以注意的。

净土教言，真信切愿，至诚称念，仗佛愿力，无不生者。一个人能否往生，是偏于他力来论，在他力本愿面前，惑业不能产生决定作用，故即使极恶者，也可决定带业往生。杨仁山《佛教初学课本》云：

> 一切众生本源性地，与十方诸佛无二无别，虽造极重恶业，受无量苦报，而本性未尝染也。一念回光，如来悉知悉见，以同体大悲，摄归净域，决非业力所能牵缠。世人云带业往生者，随情之言耳。实则善恶因果皆如空花，空本无花，捏目所成，岂有业之体相为亡人所带，而往生净土者哉。①

信愿真切，功纯力极，则心佛一如，感应道交，蒙佛接引，何不带业往生净土？又惑业之当体即空，如梦幻泡影，当体即消，何必将业带至西方？此乃至极宏深之理则，决定不欺之定论，净土立教的本旨即在于此，故不可小觑其深远的思想价值。带业往生自惟则提出以后，经蕅益的发挥和印光弘扬，使其成为净土法门的重要教理。"如果说禅宗见性成佛是提出一种新的成佛办法，从而完全改变了中国佛教的面貌；那么，带业往生则是净土宗提出的一重更加简易稳妥的人生终极解脱方法，意义十分重大。"②

第四节　唯心净土与他方净土

一　吠陀时期的净土观

从净土的形成和发展来说，其最初义是他方的，绝不是唯心的。净土的雏形就来自北俱卢洲，而北俱卢洲本是指雅利安人所怀念的故土。远在吠陀时期，印度哲学家就开始思考宇宙的形成，其看法可归纳为二类。

一派认为宇宙是原人所创造。《梨俱吠陀》云：

---

① （清）杨仁山：《杨仁山居士遗著》，《大藏经补编》第 28 册，第 506 页中。
② 张雪松：《法雨灵岩：中国佛教现代化历史进程中印光法师研究》，法鼓文化事业有限公司，2011，第 311 页。

原人之身，微妙现身，千头千眼，又具千足；包摄大地，上下四维，魏然站立，十指以外。原人之口，是婆罗门；彼之双臂，是刹帝利；彼之双腿，产生吠舍；彼之双足，出首陀罗。彼之胸部，生成月亮；彼之眼睛，显出太阳；口中吐出，雷神火天；气息呼出，伐尤风神。脐生空界，头现天界，足生地界，再生方位，如是构成，此一世界。[①]

这是一种创世神话论。《广林奥义书》对此进一步加以哲学化的解释，从而形成了原人、梵、我的三位一体论。"太初之时，唯梵存在。彼知自己，我就是梵。因此，梵就是一切。""太初之际，此界为无，从无生有，使之为我。因此颂曰：美的创作。"即主张先有神灵，后有世界。

另一派则认为，世界的基本元素是物质。《梨俱吠陀》云：

太初宇宙，混沌幽冥，茫茫洪水，渺无物迹。由空变有，有复隐藏，热之威力，乃产彼一。彼生何方，造化何来？世界先有，诸天后起。[②]

这是说世界是先于神而存在。《奥义书》云：

太初之际，此界为无，其后为有，有复发展，化为一卵，孵育一年，卵壳裂开，分成两片，一片为银，一片为金。银者作地，金者作天，表为群山，里为云雾，脉为河流，液为海洋。[③]

此派主张世界从圆形的物体发展而来。[④] 可见在古印度就有唯心与他方之别。

二 佛教唯心净土的形成

在吠陀唯心思想的影响下，佛教也渐渐出现了唯心净土论。《般若经》云，菩萨修学般若，可觉知"一切法如幻、如梦、如响、如像、如光影、如阳焰、

---

① 转引自巫白慧《净土的现代意义》，《中国佛学院学报·法源》总第18期，2000年，第93页。
② 转引自巫白慧《净土的现代意义》，《中国佛学院学报·法源》总第18期，2000年，第93页。
③ 转引自巫白慧《净土的现代意义》，《中国佛学院学报·法源》总第18期，2000年，第94页。
④ 转引自巫白慧《净土的现代意义》，《中国佛学院学报·法源》总第18期，2000年。

如空花、如寻香城、如变化事，唯心所现，性相皆空"①。佛教由此发展出了自己的唯心论。《释摩诃衍论》云：

> 三界虚伪，唯心所作。离心则无六尘境界。此义云何？以一切法皆从心起妄念而生，一切分别即分别自心，心不见心，无相可得。当知世间一切境界，皆依众生无明妄心而得住持，是故一切法，如镜中像无体可得，唯心虚妄，以心生则种种法生，心灭则种种法灭故。②

佛教唯心论的出现与禅定有密切的关系。念佛本是一种辅助禅定的系念方法。《文殊问经》云：

> 依名（佛之十号）字，增长正念，见佛相好，正定具足，具足定已，见彼诸佛。如照水镜，自见其形。③

《十住毗婆沙论》云，"新发意菩萨应以十号妙相念佛"，"是人以缘名号，增长禅法，则能缘相"。④ 是人于此禅法得相，得成般舟三昧以见佛。在禅定中观想诸法皆空，乃唯心所现，就形成了唯心论。在唯心论的影响下，念佛法门也渐渐地发生了变化。

早期的念佛是念佛的十号，也就是念佛的功德。部派佛教时则有念佛生身、法身之说，念生身是念佛的形相，念法身则是念佛的实相。既然一切诸法唯心所现，那么不管是生身说还是法身说，皆是唯心所现。这样念佛即是念心，佛的性相功德皆依一心中现。如《般舟三昧经》的般舟三昧，《文殊般若经》的一行三昧，皆可于三昧成就时得见诸佛，如照水镜，自见其形。佛的形相或见佛实相皆是三昧定中所见，一切所见皆是从心而现，于是就发展出唯心念佛说。《般舟三昧经》云，菩萨于此间国土专念阿弥陀佛的相好光明，持佛威神力，于三昧中立自在，欲见何方佛即得见。

---

① （唐）玄奘译《大般若经》卷3，《大正藏》第5册，第13页下。
② （后秦）筏提摩多译《释摩诃衍论》卷4，《大正藏》第32册，第630页中。
③ （南齐）僧伽婆罗译《文殊问经》卷下，《大正藏》第14册，第506页下至第507页上。
④ （后秦）罗什译《十住毗婆沙论》卷12，《大正藏》第26册，第860页中。

欲见佛即见，见即问，问即报。闻经大欢喜，作是念："佛从何所来？我为到何所？"自念佛无所从来，我亦无所至。自念欲处、色处、无色处，是三处意所作耳！我所念即见。心作佛，心自见，心是佛心，佛心是我身。心见佛，心不自知心，心不自见心，心有想为痴，心无想是涅槃。是法无可乐者，设使念为空耳，无所有也。①

从念佛身相光明（有相念佛），到觉察到此皆是"意所作耳"，虚妄不实，所谓佛之身相等也是唯心所起，故"心有想为痴，心无想是涅槃"。那么要达到空、无相、无愿的实相念佛（无相念佛），根本要领就要从观心上着手，其思想特点是用一心将有相念佛与无相念佛统摄起来，念佛法门由此从《般若经》的空性观，经《般舟三昧经》的假相观，而进入了唯心念佛观。《大集贤护经》云："今此三界，唯是心有，何以故？随彼心念，还自见心。今我从心见佛，我心作佛、我心是佛。"② 一切皆是虚妄，唯心为真实，发展出《观经》"是心作佛，是心是佛"的道理。

《楞伽经》云："如来藏自性清净性，转三十二相，入于一切众生身中。"③ 初起的如来藏说，只说佛入众生心身中，后来的如来藏经典中则进一步说众生本具。④《如来藏经》云："一切众生虽在诸趣，烦恼身中有如来藏，常无染污，德相备足，如我无异。"⑤《央掘魔罗经》云："一切众生悉有如来藏者，一切众生皆当作佛。"⑥ 一切众生皆有真实如来藏，皆当作佛，成为如来藏经典的特色。瑜伽学说的唯识论也是从"唯心所作"的悟解上发展而来的。

净土者佛之国土，既然心即是佛，那么心亦即是净土，由此便有"自性弥陀、唯心净土"之说。瑜伽学说认为万法唯识所现，而非实存于识外，故言唯识无境，诸佛及其净土亦是随识的染净不同而有差别。如经云："自性法受用，变化差别转。"⑦ 窥基的《无垢称经疏》云："内心既净，外感有情及器亦净。《佛地经》言：最极自在，净识为相。故识净时，净土便净。"⑧

① （东汉）支娄迦谶译《般舟三昧经》，《大正藏》第 13 册，第 899 页中至下。
② （隋）阇那崛多译《大集贤护经》卷 2，《大正藏》第 13 册，第 877 页中。
③ （刘宋）求那跋陀罗译《楞伽经》卷 2，《大正藏》第 16 册，第 489 页上。
④ 印顺：《初期大乘佛教之起源与开展》，第 742 页。
⑤ （东晋）佛陀跋陀罗译《如来藏经》，《大正藏》第 16 册，第 457 页下。
⑥ （刘宋）求那跋陀罗译《央掘魔罗经》卷 4，《大正藏》第 2 册，第 539 页上。
⑦ （唐）玄奘译《佛地经》，《大正藏》第 16 册，第 723 页中。
⑧ （唐）窥基：《无垢称经疏》卷 2，《大正藏》第 38 册，第 1027 页上。

经言：若欲勤修严净佛土，先应方便严净自心，随诸菩萨自心严净，即得如是严净佛土。天亲菩萨《般若论》云：智习唯识通，如是取净土，故修智因果识便净；内识既净，外感众生及器世间国土皆净。①

这仍然是从识变义上对"唯心所作"的诠释。如来藏系佛教则从真心本具上解说。《华严经》云：

心如工画师，能画诸世间，五蕴悉从生，无法而不造。如心佛亦尔，如佛众生然，应知佛与心，体性皆无尽。若人知心行，普造诸世间，是人则见佛，了佛真实性。若人欲了知，三世一切佛，应观法界性，一切唯心造。②

经云，菩萨知心与佛如梦如幻，"如是忆念，所见诸佛，皆由自心"；"修诸佛法，净诸佛刹"，"如是一切，悉由自心"。③ 如是了知，真如心体明净，当体即是十方诸佛，无量妙刹。

三 中国佛教的唯心净土论

唯心净土论在中国佛教中得到了进一步发扬。"自性弥陀，唯心净土"成为中国佛教的盛谈，但各家各宗的解说则不尽相同，大体可分为两类。

一者，彻底的唯心净土论，坚决反对心外有土，以慧能为代表。慧能以《维摩经》"心净则佛土净"为据，主张自性本具，莫向外求。《坛经》云：

使君东方人，但心净即无罪。虽西方人，心不净亦有愆。东方人造罪，念佛求生西方。西方人造罪，念佛求生何国？凡愚不了自性，不识身中净土，愿东愿西。悟人在处一般，所以佛言："随所住处恒安乐"，使君心地但无不善，西方去此不遥。④

---

① （唐）窥基：《无垢称经疏》卷2，《大正藏》第38册，第1030页上。
② （唐）实叉难陀译《华严经》卷19，《大正藏》第10册，第102页上至中。
③ （唐）实叉难陀译《华严经》卷63，《大正藏》第10册，第340页上。
④ （元）宗宝编《六祖坛经》，《大正藏》第48册，第352页上。

自性内照，三毒即除，当体即是净土；明心见性，顿悟无生，当下即是西方；自净其心，念念见性，目前便是弥陀。禅宗的唯心净土论就是顺此而开展的，是彻底反对净土教的"指方立相"说。

二者，是介于他方净土和唯心净土之间，或重于唯心，或偏于他方，其中以净土宗之道绰、天台宗之智颉、禅宗之延寿为代表人物，总其要义则是对唯心和他方的一种融合。

净土宗的融合观是偏于他方的。道绰《安乐集》首先从真谛与俗谛、有相与无相、有生与无生等义上对唯心与他方予以融合，并批评唯心净土论为异执异见。这是偏于他方净土论。《观经》虽有唯心净土论的倾向，但净土宗则是站在他方净土论的基础上，对此进行了自我调适性的诠释，善导就曾将《观经》"是心作佛，是心是佛"解释为摄心归于他方的具体事观。总之，净土宗虽受到了唯心论的影响，但在二者的融合上，态度非常明确，是一种偏于他方的融合论，始终主张净土的他方性，绝不以唯心而废他方。这是净土宗最基本的立场。

禅宗的融合观是重于唯心的。宗赜在《莲华胜会录文》中说："唯心净土，自性弥陀，盖解脱之要门，乃修行之捷径。"[①] 这是禅宗的特色。延寿以一心为宗，站在唯心的基础上，主张不废他方。《万善同归集》云：

> 真实心为体，缘虑心为用。用即心生灭门，体即心真如门。约体用分二，惟是一心。即体之用，用不离体；即用之体，体不离用。开合虽殊，真性不动。……心异则千差竞起，心平则法界坦然；心凡则三毒萦缠，心圣则六道自在；心空则一道清净，心有则万境纵横。[②]

一切唯真心所现，心生则种种法生，心灭则种种法灭，心外无有一法，所以净土唯心，只有了达心体，才能言唯心净土。净土虽然唯心所现，但所现起的现象则是有，所以不可言唯心净土，而废他方极乐，否则即不明体用相即，二谛圆融之理。延寿从真心缘起论上，倡导唯心与他方的一体化，批评禅者的拔无西方说。其后，禅宗对他方与唯心的融合就是顺着延寿的观点来讲的。其中以莲池的解说最为精致。莲池接着把一心分为理一心和事一心，倡导唯心与西方的一元化。《答净土四十八问》云：

---

① （宋）宗晓编《乐邦文类》卷2，《大正藏》第47册，第178页上。
② （五代）延寿：《万善同归集》卷下，《大正藏》第48册，第991页上。

心净土净，语则诚然，但语有二义：一者约理，谓心即是土，净心之外，无净土也。二者约事，谓心为土因，其心净者，其土净也。若执理而废事，世谓清闲即是仙，果清闲之外，无真仙乎？①

理外无事，事外无理。事者，即理之事；理者，即事之理。约理言，净土唯心，心外无土。约事言，实有西方，无外无心，故不可执理废事。《宝积二会序》云：

即理，故土一心也，众宝庄严而不滞于相也。即事，故心一土也，一真凝寂而不沦于虚也。以无净秽之心而取舍，炽然取舍，而寂然无所取舍也。生净土者，生自心之净土，悟自心者，悟净土之自心也。②

故净土唯心，唯心净土。元贤《净慈要语》云："虽曰唯心净土，而不妨有极乐世界，以世界即一心之所现也。虽曰本性弥陀，而不妨有极乐教主，以教主即本性之所成也。虽寂然无生，而不妨炽然有生，以往生而本自无生也。"③

信其理者，信我心便是净土，我性便是弥陀也。信其事者，信西方果有净土，西方果有弥陀也。虽有其理，而全理成事，如海印之能现万象。虽有其事，而全事是理，如万象之不离海印，亦一亦二，非一非二。如是信解，名为正信。如信理而不信事，信事而不信理，是谓偏信。④

禅宗方面的融合，大体不外于此，是一种基于真心本体论上的融合观。

天台宗的融合观是基于天台宗的性具义上来诠释的，其方法不同于禅宗。天台《净土十疑论》中首先就批评禅宗的唯心净土论横相是非，误人误己。⑤

① （明）祩宏：《答四十八问》，《卍新纂续藏经》第61册，第505页上。
② （明）祩宏：《云栖法汇》卷17，《嘉兴藏》第33册，第89页中。
③ （明）元贤：《净慈要语》卷上，《卍新纂续藏经》第61册，第820页下。
④ （明）元贤：《净慈要语》卷上，《卍新纂续藏经》第61册，第821页上。
⑤ 《净土十疑论》云："智者炽然求生净土，达生体不可得，即是真无生，此谓心净故即佛土净。愚者为生所缚，闻生即作生解，闻无生即作无生解，不知生者即是无生，无生即是生。不达此理，横相是非，嗔他求生净土，几许误哉！此则是谤法罪人，邪见外道也。"《大正藏》第47册，第78页上至中。后世天台宗对禅宗唯心净土论进行了大力的批评，甚至斥其为魔行。参见存德编著《净土宗教理史要》，第270～304页。

此论虽非智𫖮所作，但对天台宗影响很大，后来人多有引用。天台《观经疏》云："诸佛法身与己同体，现观佛时，心中现者，名心是佛。"[①] 心即是佛，心自见佛，佛从心中现，故观佛即是观心。弥陀虽本具于介尔一念心中，非存在于心外，但天台宗"观心是佛"的前提是从观于外在的他佛而来，主张不废西方，和慧能的唯心论是不同的。智𫖮的三昧法中强调要持佛名号，观西方的依正庄严，进而达到观心是佛。宋代的知礼对此有了新的诠释，即约心观佛说。《妙宗钞》云：

> 若此观门及般舟三昧，托彼安养依正之境，用微妙观，专就弥陀，显真佛体。虽托彼境，须知依正同居一心，心性遍周，无法不造，无法不具，若一毫法从心外生，则不名为大乘观也。行者应知，据乎心性观彼依正，依正可彰，托彼依正，观于心性，心性易发。所言心性具一切法，造一切法者，实无能具、所具，能造、所造；即心是法，即法是心，能造因缘及所造法，皆悉当处全是心性。[②]

心性本具西方，由熏发生。所谓熏者是托西方之境为强缘，用天台的不思议观，专就他方弥陀，直显当下之心体即是佛体，当处全心是佛，全佛是心。宋以后的天台宗主要发扬的就是知礼的学说。如怀则《净土境观要门》云：

> 就不失自体东西宛尔边，何妨在十万亿刹之外，即妙假也。就同一性体不隔毫厘边，即妙空也。就不一不异二相亡泯边，即妙中也。亦是一即一切故不妨远，一切即一故不妨近，非一非一切故不远不近，以例取舍不取不舍，合散不合不散等莫不皆然。[③]

妙叶《念佛直指》云：

> 极乐虽在西方，西方即我真心。真心无性，即彼名体，以显我心；名

---

① （隋）智𫖮：《观经疏》，《大正藏》第37册，第192页中。
② （宋）知礼：《观经疏妙宗钞》卷1，《大正藏》第37册，第195页中。
③ （元）怀则：《净土境观要门》，《大正藏》第47册，第291页中。

体本空，亦即我心而示其相。心境一体，生佛同源；求彼佛，即求自心，非外求也；究自心，须求彼佛。①

在天台看来，心具十方，能遍法界，故西方虽远十万亿刹，但不离自心，不在心外；又此心虽圆摄十方，万法不失自体，净秽宛然，东西两边，极乐妙有，何妨不在十万亿刹之外？心外无土，土外无心；即心是土，即土是心；一体无二，性本圆融；故不可执理废事，拨无西方。这是对唯心论与他方论的一种调和说。天台宗唯心净土论大体上不外于此。

中国佛教在如来藏思想的影响下，对唯心与他方的融合，禅宗方面彻底的唯心净土论，不容心外有土，显然不合净土立教的意趣。禅、净二门的根本分野即在唯心与他方，他方净土者，以西方净土为弥陀悲愿所建的真实有；唯心净土者，以自性即是弥陀，此心即是净土。天台宗的唯心净土论即应合了如来藏的唯心说，又坚守了净土的他方性，可谓一种比较成熟的唯心净土论。总之，若说心即是佛，土即是心，而大唱自性弥陀，唯心净土，一味地抹杀净土的他方性，以自心净而佛土净，否认外在的诸佛及其净土，当是不合净土立教的本旨。

第五节　五逆谤法与恶人往生

了生脱死，成就佛道是佛教的终极目标，一代时教皆为此而开演，然众生根性有别，善恶不一，所以在成就佛道者的范围上，往往将五逆十恶之人拣除在佛道之外。如《楞伽经》等经中称阐提无性，毕竟不能成佛；《无量寿经》中说"五逆谤法"者不能往生；《十轮经》中说造十轮恶罪者诸佛所不救，等等，将部分人彻底地排除在佛法之外。如果这些人被佛教所拒绝，那么其行善作恶，就与佛的教法没有任何关系，则大乘佛教的大慈悲愿力就无法开显。所以《涅槃经》中云"一切众生皆有佛性"；《法华经》云"一声南无佛，皆共成佛道"；《观经》云"具诸不善"者，临终一念亦可往生净土。对中国佛教来说经论中的异说就亟须加以会通，而净土教的诠释就是一个极好的范例。

《无量寿经》和《观经》是净土宗的根本经典，两者在恶人往生上有根本

---

① （元）妙叶：《念佛直指》卷上，《大正藏》第 47 册，第 357 页上。

性的不同，对此加以会通就成为净土宗的重要议题。据怀感的《净土群疑论》中说，当时的会通者有十五家之别（见表7）。

表7 十五家会通说

	《观经》五逆十恶得生	《无量寿经》除五逆诽谤
1	取者，是忏悔人	除者，是不忏悔人
2	取者，是轻心造逆人	除者，是重心造逆人
3	取者，唯是造五逆人	除者，是造五逆及谤法人
4	取者，是造逆类人	除者，正五逆人
5	取者，是发菩提心人	除者，是不发菩提心人
6	取者，是至诚念佛人	除者，是不至诚念佛人
7	取者，是十信菩萨人	除者，非十信菩萨人
8	取者，非阐提人	除者，是阐提人
9	取者，是对已造逆人	除者，是对未造逆人
10	取者，是开门	除者，是遮门
11	取者，说五逆业是不定业为可转时	除者，说五逆业是定业不可转时
12	取者，暖顶位人	除者，非暖顶位人
13	取者，种解脱分善根人	除者，是不种解脱分善根人
14	取者，是第二阶人	除者，是第三阶人
15	取者，是唯具足十念人	除者，是通具足十念及不具足十念人

其中昙鸾、慧远、善导、怀感、印光等人诠释性会通最具代表性。会通的方便大体有两种：一是以昙鸾、迦才等为代表，即谤法者不生，五逆者可生；二是以慧远、善导等为代表，即五逆谤法者，只要归向净土，均可往生。

在中国佛教思想史上，对此最早加以会通的是昙鸾。昙鸾主张谤法者因不信法，则无往生的信愿，故不得往生。而造五逆者不谤法，故可回向往生。《往生论注》云：

> 一经以具二种重罪，一者五逆，二者诽谤正法，以此二种罪故，所以不得往生。一经但言作十恶五逆等罪，不言诽谤正法；以不谤正法故，是故得生。①

---

① （北魏）昙鸾：《往生论注》卷上，《大正藏》第40册，第834页上。

经言，五逆罪堕地狱中受一劫重罪即出，而诽谤正法者则入于地狱展传无期，佛亦不记得出狱时节，以诽谤正法罪极重故。"五逆罪从无正法生，是故谤正法人其罪最重。"①《观经》云五逆十恶可以往生，迦才也持此观点。从净土宗的教义来看，此种会通并不彻底，未能体现净土教的本质。

净影慧远、善导、怀感、印光等人在著作中主张，即谤法者和五逆者只要归向净土均可往生。其中慧远的解释从约人、约行两个范畴加以解释较为全面。后世诸家的解释大体上不异慧远之说。《观经义疏》曰：

> 一约人分别。造逆罪人，有上有下。善趣已前，常没造逆，说以为下。善趣位中，遇缘造逆，说之为上。如世王等上人，造逆必有重悔，令罪消薄，容便得生。此《经》就之，故说五逆亦得往生。下人造逆多，无重悔不可得生。《大经》就此，故说不生。

> 二约行分别。造逆之人，行有定散。观佛三昧名之为定，修余善根，说以为散，散善力微，不能灭除五逆重罪，不得往生。《大经》就此，故说不生，定善力强，能消逆罪容得往。此《经》明观，所以说生。②

> 随人不同故尔。若是宿世无道根者，现造五逆，终无生理。若是先发菩提心人，虽复遇缘造作五逆四重等罪，必生重悔，如世王等亦得往生，乃至大乘善趣之人，有造作五逆四重谤法罪故。③

约人说，人有两种。一者久发大乘心，虽遇缘造逆，但必能重悔灭罪，故《观经》据此说得生。二者先来不发大心，现造逆罪，多无重悔，不能决定发菩提心，故《无量寿经》据此说不生。约行来说，行有定散二善。《无量寿经》就散善说，《观经》就定善说。《观经》以观佛三昧为宗，观佛为定善，定善力强，故人虽造逆，但能灭罪往生。《无量寿经》是散善，散善力弱，不能修习观佛三昧，不能灭罪，故说不生。

善导说《观经》观佛三昧为宗，亦以念佛三昧为宗，佛虽说定散二善，但望佛本意即在散善，散善以称名念佛而心至一，由心重故即能除罪往生。《观经疏》云：

---

① （北魏）昙鸾：《往生论注》卷上，《大正藏》第40册，第834页中。
② （隋）慧远：《观经义疏》，《大正藏》第37册，第184页中至下。
③ （隋）慧远：《观经义疏》，《大正藏》第37册，第186页上。

如四十八愿中除谤法五逆者。然此之二业，其障极重。众生若造直入阿鼻，历劫周慞，无由可出。但如来恐其造斯二过，方便止言不得往生，亦不是不摄也。又下品下生中取五逆除谤法者，其五逆已作，不可舍令流转，还发大悲摄取往生。然谤法之罪未为，又止言：若起谤法，即不得生。此就未造业而解也。若造，还摄得生。虽得生彼，华合径于多劫。此等罪人在华内时有三种障：一者不得见佛及诸圣众；二者不得听闻正法；三者不得历事供养。除此已外更无诸苦。①

谤法五逆罪最重，故佛方便言不生，防止众生造此二业。故若已作者，还摄取往生。"佛心者，慈悲为体，以此平等慈悲，普摄一切。"怎样才能不摄谤法五逆之恶人？善导指出，不管何罪，只要回向念佛，即得往生。因为称名念佛，由心重故，即能灭罪而仗佛往生。《法事赞》云："以佛愿力，五逆之与十恶，罪灭得生，谤法阐提，回心皆往。"② 此说同于慧远的定善往生说。

就恶人之根性来说，更有上下之别。故念佛之功亦有深浅，深者可灭罪往生，浅者则不得生。又恶人宿世有无善根和有善根之别。慧远认为，若宿世无善根，终不得生；若今生作恶，但因凭借宿世之善根，以今世归向之力，可得往生，即使宿世有善根，若不遇善友教化，亦不得生。故二经所说不同。善导则说不管宿世有无善根，只要念佛统统即得往生，能否往生的关键则在弥陀本愿，就弥陀本愿来讲，一切众生均可仗佛本愿而往生。所以《无量寿经》是方便说，若已造恶者，佛大慈悲还以愿力摄其往生，故《观经》是真实说。相较来说，善导的解释更能充分体现净土宗义。

怀感以十念具否来加以会通。《释净土群疑论》云：

《观经》取逆，经言具足十念，以具十念即得往生。《寿经》除逆，经言乃至十念，以乃至十念不得往生。经既有乃至、具足十念之言，岂得由诸义也。且如下品上生、下品中生，称佛念佛，不言具足十念，一念已上悉皆得生，以罪少故，不要满十。下品下生为有逆罪，经即说言具足十念得生净土。《寿经》含此三品，总合而言乃至十念得生净土。经意说言，

① （唐）善导：《观经疏》卷4，《大正藏》第37册，第277页上至中。
② （唐）善导：《净土法事赞》卷上，《大正藏》第47册，第426页上。

若不造逆人论念之多少,一声十声俱生净土。如其造逆,必须满十,阙一不生,故言除也。此即不造逆者,不限十声;若少若多,俱生净土。造逆之辈,即不得然,满十即得生,少便不往。此乃由此说除,不关诸义也。①

《无量寿经》十念不具,故言不生,《观经》中则十念具足,所以得生。十念是否具足,亦可说是念佛心重与否,亦同定善之说。

印光说,《无量寿经》是约平时说,《观经》就临终说,时事不同,故摄否有异。

《无量寿经》乃至十念,咸皆摄受。唯除五逆,诽谤正法者,此约平时说,非约临终说。……由有此极大罪障,纵或有一念十念之善根,由无极惭愧极信仰之心,故不能往生也。《观经》下下品,乃约临终阿鼻地狱相现时说。虽不说诽谤正法,而其既五逆十恶,具诸不善,必不能不谤正法。……其人恐怖不可言宣,一闻佛名,哀求救护,了无余念,唯有求佛救度之念。虽是乍闻乍念,然已全心是佛,全佛是心,心外无佛,佛外无心。故虽十念,或止一念,亦得蒙佛慈力,接引往生也。四十八愿,乃约平时说,《观经》下下品,乃约临终说。由时事不同,故摄否有异。②

谤法五逆之罪极重,绝非平时悠悠泛泛之一念或十念就能灭其罪,而《观经》就临终说,临终苦相现前,此人发极忏悔之心,全身心念佛,故可得往生。此等解释凸显了念佛法门的特别教义。

第六节　女人二乘与净土往生

世亲《往生论》说"大乘善根界,等无讥嫌名;女人及缺根,二乘种不生"③。但净土根本经典中则说,极乐国中有声闻阿罗汉,但无三恶道、无女人等,又云十方众生念佛名号均往生西方净土。两者是净土立宗的根本性经典,所以对此教理极有必要加以诠释。在中国佛教史上,对此诠释较有代表性的是

---

① （唐）怀感:《释净土群疑论》卷3,《大正藏》第47册,第44页上。
② 印光:《印光文钞》卷3,第437页。
③ （北魏）菩提流支译《往生论》,《大正藏》第26册,第231页上。

昙鸾和慧远。

昙鸾认为，安乐国土是清净心成就，往生者最低也是初地菩萨，所以安乐净土不应有二乘、女人、缺根者。《往生论注》曰：净土经中所言之声闻是阿罗汉，阿罗汉虽已断惑，不于三界受生，但未得一切解脱。

> 阿罗汉既未得一切解脱，必应有生，此人更不生三界。三界外除净土更无生处，是以唯应于净土生。如言声闻者，是他方声闻来生，仍本名故，称为声闻。……安乐国不生二乘种子，亦何妨二乘来生耶。譬如橘栽不生江北，河洛果肆亦见有橘。又言：鹦鹉不渡陇西，赵魏架栀亦有鹦鹉。①

安乐净土虽不生二乘，但不拒绝二乘往生，故说净土中有声闻居住，至于有人以经中彼国有声闻众多为奇者，昙鸾解释曰：

> 声闻以实际为证，计不应更能生佛道根芽，而佛以本愿不可思议神力摄令生彼，必当复以神力生其无上道心。譬如鸩鸟入水，鱼蚌咸死。犀牛触之，死者皆活。如此不应生而生，所以可奇。佛法最不可思议，佛能使声闻复生无上道心，真不可思议之至也。②

净土中之所以有声闻，是借佛之本愿力而发了菩提心，故不可与小乘声闻人同论。对于无女人及缺根之名者，昙鸾解释曰：

> 如软心菩萨，不甚勇猛，讥言声闻。如人谄曲，或复懦弱，讥言女人。又如眼虽明而不识事，讥言盲人。又如耳虽听而听义不解，讥言聋人。又如舌虽语而讷口謇吃，讥言哑人。有如是等根虽具足，而有讥嫌之名，是故须言乃至无名。③

净土是非三界所摄的他方报土，所以无有女人及缺根，那么，女人及缺根

---

① （北魏）昙鸾：《往生论注》卷上，《大正藏》第40册，第831页上。
② （北魏）昙鸾：《往生论注》卷上，《大正藏》第40册，第831页上。
③ （北魏）昙鸾：《往生论注》卷上，《大正藏》第40册，第831页上至中。

如何往生净土，在昙鸾这里没有展开。

慧远以净土有粗有妙，从往生的始终来加以会通。《观经义疏》曰：

> 弥陀菩萨正处唯修小行不得往生，要由乘终发菩提心，种大乘种方乃得生，故《大经》中宣说其人发菩提心。彼《往生论》据终为言，故说二乘种子不生。此《经》就始，故说中辈学小得生。问曰："若此要由乘终发菩提心方得生者，至彼应证大乘道果，何故但得小乘果乎？"释言："此人虽复乘终发菩提心，先多学小故，至彼国闻苦无常，发其本解，先证小果。以其乘终发大心故，得小果已于小不住，必还入大。"①

净土有粗妙不同，阿罗汉始生于净土之粗土，住小乘，后必生净土之妙土，而入大乘。故《往生论》据终言不生，《观经》就始说得生。就往生者论，声闻有二，一愚法声闻执小迷大，舍现阴形未即入无余涅槃，多劫后无余涅槃后心想生时，方生净土。故龙树据终说得生，《观经》就始论不说生。二不愚法声闻人，解小知大，是人死已，即于净土受身闻经而非一切。《观经义疏》云：

> 土有粗妙，粗处杂小，妙处唯大。又复粗国通有分段凡夫往生，妙土唯有变易圣人。弥陀佛国，净土中粗，更有妙刹，此《经》不说，《华严》具辨。彼不愚法阿罗汉人爱结已尽，专心求大，生于妙土，不生粗国。龙树据妙故，说罗汉当生净土，故彼文言，有妙净土，出过三界无烦恼名，罗汉当生。《观经》就粗故，不说生，为是偏说。②

慧远判弥陀国为粗土，故二乘、凡夫可往生，若就胜妙净土来说，阿罗汉更不生。对于女人往生净土，《观经》中有韦提希与五百侍女见佛往生一说。《观经义疏》曰：

> 《论》说女人根缺不得生者，就后为言。生彼国者，净报离欲，故无女人，身报精上，故无根缺。若论此者，但有善心，一切不简。

---

① （隋）慧远：《观经义疏》，《大正藏》第 37 册，第 184 页中。
② （隋）慧远：《观经义疏》，《大正藏》第 37 册，第 182 页下。

从终而言，净土中固然无小乘、女人及缺根者，就始而言，皆得往生，弥陀净土并不否定他们的往生，只要发菩提心。所以《论》不能发心说，《经》就能发心论。虽然于始是小乘、女人及缺根者，但就终而言，即实现了往生者的转化，因为净土是清净身报和离欲净报。所以怀感说，净土中的声闻人，非小乘果，而是大乘菩萨行。唐《西方要决释疑通规》中亦云，名虽声闻，实即大声闻。《论》就不能发心等，说女人等不得往生。《经》中就发菩提心而论，故可往生。

三者皆得往生，较符合大乘佛教的精神，也成为净土宗的正义，其后的迦才、善导等皆坚持此主张。迦才《净土论》中说，女人、缺根是业障；愚法二乘，不信大乘，是决定小乘。此三者皆是定业种，故不得往生。不愚法人，信大乘法，发愿回向，回心向大，始得往生。若二乘无学人，不问愚法不愚法，悉生净土，以变易生死劫中无受生处故。女人及缺根者，若临终十念，发菩提心，亦得往生。

善导的解释亦从始终言，从不定之始言，故小乘不生，然小乘戒善者愿生亦无妨，证小果已即转向大。女人和缺根者，"弥陀本愿力故，女人称佛名号，正命终时，即转女成男子"①。蒙佛接引，随即往生。若不因佛愿力，则不得生。善导非常重视他力的重要性。

此三者能否往生，由于都是出自净土宗的根本经典，所以古来诸家多有会通，各有其思想特点。如窥基就以《往生论》之不生净土，来论说别时意。诸家的会通虽然有不符合经论本义的地方，但体现了中国佛教的大乘精神。

思考与练习题

1. 佛教的自力与他力各有什么特点，二者是否相冲突？

2. 难行道与易行道相比，各有哪些优劣特点？

3. 带业往生是将业带到西方净土吗？

4. 唯心净土是如何形成的？如何与他方净土会通？

5. 恶人、二乘人、女人为什么又可往生大乘净土？

---

① （唐）善导：《观念法门》，《大正藏》第47册，第27页中。

参考文献

一　经律论类

（西晋）法立等译《大楼炭经》，《大正藏》第 1 册。

（东晋）佛陀耶舍译《长阿含经》，《大正藏》第 1 册。

（东晋）僧伽提婆译《中阿含经》，《大正藏》第 1 册。

（隋）阇那崛多译《起世经》，《大正藏》第 1 册。

（东晋）僧伽提婆译《增一阿含经》，《大正藏》第 2 册。

（刘宋）求那跋陀罗译《杂阿含经》，《大正藏》第 2 册。

（刘宋）求那跋陀罗译《央掘魔罗经》，《大正藏》第 2 册。

（北凉）昙摩谶译《悲华经》，《大正藏》第 3 册。

（刘宋）求那跋陀罗译《过去现在因缘经》，《大正藏》第 3 册。

（隋）阇那崛多译《佛本行集经》，《大正藏》第 3 册。

（唐）般若译《本生心地观经》，《大正藏》第 3 册。

失译《慈心因缘不食肉经》，《大正藏》第 3 册。

（三国）支谦译《撰集百缘经》，《大正藏》第 4 册。

（北魏）慧觉译《贤愚经》，《大正藏》第 4 册。

（隋）阇那崛多译《月上女经》，《大正藏》第 4 册。

（唐）玄奘译《大般若经》，《大正藏》第 5 册。

（后秦）罗什译《摩诃般若经》，《大正藏》第 8 册。

（后秦）罗什译《小品般若经》，《大正藏》第 8 册。

（西晋）无罗叉译《放光般若经》，《大正藏》第 8 册。

（梁）曼陀罗仙译《文殊般若经》，《大正藏》第 8 册。

（东魏）月婆首那译《胜天王般若经》，《大正藏》第 8 册。

（后秦）罗什译《法华经》，《大正藏》第 9 册。

（西晋）竺法护译《正法华经》，《大正藏》第 9 册。

（东晋）佛驮跋陀罗译《华严经》，《大正藏》第 9 册。

（东晋）智严译《不退转轮经》，《大正藏》第 9 册。

（唐）实叉难陀译《华严经》，《大正藏》第 10 册。

（唐）般若译《华严经》，《大正藏》第 10 册。

（东汉）支娄迦谶译《阿閦佛国经》，《大正藏》第 11 册。

（西晋）竺法护译《文殊佛土严净经》，《大正藏》第 11 册。

（唐）菩提流志译《大宝积经》，《大正藏》第 11 册。

（东汉）支娄迦谶译《无量清净平等觉经》，《大正藏》第 12 册。

（三国）支谦译《大阿弥陀经》，《大正藏》第 12 册。

（三国）康僧铠译《无量寿经》，《大正藏》第 12 册。

（后秦）罗什译《阿弥陀经》，《大正藏》第 12 册。

（后秦）罗什译《遗教经》，《大正藏》第 12 册。

（西晋）竺法护译《弥勒本愿经》，《大正藏》第 12 册。

（东晋）竺佛念译《菩萨处胎经》，《大正藏》第 12 册。

（北凉）昙无谶译《涅槃经》，《大正藏》第 12 册。

（刘宋）畺良耶舍译《观无量寿佛经》，《大正藏》第 12 册。

（南齐）昙景译《摩诃摩耶经》，《大正藏》第 12 册。

（隋）那连提耶译《大悲经》，《大正藏》第 12 册。

（宋）法贤译《无量寿庄严经》，《大正藏》第 12 册。

失译《法灭尽经》，《大正藏》第 12 册。

（东汉）支娄迦谶译《般舟三昧经》，《大正藏》第 13 册。

（刘宋）功德直译《菩萨念佛三昧经》，《大正藏》第 13 册。

（隋）阇那崛多译《大集贤护经》，《大正藏》第 13 册。

（唐）实叉难陀译《地藏经》，《大正藏》第 13 册。

（三国）支谦译《维摩经》，《大正藏》第 14 册。

（后秦）罗什译《维摩经》，《大正藏》第 14 册。

（后秦）罗什译《弥勒成佛经》，《大正藏》第 14 册。

（后秦）罗什译《弥勒下生经》，《大正藏》第 14 册。

（西晋）竺法护译《弥勒下生经》，《大正藏》第 14 册。

（北凉）沮渠京声译《弥勒上生经》，《大正藏》第14册。

（北魏）菩提流支译《佛说佛名经》，《大正藏》第14册。

（北魏）吉迦夜译《诸佛功德经》，《大正藏》第14册。

（隋）达摩笈多译《药师经》，《大正藏》第14册。

（唐）玄奘译《药师经》，《大正藏》第14册。

（唐）玄奘译《无垢称经》，《大正藏》第14册。

（唐）义净译《弥勒下生经》，《大正藏》第14册。

失译《弥勒来时经》，《大正藏》第14册。

（后秦）罗什译《诸法无行经》，《大正藏》第15册。

（西晋）竺法护译《海龙王经》，《大正藏》第15册。

（东晋）佛陀跋陀罗译《观佛三昧海经》，《大正藏》第15册。

（东晋）佛陀跋陀罗译《如来藏经》，《大正藏》第16册。

（刘宋）求那跋陀罗译《楞伽经》，《大正藏》第16册。

（北魏）菩提流支译《入楞伽经》，《大正藏》第16册。

（唐）玄奘译《佛地经》，《大正藏》第16册。

（唐）实叉难陀译《入楞伽经》，《大正藏》第16册。

（东晋）智严译《妙法决定业障经》，《大正藏》第17册。

（北魏）菩提流支译《法集论》，《大正藏》第17册。

（北魏）般若流支译《正法念处经》，《大正藏》第17册。

（唐）佛陀多罗译《圆觉经》，《大正藏》第17册。

（宋）法贤译《法身经》，《大正藏》第17册。

（唐）般刺密谛译《楞严经》，《大正藏》第19册。

（刘宋）畺良耶舍译《药王药上经》，《大正藏》第20册。

（东晋）帛尸梨蜜多罗译《灌顶经》，《大正藏》第21册。

（东晋）昙无兰译《陀邻尼钵经》，《大正藏》第21册。

（唐）不空译《瑜伽集要焰口轨仪经》，《大正藏》第21册。

（唐）不空译《焰口陀罗尼经》，《大正藏》第21册。

（东晋）佛陀耶舍译《四分律》，《大正藏》第22册。

（东晋）佛陀跋陀罗译《摩诃僧祇律》，《大正藏》第22册。

（刘宋）法海译《寂调音所问经》，《大正藏》第24册。

（后秦）罗什译《大智度论》，《大正藏》第25册。

（北魏）菩提流支译《金刚仙论》，《大正藏》第 25 册。

（后秦）罗什译《十住毗婆沙论》，《大正藏》第 26 册。

（北魏）菩提流支译《往生论》，《大正藏》第 26 册。

（唐）玄奘译《佛地经论》，《大正藏》第 26 册。

（唐）玄奘译《大毗婆沙论》，《大正藏》第 27 册。

（唐）玄奘译《入阿毗达磨论》，《大正藏》第 28 册。

（唐）玄奘译《俱舍论》，《大正藏》第 29 册。

（后秦）罗什译《中论》，《大正藏》第 30 册。

（唐）玄奘译《瑜伽师地论》，《大正藏》第 30 册。

（唐）玄奘译《大乘五蕴论》，《大正藏》第 31 册

（陈）真谛译《摄大乘论》，《大正藏》第 31 册。

（陈）真谛译《摄大乘论释》，《大正藏》第 31 册。

（北魏）勒那摩提译《宝性论》，《大正藏》第 31 册。

（北魏）佛陀扇多译《摄大乘论》，《大正藏》第 31 册。

（隋）达摩笈多译《摄大乘释论》，《大正藏》第 31 册。

（唐）玄奘译《成唯识论》，《大正藏》第 31 册。

（唐）玄奘译《摄大乘论》，《大正藏》第 31 册。

（唐）玄奘译《摄大乘论释》，《大正藏》第 31 册。

（唐）玄奘译《阿毗达磨杂集论》，《大正藏》第 31 册。

（唐）波罗颇蜜多罗译《庄严经论》，《大正藏》第 31 册。

（唐）义净译《龙树劝诫王颂》，《大正藏》第 32 册。

（后秦）罗什译《成实论》，《大正藏》第 32 册。

（后秦）筏提摩多译《释摩诃衍论》，《大正藏》第 32 册。

（北凉）道泰译《入大乘论》，《大正藏》第 32 册。

（陈）真谛译《大乘起信论》，《大正藏》第 32 册。

（宋）施护译《菩提心离相论》，《大正藏》第 32 册。

失译《辟支佛因缘论》，《大正藏》第 32 册。

失译《那先比丘经》，《大正藏》第 32 册。

失译《三弥底部论》，《大正藏》第 32 册。

（唐）义净译《有部毗奈耶杂事》，《大正藏》第 34 册。

（唐）法海集《六祖坛经》，《大正藏》第 48 册。

（元）宗宝编《六祖坛经》，《大正藏》第 48 册。

（唐）玄奘译《异部宗轮论》，《大正藏》第 49 册。

（唐）玄奘译《瑜伽师地论》，《大正藏》第 85 册。

二 古代著疏类

（宋）王日休：《龙舒净土文》，《大正藏》第 4 册。

（唐）遁伦：《瑜伽论记》，《大正藏》第 21 册。

（隋）智颉：《法华文句》，《大正藏》第 34 册。

（唐）湛然：《法华文句记》，《大正藏》第 34 册。

（唐）李通玄：《新华严经论》，《大正藏》第 36 册。

（唐）澄观：《华严随疏演义钞》，《大正藏》第 36 册。

（隋）慧远：《涅槃经义记》，《大正藏》第 37 册。

（隋）慧远：《观经义疏》，《大正藏》第 37 册。

（隋）吉藏：《观经义疏》，《大正藏》第 37 册。

（隋）吉藏：《胜鬘宝窟》，《大正藏》第 37 册。

（唐）窥基：《阿弥陀经疏》，《大正藏》，第 37 册。

（唐）善导：《观经疏》，《大正藏》第 37 册。

（宋）知礼：《观经疏妙宗钞》，《大正藏》第 37 册。

（后秦）僧肇：《注维摩经》，《大正藏》第 38 册。

（隋）慧远：《维摩义记》，《大正藏》第 38 册。

（隋）智颉：《维摩略疏》，《大正藏》第 38 册。

（唐）窥基：《说无垢称经疏》，《大正藏》第 38 册。

（隋）智颉：《金光明文句》，《大正藏》第 39 册。

（唐）法藏：《入楞伽心玄义》，《大正藏》第 39 册。

（唐）一行：《大日经疏》，《大正藏》第 39 册。

（北魏）昙鸾：《往生论注》，《大正藏》第 40 册。

（隋）吉藏：《中观论疏》，《大正藏》第 42 册。

（唐）窥基：《成唯识论述记》，《大正藏》第 43 册。

（隋）慧远：《大乘义章》，《大正藏》第 44 册。

（唐）法藏：《大乘起信论义记》，《大正藏》第 44 册。

（唐）法藏：《大乘法界无差别论疏》，《大正藏》第 44 册。

（宋）子璇：《起信论疏笔削记》，《大正藏》第 44 册。

（后秦）僧肇：《肇论》，《大正藏》第 45 册。

（唐）窥基：《法苑义林章》，《大正藏》第 45 册。

（隋）智颛：《摩诃止观》，《大正藏》第 46 册。

（唐）湛然：《摩诃止观辅行传弘决》，《大正藏》第 46 册。

（唐）善导：《般舟三昧往生赞》，《大正藏》第 47 册。

（刘宋）宗晓编《乐邦文类》，《大正藏》第 47 册。

（北魏）昙鸾：《略论安乐净土义》，《大正藏》第 47 册。

（隋）智颛：《净土十疑论》，《大正藏》第 47 册。

（隋）智颛：《五方便念佛门》，《大正藏》第 47 册。

（唐）窥基：《西方要决释疑通规》，《大正藏》第 47 册。

（唐）善导：《往生礼赞》，《大正藏》第 47 册。

（唐）善导：《净土法事赞》，《大正藏》第 47 册。

（唐）善导：《观念法门》，《大正藏》第 47 册。

（唐）道绰：《安乐集》，《大正藏》第 47 册。

（唐）迦才：《净土论》，《大正藏》第 47 册。

（唐）怀感：《净土群疑论》，《大正藏》第 47 册。

（唐）法照：《净土略法事仪赞》，《大正藏》第 47 册。

（唐）道镜、善导集《念佛镜》，《大正藏》第 47 册。

（唐）飞锡：《念佛三昧宝王论》，《大正藏》第 47 册。

（宋）宗晓编《乐邦文类》，《大正藏》第 47 册。

（宋）遵式：《往生净土决疑行愿二门》，《大正藏》第 47 册。

（元）普度：《莲宗宝鉴》，《大正藏》第 47 册。

（元）惟则：《净土或问》，《大正藏》第 47 册。

（元）怀则：《净土境观要门》，《大正藏》第 47 册。

（元）妙叶：《念佛直指》，《大正藏》第 47 册。

（唐）弘忍：《最上乘论》，《大正藏》第 48 册。

（五代）延寿：《万善同归集》，《大正藏》第 48 册。

（唐）道宣：《续高僧传》，《大正藏》第 50 册。

（唐）玄奘：《大唐西域记》，《大正藏》第 51 册。

（宋）道原：《景德传灯录》，《大正藏》第 51 册。

（宋）戒珠：《净土往生录》，《大正藏》第 51 册。

《历代法宝记》，《大正藏》第 51 册。

（唐）道宣：《广弘明集》，《大正藏》第 52 册。

（唐）道世：《法苑珠林》，《大正藏》第 53 册。

（梁）僧祐：《出三藏记集》，《大正藏》第 55 册。

（唐）法照：《净土诵经观行仪》，《大正藏》第 85 册。

（唐）神秀：《观心论》，《大正藏》第 85 册。

（唐）神秀：《大乘无生方便门》，《大正藏》第 85 册。

（唐）净觉：《楞伽师资记》，《大正藏》第 85 册。

《药师经疏》，《大正藏》第 85 册。

《达摩禅师观门》，《大正藏》第 85 册。

（明）智旭：《周易禅解》，《嘉兴藏》（新文丰版）第 20 册。

（明）智旭：《阅藏知津》，《嘉兴藏》（新文丰版）第 31 册。

（明）袾宏：《云栖法汇（选录）》，《嘉兴藏》（新文丰版）第 33 册。

（明）智旭：《灵峰宗论》，《嘉兴藏》（新文丰版）第 36 册。

（清）魏承贯：《无量寿经会译》，《卍新纂续藏经》第 1 册。

（唐）澄观：《华严经行愿品疏》，《卍新纂续藏经》第 5 册。

（唐）澄观疏、宗密钞《华严经行愿品疏钞》，《卍新纂续藏经》第 5 册。

（唐）宗密：《圆觉经大疏钞》，《卍新纂续藏经》第 9 册。

（隋）吉藏：《维摩经略疏》，《卍新纂续藏经》第 19 册。

（唐）圆测：《解深密经疏》，《卍新纂续藏经》第 21 册。

（明）智旭：《占察善恶经疏》，《卍新纂续藏经》第 21 册。

（明）袾宏：《弥陀疏钞》，《卍新纂续藏经》第 22 册。

（明）古德：《弥陀疏钞演义》，《卍新纂续藏经》第 22 册。

（清）续法：《弥陀略注》，《卍新纂续藏经》第 22 册。

（清）了根：《弥陀直解正行》，《卍新纂续藏经》第 22 册。

（宋）宗镜：《金刚科仪解》，《卍新纂续藏经》第 24 册。

（宋）戒环：《法华要解》，《卍新纂续藏经》第 30 册。

（清）通润：《法华大窾》，《卍新纂续藏经》第 31 册。

（清）智祥：《法华授手》，《卍新纂续藏经》第 32 册。

（清）通理：《法华指掌》，《卍新纂续藏经》第 33 册。

（明）李贽：《净土决》，《卍新纂续藏经》第 61 册。

（明）袾宏：《答净土四十八问》，《卍新纂续藏经》第 61 册。

（明）智旭编《净土十要》，《卍新纂续藏经》第 61 册。

（明）元贤：《净慈要语》，《卍新纂续藏经》第 61 册。

《西方要决科注》，《卍新纂续藏经》第 61 册。

（清）济能：《角虎集》，《卍新纂续藏经》第 62 册。

（清）道霈：《净土旨诀》，《卍新纂续藏经》第 62 册。

（清）沈善登：《报恩论》，《卍新纂续藏经》第 62 册。

（宋）昙秀：《人天宝鉴》，《卍新纂续藏经》第 87 册。

三　现当代著述类

〔锡兰〕罗睺罗·化普乐：《佛陀的启示》，顾法严译，慧炬出版社，1972。

吕澂：《印度佛学源流略讲》，上海人民出版社，1979。

〔日〕藤田宏达：《原始净土思想之研究》，岩波书店，1986。

慈怡编《佛光大辞典》，书目文献出版社，1989。

〔日〕木村泰贤：《大乘佛教思想论》，演培译，天华出版公司，1991。

〔日〕中村元等：《中国佛教发展史》卷上，余万居译，天华出版公司，1993。

魏磊：《净土宗教程》，宗教文化出版社，1998。

慧岳：《净土概论》，东大图书公司，1998。

印光：《印光文钞》，张育英校注，宗教文化出版社，2000。

陈扬炯：《中国净土宗通史》，江苏古籍出版社，2000。

〔日〕松本文三郎：《弥勒净土论》，张元林译，宗教文化出版社，2001。

曹虹：《慧远评传》，南京大学出版社，2002。

〔日〕平川彰：《印度佛教史》，庄昆木译，台湾商周出版社，2002。

张曼涛主编《现代佛教学术丛刊》，大乘文化出版社，1978。

圣严：《明末佛教研究》，宗教文化出版社，2006。

王孺童：《内学杂谈》，中国人民大学出版社，2008。

杨曾文：《日本佛教史》，浙江人民出版社，2008。

〔美〕肯尼斯·k·田中：《中国净土思想的黎明》，冯焕珍等译，上海古籍出版社，2008。

圣凯：《晋唐弥陀净土的思想与信仰》，中国社会科学出版社，2009。

赖永海编《中国佛教通史》第 15 册，江苏人民出版社，2010。

〔日〕望月信亨：《净土教概论》，印海译，中国书店，2010。

印顺：《学佛三要》，中华书局，2011。

印顺：《净土与禅》，中华书局，2011。

印顺：《空之探究》，中华书局，2011。

印顺：《摄大乘论讲记》，中华书局，2011。

印顺：《华雨集》，中华书局，2011。

印顺：《初期大乘佛教之起源与开展》，中华书局，2011。

张雪松：《法雨灵岩：中国佛教现代化历史进程中印光法师研究》，法鼓文化事
　　业有限公司，2011。

印顺：《成佛之道》，中华书局，2012。

印顺：《性空学探源》，中华书局，2012。

光泉主编、张家成整理《永明延寿禅师文集》，浙江人民出版社，2014。

存德：《中国佛教述论》，宗教文化出版社，2014。

〔日〕水野弘元：《佛教的真髓》，香光书乡编译组译，香光书乡出版社，2014。

洪修平主编《佛教文化研究》第 1 辑，江苏人民出版社，2015。

存德：《印光法师佛学思想研究》，宗教文化出版社，2015。

王雪梅：《弥勒信仰研究》，上海古籍出版社，2016。

存德编著《净土宗教理史要》，宗教文化出版社，2016。

印顺：《药师经讲记》，中华书局，2017。

丁福保：《佛学大辞典》，宗教文化出版社，2017。

韩传强：《禅宗北宗敦煌文献录校与研究》，江苏人民出版社，2018。

韩廷杰译《大史》，中国藏学出版社，2021。

杨仁山：《杨仁山居士遗著》，《大藏经补编》第 28 册。

圣严：《印度佛教史》，福建莆田广化寺印。

〔日〕望月信亨：《中国净土教理史》，印海译，中国佛教协会印。

四　论文类

惠敏：《心净则佛土净之考察》，《中华佛学学报》第 10 期（1997 年）。

巫白慧：《净土的现代意义》，《中国佛学院学报·法源》总第 18 期，2000。

吴可为：《自信自力与他信他力》，《浙江佛教》2005 年第 4 期。

方广锠：《药师佛探源——对"药师佛"的汉译佛典文献学考察》,《宗教学研究》2014 年第 4 期。

学愚：《菩萨范式及其转换》,《世界宗教研究》2017 年第 3 期。

〔日〕伴户升空：《睹史多天考》,慧观译《瑜伽论研究译文集》,慈氏文教基金会,2018。

〔日〕清水海隆：《〈瑜伽师地论〉中的声闻道与菩萨道》,慧观译《瑜伽论研究论文集》,慈氏文教基金会,2018。

存德：《唯识经论"三地往生"说之考察》,释光泉主编《唯识研究》第九辑,宗教文化出版社,2021。

后　记

本教材在杭州佛学院光泉院长的指导下，根据《全国汉传佛教院校教材编写体例》编写而成。在编写过程中，浙江大学李明友教授、中国计量大学邱高兴教授、中国人民大学温金玉教授及全国汉传佛教院校教材编写推进工作领导小组为本教材提出了非常宝贵的审订意见，在此一并致谢。

存　德

2022 年 12 月 1 日

图书在版编目（CIP）数据

净土基本教理概论／存德著． -- 北京：社会科学
文献出版社，2023.8
　全国汉传佛教院校教材
　ISBN 978 - 7 - 5228 - 1680 - 7

Ⅰ.①净⋯　Ⅱ.①存⋯　Ⅲ.①净土宗 - 概论 - 教材
Ⅳ.①B946.8

中国国家版本馆 CIP 数据核字（2023）第 070682 号

全国汉传佛教院校教材
净土基本教理概论

著　　者／存　德

出 版 人／冀祥德
组稿编辑／袁清湘
责任编辑／王玉敏　杨　雪
责任印制／王京美

出　　版／社会科学文献出版社·联合出版中心（010）59367202
　　　　　　地址：北京市北三环中路甲 29 号院华龙大厦　邮编：100029
　　　　　　网址：www. ssap. com. cn
发　　行／社会科学文献出版社（010）59367028
印　　装／三河市龙林印务有限公司

规　　格／开　本：787mm × 1092mm　1/16
　　　　　　印　张：15　字　数：257 千字
版　　次／2023 年 8 月第 1 版　2023 年 8 月第 1 次印刷
书　　号／ISBN 978 - 7 - 5228 - 1680 - 7
定　　价／89.00 元

读者服务电话：4008918866